**TRAUNER** VERLAG

Bildung,
die begeistert!

# Vernetzungen

■ Tourismusgeografie und Reisebüro

MANFRED DERFLINGER

PETER ATZMANSTORFER

GOTTFRIED MENSCHIK

HLT

© 2020
TRAUNER Verlag + Buchservice GmbH
Köglstraße 14, 4020 Linz
Österreich/Austria
Alle Rechte vorbehalten.

Layout wurde vom Patentamt mustergeschützt © Österreich 2010

Lektorat/Produktmanagement:
Mag. Claudia Danzer
Korrektorat: Johann Schlapschi
Gestaltung und Grafik: Teresa Foissner
Titelgestaltung: Sandra Bauer
Schulbuchvergütung/Bildrechte:
© Bildrecht GmbH/Wien
Gesamtherstellung:
Vorarlberger Verlagsanstalt GmbH
Schwefel 81, 6850 Dornbirn

ISBN 978-3-99062-623-8
Schulbuch-Nr. 195.785

ISBN 978-3-99062-624-5
Schulbuch-Nr. Kombi E-Book 195.848

www.trauner.at

# Impressum

## Derflinger u. a., Vernetzungen – Tourismusgeografie und Reisebüro V HLT

1. Auflage 2020
Schulbuch-Nr. 195.785
Schulbuch-Nr. Kombi E-Book 195.848
TRAUNER Verlag, Linz

### Die Autoren

DIR. HR MAG. MANFRED DERFLINGER
Direktor der Höheren Bundeslehranstalt für wirtschaftliche Berufe Steyr

MMAG. PETER ATZMANSTORFER
Professor an der Höheren Lehranstalt für wirtschaftliche Berufe und Bildungsanstalt für Kindergartenpädagogik der Don-Bosco-Schwestern Vöcklabruck

MAG. DR. GOTTFRIED MENSCHIK
Professor an der Bundeshandelsakademie Wien 22

### Approbiert für den Unterrichtsgebrauch:

Für den V. Jahrgang an Höheren Lehranstalten für Tourismus im Unterrichtsgegenstand Tourismusgeographie und Reisebüro, Bundesministerium für Bildung, Wissenschaft und Forschung, GZ 5.048/0008-Präs/14/2019 vom 28. Mai 2020

Die Inhalte entsprechen dem vorgeschriebenen Kompetenzraster laut Bildungsstandards und sind laut Lehrplan zu vermitteln. Eine Auswahl bzw. Gewichtung ist nur innerhalb einzelner Kapitel (Beispiele bzw. Vertiefungsangebote) gewährleistet, nicht jedoch dürfen lt. Ministerium einzelne Kapitel oder Kompetenzbereiche ausgelassen werden.

Liebe Schülerin, lieber Schüler,
Sie bekommen dieses Schulbuch von der Republik Österreich für Ihre Ausbildung. Bücher helfen nicht nur beim Lernen, sondern stehen Ihnen auch im Berufsleben zum Nachlesen und Nachschlagen zur Verfügung.

# Einleitung

Das Ziel von **Vernetzungen** ist es, den Schülerinnen und Schülern Kompetenzen zu vermitteln, die es ihnen ermöglichen sich in einer vernetzten Welt zurechtzufinden, die Wechselwirkungen von räumlichen, ökologischen, gesellschaftlichen und wirtschaftlichen Realitäten zu erkennen und diese kritisch zu hinterfragen.

Zu Beginn eines jeden Großkapitels stimmen Einstiegstexte in die Thematik ein und zeigen den Schülerinnen und Schülern, was sie in diesem Kapitel erwartet.

Zahlreiche **Grafiken** und **Karten** ermöglichen es den Lernenden sich einen visuellen Überblick über den Lernstoff zu verschaffen.

Am Ende der Kapitel finden sich **Ziele-erreicht-Seiten,** die auf unterschiedlichste Weise den erarbeiteten Stoff abfragen, vertiefen und festigen.

Im **topografischen Überblick** kann die Schülerin/der Schüler ihr/sein Wissen mit Hilfe von stummen Karten und gezielten Arbeitsaufgaben überprüfen.

## Wesentliche Elemente und verwendete Symbole

Die angeführten **Ziele** kennzeichnen, über welches **Wissen** bzw. über welche **Kompetenzen** die Schülerinnen und Schüler nach Durcharbeiten des Kapitels verfügen. Die Ziele sind farblich nach dem jeweiligen **Kompetenzniveau der Bildungsstandards** gekennzeichnet.

Sowohl für die Ziele als auch die unterschiedlichen Arbeitsaufgaben werden drei Kompetenzniveaus mit folgenden Operatoren verwendet.

### Meine Ziele

KOMPETENZ-ERWERB

- **Anforderungsbereich I – Reproduktion**
  (be)nennen, herausarbeiten, beschreiben, darstellen, ermitteln, zusammenfassen, aufzählen, wiedergeben, feststellen, auflisten, bezeichnen, definieren, darlegen, lokalisieren, im Atlas/auf der Karte suchen

- **Anforderungsbereich II – Transfer**
  Analysieren, erklären, vergleichen, auswerten, einordnen, zuordnen, begründen, erstellen, untersuchen, skizzieren, erheben, recherchieren, berechnen, charakterisieren, kennzeichnen, feststellen, formulieren, erläutern, bestimmen, angeben, herausarbeiten, erarbeiten, ermitteln, erschließen, exzerpieren, herausfinden, interpretieren, widerlegen, zeichnen, verfassen, schreiben, gestalten (z.B. eine Schautafel etc.)

- **Anforderungsbereich III – Reflexion und Problemlösung**
  Beurteilen, überprüfen, bewerten, erörtern, gestalten, interpretieren, Stellung nehmen, entwerfen, entwickeln, gestalten, erstellen, veranschaulichen, problematisieren, prüfen, überprüfen, sich auseinandersetzen, diskutieren, hinterfragen, (verantwortungsvoll) handeln

Zitierte Quellentexte aus Büchern, Zeitungen und Internet vertiefen die Informationen. Einerseits werden dadurch komplexe Zusammenhänge oft besser verständlich, andererseits können so auch unterschiedliche Standpunkte zu ein und demselben Thema präsentiert werden.

**Folgende Piktogramme unterstützen das Lehren und Lernen mit dem Buch:**

**Arbeitsaufgaben** erfordern die praktische Umsetzung des Wissens und verlangen zum Teil eigene kreative Lösungsansätze. Sie helfen den Lernenden, die Kenntnisse und Fertigkeiten zu festigen.

**„Ziele erreicht?"-Aufgaben** am Ende eines Kapitels ermöglichen den Lernenden, selbst festzustellen, inwieweit sie in ihrem Lernprozess erfolgreich waren. Der Kompetenzzuwachs wird aufgezeigt.

für Wissenswertes und Tipps

Viel Freude und Erfolg wünscht Ihnen das Autorenteam!

# Inhaltsverzeichnis

# Globalisierung

 **Meine Ziele**

Nach der Bearbeitung dieses Kapitels kann ich

- die Gründe für die Globalisierung beschreiben;
- Welthandelsgüter nennen;
- die Voraussetzungen für die Globalisierung erörtern;
- die Dimensionen der globalen Handelsströme erörtern;
- Auswirkungen der Globalisierung analysieren;
- Folgen der globalisierten Weltwirtschaft für das eigene Leben problematisieren.

# 1 Bedeutung der Globalisierung

■ Nennen Sie Produkte, die Sie regelmäßig kaufen, die im Ausland hergestellt werden. Wissen Sie, woher diese Produkte kommen?

> *Globalisierung ist ein kontinuierlicher Prozess, der von zahlreichen politischen, technischen und wirtschaftlichen Faktoren gesteuert wird, die einerseits die rechtlichen Voraussetzungen schufen, weiters die technologischen Möglichkeiten enstehen ließen und mit dem Fall der Grenzen für eine weltumspannende Produktions- und Handelsverflechtung sorgten.*

## 1.1 Die Globalisierung revolutioniert die Welt

Nationale Grenzen existieren nicht mehr – weder für Produzenten/Produzentinnen und Anbieter/innen von Gütern noch für Konsumenten/Konsumentinnen und auch nicht für den Geldverkehr. Der Begriff der Globalisierung ist trotzdem meist sehr unscharf, immer wieder versuchen Personen, eine passende Definition zu finden:

> *„Globalisierung bedeutet (...) das erfahrbare Grenzloswerden alltäglichen Handelns in den verschiedensten Dimensionen der Wirtschaft, der Information, der Ökologie, der Technik, der transkulturellen Konflikte und Zivilgesellschaft ...“*
>
> ULRICH BECK, SOZIOLOGE

> *„Einst pflegte man zu sagen, dass die Sonne über dem Britischen Empire niemals untergehe. Heute geht sie zwar über dem Britischen Empire unter, aber nicht über den Weltreichen großer globaler Konzerne wie IBM, Unilever, Volkswagen und Hitachi.“*
>
> LESTER BROWN, AUTOR

> *„Wir erleben eine Transformation, aus der im kommenden Jahrhundert neue Formen von Politik und Wirtschaft hervorgehen werden. Es wird dann keine nationalen Produkte und Technologien, keine nationalen Unternehmen, keine nationalen Industrien mehr geben. Es ist das Ende der Volkswirtschaften.“*
>
> ROBERT B. REICH, UNIVERSITÄTSPROFESSOR

■ Stellen Sie einen Zusammenhang zwischen der Überschrift und dem nebenstehenden Zitat von Robert B. Reich her.

Folgende **Faktoren** ermöglichen das starke Zusammenwachsen von Märkten über die Grenzen von Staaten hinaus:

| Faktoren | Erläuterung |
|---|---|
| **Entwicklung der Verkehrs- und Transportmöglichkeiten** | Die Transportkosten sind stark gesunken und sinken weiter. Containerschiffe, Supertanker, Frachtflugzeuge etc. ermöglichen eine schnelle und kostengünstige Lieferung der Waren. |
| **Entwicklung der Kommunikationseinrichtungen – verbesserte Informationsmöglichkeiten** | Der rasche Datenaustausch, die einfachere Kommunikation und die internationalen Kapitalströme wären ohne neue Kommunikationstechniken (Internet, E-Mail etc.) nicht denkbar. Potenzielle Käufer/innen haben auch bessere Möglichkeiten, sich über Preis und Qualität zu informieren, unabhängig davon, wo das Produkt hergestellt wird. |

Dass Transporte billiger, rascher und einfacher abgewickelt werden können, ist einer der Hauptgründe dafür, dass viele Produkte weltweit Käufer/innen finden können.

| Politische Entscheidungen | Zwischenstaatliche Handelshemmnisse werden durch internationale Verträge oder Auflagen internationaler Organisationen zunehmend abgebaut. |
| --- | --- |
| Transnationale Unternehmen | Große multinationale Konzerne überwinden Distanzen und Schranken und können so Güter, Kapital und Technik leichter über Grenzen bewegen. |
| Neue Märkte | Länder, wie die ehemaligen Sowjetrepubliken, Indien, China und viele weitere Länder Asiens, Lateinamerikas und Afrikas, haben wirtschaftliche und politische Reformen durchgeführt und sich dem Weltmarkt geöffnet. |

## 1.2 Internationale Arbeitsteilung – Beispiel Nutella

Die meisten Wertschöpfungsketten sind heute global organisiert, das heißt, sie schließen sowohl Peripherie als auch Zentrum des Weltwirtschaftssystems ein. Produziert wird dort, wo der höchste Gewinn zu erwarten ist bzw. die niedrigsten Kosten bestehen.

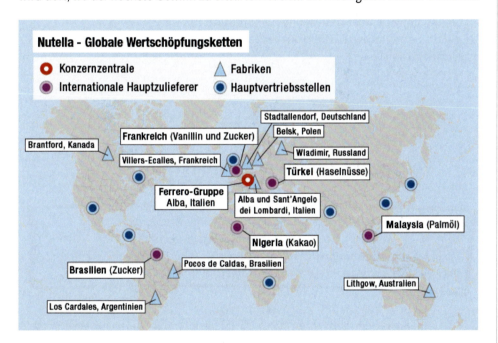

Die **Wertschöpfungskette** oder auch **Wertkette** (Value Chain) stellt die Stufen der Produktion als eine geordnete Reihung von Tätigkeiten dar. Diese Tätigkeiten schaffen Werte, verbrauchen Ressourcen und sind in Prozessen miteinander verbunden. Das Konzept wurde erstmals 1985 von Michael E. Porter, einem amerikanischen Betriebswirt, in seinem Buch Competitive Advantage vorgestellt. Laut Porter stellt es eine „Ansammlung von Tätigkeiten, durch die ein Produkt entworfen, hergestellt, vertrieben, ausgeliefert und unterstützt wird", dar.

Das Beispiel Nutella zeigt gut, wie weit sich die globalen Wertschöpfungsketten im Agrar- und Lebensmittelbereich mittlerweile erstrecken. Aber auch in anderen Branchen werden die Wege bis zum Endprodukt immer länger. Die OECD hat sich in ihrer aktuellen Studie auch die Branchen Chemie, Transport, Automobile, Elektronik, Finanzierung und Unternehmensdienstleistungen angesehen, wo jedes Produkt mittlerweile mehrere Verarbeitungsstufen durchläuft. … Deshalb hat die OECD in Zusammenarbeit mit der Welthandelsorganisation (WTO) vor vier Jahren ein Langzeitprojekt gestartet, bei dem 40 Länder und 18 Branchen in die Betrachtung miteinbezogen werden. Ziel ist es, den gesamten Welthandel abzubilden und den Stellenwert der einzelnen Länder in den derzeitigen und zukünftigen Wertschöpfungsketten abzubilden. So zeigt sich in der vorliegenden Untersuchung unter anderem, dass die Distanz zum Endkunden nur in wenigen Ländern wie etwa Kambodscha, Rumänien und der Slowakei seit 1995 abgenommen hat. Überall sonst hat das „Outsourcing"-Phänomen der letzten Jahre dazu geführt, dass sich die Wege deutlich erhöht haben. Spitzenreiter sind hier Brunei, China und Saudi-Arabien.

*http://orf.at/, 21.Dezember 2013, Download 5. März 2017*

■ Begründen Sie die offensichtliche Notwendigkeit der globalen Organisation der Wertschöpfungskette von Nutella.

## 1.3 Dimensionen der Globalisierung

Globalisierung ist aber nicht nur auf die Wirtschaft beschränkt, sondern zieht sich durch viele Lebensbereiche.

**Beispiele**
- Globalisierung der Kommunikation durch Telefon und Internet
- Globalisierung der Politik durch internationale Kooperation bei gemeinsamen Problemen (z. B. Umweltschutz)
- Globalisierung der Wirtschaft durch ausgeprägte internationale Handelsbeziehungen

Dabei ist Globalisierung keine neue „Erfindung", vielmehr zeigten sich bereits in früheren Zeiten Tendenzen. Diese bereiteten den Weg für das heutige „global village".

**Beispiele**
- Durch die Entdeckung fremder Länder wurde der weltweite Handel mit Gewürzen möglich.
- Die Erfindung des Morseapparates machte es erstmals möglich, Nachrichten unabhängig von der Entfernung zu übermitteln.
- Adam Smith forderte bereits im 19. Jahrhundert die Abschaffung von Handelshemmnissen.

# 2 Weltmarkt und Welthandelsgüter

*Einer der Gründe, warum es zum Handel mit anderen Volkswirtschaften kommt, ist, dass nicht jeder Staat alle Produkte selbst herstellen kann. Verschiedene auf dem Weltmarkt angebotene Waren und Dienstleistungen sind für uns in Österreich mittlerweile zur Selbstverständlichkeit geworden.*

**Welthandelsgüter** = Güter, die über den nationalen Markt hinaus und im internationalen Handel von Bedeutung sind.

Der Weltmarkt ist ein gedachter, nicht zu lokalisierender Markt für Welthandelsgüter, auf dem die Güter ausgetauscht werden, die außerhalb der Grenzen einer Volkswirtschaft gehandelt und produziert werden.

An diversen Welthandelsplätzen, vor allem an Warenterminbörsen, werden die Güter gehandelt. Der Preis, der dort zustande kommt, wird auch als Weltmarktpreis bezeichnet.

Warenterminbörsen sind Börsenplätze, die sich auf den Handel mit Waren spezialisiert haben, die im Welthandel eine Rolle spielen. Es werden dort Warentermin_geschäfte über mengen- und qualitätsmäßig standardisierte Einheiten von Naturprodukten abgeschlossen.

Bei Warentermingeschäften werden bestimmte Güter, wie z. B. Kaffee oder Kakao, gekauft, ehe sie geerntet sind. Die Käufer/innen spekulieren darauf, dass zur Erntezeit die Preise steigen oder fallen, sodass sich durch den Weiterverkauf Gewinne erzielen lassen. Sie dienen aber auch dazu, sich gegen zukünftige Preisschwankungen abzusichern.

Rohöl ist das wichtigste Welthandelsgut. Es ist Energielieferant, Grundstoff für die chemische Industrie und es wird weiterverarbeitet zu Kraftstoffen, Medikamenten, Farben, Textilien etc. Vorkommen und Verbrauch von Erdöl sind aber auf der Welt unterschiedlich verteilt. Österreich kann z. B. seinen Erdölbedarf nicht annähernd selbst decken. Überwiegend wird Erdöl in den Industrieländern verbraucht, die meist aber nicht über ergiebige Lagerstätten verfügen.

Neben Rohöl gehören u. a. auch Güter wie Baumwolle, Erdnüsse, Weizen, Mais, Soja, Tee, Kakao, Zucker, Kaffee und Bananen zu den Welthandelsgütern. Lieferanten dieser Güter sind von uns weit entfernte Staaten wie zum Beispiel Brasilien, Costa Rica, Ecuador und die Philippinen.

Die Waren sind trotz langer Transportwege erschwinglich, weil die weltweite Containerschifffahrt auf den Hauptverkehrswegen der Meere in Kombination mit billigem Rohöl dies ermöglicht. Auf folgenden Welthandelswegen wird der Güteraustausch durchgeführt:

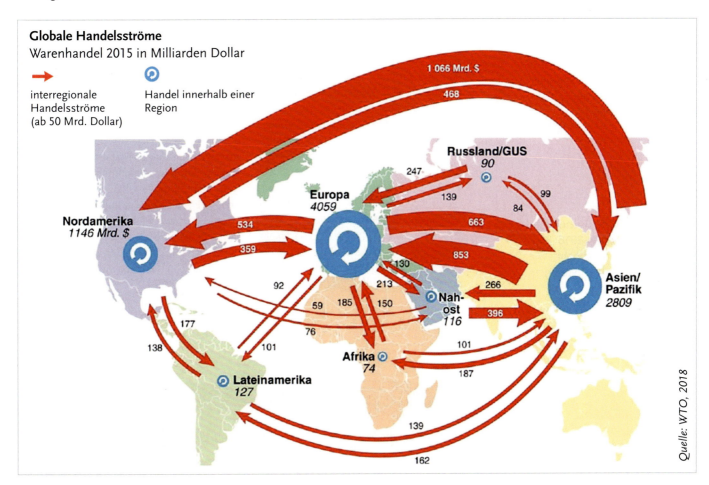

**Globale Handelsströme**
Warenhandel 2015 in Milliarden Dollar

→ interregionale Handelsströme (ab 50 Mrd. Dollar)

Handel innerhalb einer Region

*Quelle: WTO, 2018*

---

### Arbeitsaufgaben

1. Zählen Sie Güter auf, die am Weltmarkt produziert werden und für Sie von persönlicher Bedeutung sind.

2. Nennen Sie Dienstleistungen, die global am Weltmarkt angeboten werden.

3. Erörtern Sie neben der günstigen Logistik eine weitere Voraussetzung für das reibungslose Funktionieren des Welthandels.

**FILM AB!**

Ein Video unter www.trauner.at/ global_transport.aspx informiert Sie über die weltweite Containerschifffahrt.

Die Triade der Zukunft –
ohne Japan?

■ Interpretieren Sie aus der Dimension der Handelsströme die Bedeutung der Regionen Nordamerika, Südamerika, Europa, Afrika, Ostasien.

Das weltweite Bruttoinlandsprodukt (BIP) betrug 2018 84,74 Billionen $. Das entspricht etwa dem 200-fachen des Österreich-BIPs mit 416 Mrd $.

*Quelle: statista 2019*

## 2.1 Die Macht der Triade in der Weltwirtschaft

Betrachtet man Asien (vor allem Ostasien mit Japan und China), Europa und Nordamerika etwas genauer, so erkennt man drei Zentren, die die Weltwirtschaft dominieren und die zusammen als Triade bezeichnet werden.

Ein Großteil des derzeitigen Welthandels besteht im Austausch von gleichwertigen Industriegütern, die in jedem der drei Zentren hergestellt werden. So werden z. B. japanische Autos in die USA und in die EU genauso exportiert wie etwa europäische Autos nach Japan oder in die USA. Die großen multinationalen Konzerne investieren vorwiegend in den Triadenländern, um auf den großen und wichtigen Märkten anwesend zu sein. Gegenwärtig ist ein enormer wirtschaftlicher Aufschwung Chinas festzustellen. Es ist der Aufsteiger des 21. Jahrhunderts und ist gerade dabei, zu den wirtschaftlichen Zentren der Weltwirtschaft aufzuschließen. China spielt z.B. im Export bereits eine größere Rolle als Japan.

„Die mit Abstand stärksten Ströme im weltweiten Warenhandel sind zwischen den drei großen Regionen Nordamerika, Europa und Asien/Ozeanien zu verzeichnen, wobei die Ströme von Asien/Ozeanien ausgehend dominieren. Asien/Ozeanien ist damit vor der Gemeinschaft unabhängiger Staaten (GUS) und dem Mittleren Osten die große Überschuss-Region, Nordamerika vor Afrika die große Defizit-Region im weltweiten Warenhandel. Bemerkenswert ist weiters, dass die eher kleine Region Naher Osten eine wichtige Bezugsregion für Asien/Ozeanien im Warenhandel ist und damit nach den drei großen Handelsregionen auch den größten Anteil am Welthandel noch vor der Gemeinschaft unabhängiger Staaten, Mittel-/Südamerika und Afrika hat. Die drei großen Handelsregionen weisen darüber hinaus auch sehr starke intraregionale Handelsströme auf. Das sind Handelsströme zwischen den Nationalstaaten einer Region. Diese werden durch die Punkte in der Grafik dargestellt. Im Balkendiagramm erreicht Europa mit einem Wert von 68,1 Prozent für den Anteil dieser intraregionalen Ströme am Gesamthandel einen Spitzenwert, der auch auf die kleinstaatliche Struktur dieser Region zurückzuführen ist."

*http://wko.at, 15. Oktober 2018*

### Arbeitsaufgaben

1. Fassen Sie die Aussagen des Medienartikels zusammen.
2. Recherchieren Sie die aktuelle Wirtschaftsentwicklung in Indonesien und der Türkei.

## 2.2 Die Weltwirtschaft verändert sich – Europa verliert an Bedeutung

Nach der absoluten Wirtschaftsleistung dominieren die Länder des Nordens nach wie vor die Weltwirtschaft. Die USA, die EU und Ostasien (mit Japan und China) machen ca. 2/3 des Weltbruttoinlandsproduktes aus. Allerdings werden sich die Gewichte in den kommenden Jahrzehnten verschieben. Es wird einige Gewinner geben, andere Blöcke werden an Bedeutung verlieren.

## Anteil der Regionen am Welt-BIP

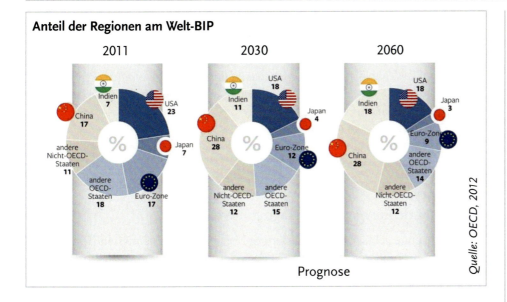

**2011**

Indien 7
China 17
USA 23
Japan 7
andere Nicht-OECD-Staaten 11
andere OECD-Staaten 18
Euro-Zone 17

**2030**

Indien 11
China 28
USA 18
Japan 4
Euro-Zone 12
andere Nicht-OECD-Staaten 12
andere OECD-Staaten 15

**2060**

Indien 18
China 28
USA 18
Japan 3
Euro-Zone 9
andere OECD-Staaten 14
andere Nicht-OECD-Staaten 12

Prognose

*Quelle: OECD, 2012*

### China, der neue Player – Europa der große Verlierer?

China hat ein sehr hohes technologisches Niveau mit Wachstumsraten von 6 % des BIP. 50 % des BIP werden in Infrastruktur reinvestiert. Mittlerweile kann aber durch die gewaltige Umweltverschmutzung ein Fünftel des Agrarlandes nicht mehr bebaut werden. Das groß angelegte „Seidenstraßen"-Projekt ist zwar eine Möglichkeit, die enorm aufgeblähte Bauindustrie und somit viele Menschen zu beschäftigen, sie ist aber keine ökonomisch sinnvolle Maßnahme für den Gütertransport. Ein Containerschiff fasst die Ladung von 100 Zügen, obendrein führt die Seidenstraße durch politisch instabile Regionen. Der Konflikt mit den USA wird sich weiter vertiefen, da die chinesische Wirtschaftskraft wächst und Amerikas Weltmacht im Sinken ist. China wird autoritärer und bleibt politisch fundamental. Dies läuft auf ein Duell Chinas mit dem Westen, also auch Europa, hinaus, und China ist groß und mächtig, während Europa in nationaler Rückbesinnung versinkt und keine gemeinsame Außenpolitik oder Verteidigungspolitik betreibt.

*Nach: Francis Fukujama: Chinas Erfolg ist auf Sand gebaut. In: Die Presse 24. März 2019*

### Großmachtanspruch Russlands

Als flächenmäßig größter Staat der Welt und zweitstärkste Atommacht der Welt sowie als Rohstofflieferant von Erdgas bis zu Diamanten hat Russland gute Karten, um für sich Respekt in einer multipolaren Weltordnung einzufordern. Die Russische Föderation ist seit Wladimir Putins Machtantritt im Jahr 2000 eine revisionistische Großmacht und es ist sehr wahrscheinlich, dass Russland bis zum Ende der Präsidentschaft Putins 2024 weiter seine Kraft auf die innere Sicherheit und damit auch Kontrolle und weitere Einengung der Freiräume der Zivilgesellschaft, eine moderate Modernisierung der Wirtschaft ohne große Strukturreformen sowie die Fortsetzung einer Politik der außenpolitischen Einflusssphären und einer entsprechenden geopolitischen Neuordnung legt. Der direkte oder indirekte Staatseinfluss betrifft aber weiterhin 70 Prozent der russischen Wirtschaft. Der Staat kontrolliert weiterhin die als strategisch eingestuften Sektoren der Wirtschaft, wie Rüstungsindustrie, den Großteil des Energie- und Verkehrssektors, einen Teil des Bankensektors sowie den massiv subventionierten Hochtechnologiebereich. Putin benötigt staatsnahe, von ihm abhängige Oligarchen und die direkte Einflussnahme auf den Wirtschaftssektor, um seine Machtbasis zu erhalten. Die Welt wird sich daher darauf einrichten müssen, dass nukleare Abschreckung wieder als machtpolitisches Drohpotenzial eingesetzt wird. Dies ist der letzte Bereich, in dem Russland seinen Weltmachtanspruch glaubwürdig anmelden kann.

*Nach Emil Brix: Die kommende Weltordnung. In: Die Presse vom 24. März 2019*

## Arbeitsaufgaben

1. Beschreiben und erklären Sie die Veränderungen in den Anteilen des Welt-BIP mithilfe der obenstehenden Abbildung.

2. Erarbeiten Sie aus den beiden Artikeln über Russland und China, warum Europas Position gegenüber den anderen Großmächten USA, Russland und China langfristig einen Bedeutungsverlust erleiden könnte.

Fragmentierte Entwicklung in Brasilien: Slums neben modernen Büro- und Geschäftszentren

# 3   Gewinner und Verlierer der Globalisierung

*Die aktuelle Globalisierung ist vom Neoliberalismus geprägt. Staaten, Regionen, Gemeinden und Individuen werden auf unterschiedliche Weise durch die dadurch stattfindende „Ökonomisierung" der Gesellschaft beeinflusst. Die Beurteilung der Auswirkungen der Globalisierung ist sehr unterschiedlich. Zahlreichen Gewinnern stehen wahrscheinlich zahlreiche Verlierer gegenüber.*

## Fragmentierte Entwicklung – fragmentierte Räume

Man kann angesichts der Globalisierung von einer fragmentierten Entwicklung sprechen. So profitieren nie ganze Länder oder Regionen von der Globalisierung, sondern immer nur einzelne Orte oder Teile der Bevölkerung. Durch die zunehmende Globalisierung steigen z. B. die regionalen Verschiedenheiten. Einzelne Städte und Metropolen steigen zu internationalen Kommandozentralen oder High-Tech-Zentren auf, andere Regionen profitieren weniger vom Wirtschaftsboom und können nur im informellen Sektor im niedrig qualifizierten Sektor mithalten (vielfach in Asien), weitere Regionen existieren überhaupt abseits der Globalisierung (so z. B. in Afrika).

Diese unterschiedlichen Auswirkungen von Globalisierung sind in Global Citys wie z. B. in New York in räumlich unmittelbarer Nähe zu sehen. Zwischen den Börsenbrokern und Bankern von Manhattan und sozial unterprivilegierten Gruppen wie Puertoricanern und Afroamerikanern in Harlem oder in der Bronx liegen nur wenige Kilometer. Die Fragmentierung der Gesellschaft drückt sich in einer Fragmentierung des Raumes aus.

## Der Kampf um die Standorte

International agierende Investoren suchen weltweit nach dem jeweils kostengünstigsten Standort. Die einzelnen Staaten und Regionen können im Kampf um eine Betriebsansiedlung oder eine Direktinvestition nur durch Standortdumping punkten. Standortdumping bedeutet, dass die Standorte zu möglichst günstigen Bedingungen angeboten werden, wie Steuererleichterungen, Zollvergünstigungen, billige Arbeitskräfte, Nichtbeachtung sozialer Standards u. Ä. Ein ruinöser „Race to the Bottom"-Effekt wird ausgelöst. Gerade bei ärmeren Staaten können die ursprünglichen Funktionen des Staates wie die Bereitstellung öffentlicher Dienstleistungen und Infrastruktur nicht mehr ausreichend erfüllt werden.

**Race to the Bottom** (= Unterbietungswettlauf) bezeichnet ein Modell, mit dessen Hilfe sich der stetige Abbau von Standards wie Sozial-, Arbeits- und Umweltstandards im globalisierten Wettbewerb erklären lässt.

Zu den Verlierern im globalen Wettbewerb zählen u. a. auch zahlreiche standortgebundene Klein- und Mittelbetriebe, die oft das Rückgrat der lokalen und regionalen Ökonomien bilden. Sie haben zwar durch Restrukturierung, Outsourcing und Bildung von regionalen Clustern auf die neuen Herausforderungen reagiert, werden aber in eine immer größere Abhängigkeit von Aufträgen größerer Unternehmen gedrängt.

Die Standortverlagerungen in der Konsumgüterindustrie zeigen diesen Kampf um Standorte in idealtypischer Weise. Die Gründe für Verlagerungen sind komplexer, als es zunächst erscheint. Wenn heute in West- und Mitteleuropa etwa die letzten Sportschuhfabriken geschlossen oder viele Kleidungsstücke nur mehr in asiatischen Billiglohnländern gefertigt werden, ist es nicht eindeutig, wer dafür verantwortlich gemacht werden kann. Die Konsumenten und Konsumentinnen wollen billigere Ware kaufen, die Investoren wollen unter Ausnutzung von Steuervorteilen kostengünstig produzieren. Es gibt eine Wechselwirkung zwischen den Ansprüchen der Konsumenten und Konsumentinnen und jenen der Produzenten und Produzentinnen. Globalisierungsgegner/-innen meinen daher nicht zu Unrecht, dass nur die Änderung des individuellen Kaufverhaltens zu globalen Veränderungen der Produktionsstruktur führen könnte.

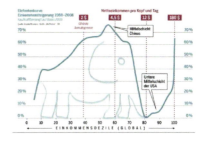

### Die Gewinner
Der große Buckel in der Mitte hängt mit Chinas rasantem Aufstieg zusammen. Am meisten profitiert hat von der Hochphase der Globalisierung zwischen 1988 und 2011 nämlich eine neue Mittelschicht in Asien: Ihre Einkommen haben um fast 120 Prozent zugelegt.

### Die Überflieger
Ebenfalls auf die Butterseite gefallen sind die reichsten ein Prozent der Welt. Ihre Einkommen sind etwa um die Hälfte gewachsen (die Rüsselspitze). Und das ist noch untertrieben: Für die Superreichen gibt es nämlich schlech-

te Daten. Und ohne den Börsencrash 2008/'09 wäre das Einkommensplus noch deutlich größer.

### Die Verlierer
Zu den Verlierern zählen zwei Gruppen: die ärmsten zehn Prozent der Weltbevölkerung. Sie stehen nur wenig besser da als vor drei Jahrzehnten (der Elefantenschwanz ganz links). Und nahezu stagniert haben die Einkommen der unteren Mittelschicht in den USA und Europa (der Rüsselansatz halbrechts). Zur Veranschaulichung: Dazu zählen etwa vierköpfige Familien mit ungefähr 1.500 bis 3.000 Dollar Haushaltseinkommen.

*https://kurier.at, 26. Jänner 2017, Download 27. Februar 2017,*

Das Diagramm wird wegen seiner speziellen Form auch „Elefantendiagramm" genannt. Es wurde vom Ökonomen Branko Milanovic entwickelt. Auf der x-Achse sind Einkommensgruppen markiert. Einkommensdezil bedeutet, dass die gesamte Bevölkerung nach dem Einkommen sortiert und in zehn gleich große Gruppen eingeteilt wird. Ganz links befinden sich demnach die Ärmsten der Weltbevölkerung, rechts die Reichsten. Die Kurve zeigt, wie stark das Einkommen der jeweiligen Gruppe gewachsen ist.

# 4   Die Globalisierung in der Krise?

*Während lange die Kritik an der Globalisierung bzw. deren Ablehnung meist von rechten Nationalisten/Nationalistinnen und Populisten/Populistinnen bzw. linken Kapitalismuskritikern/-kritikerinnen kam und politisch nie mehrheitsfähig war, stellte das Jahr 2016 eine Zäsur dar: mit knapper Mehrheit stimmten die Briten für den Austritt ihres Landes aus der EU, v. a. aber erhielt der Populist Donald Trump mit seinen Slogans wie „America first" die Mehrheit der Wahlmännerstimmen und somit die Präsidentschaft der bislang sehr globalisierungsfreundlichen, wichtigsten Volkswirtschaft der Erde, der USA.*

Stahlarbeiter: harte Arbeit, guter Lohn, sicherer Arbeitsplatz – idealisierte Arbeitswelt der 1970er-Jahre der Globalisierungsgegner/innen

## Modernisierungs-Verlierer/innen sehen die Schuld in der Globalisierung
Befürworter/innen der Globalisierung argumentieren mit dem statistisch nachweisbaren steigenden durchschnittlichen Wohlstand auch in den Industrieländern. Dem gegenüber stehen in der Wahrnehmung vieler die rasanten Veränderungen in Wirtschaft und Gesellschaft, die meist mit den Prozessen der Globalisierung ab den 1980er-Jahren in Verbindung gebracht werden, wie z. B.:
- Auslagerung von Arbeitsplätzen gerade in weniger qualifizierten Bereichen der Industrie in die lohngünstigeren Schwellenländer und nach Osteuropa,
- Konkurrenz um die verbliebenen Jobs mit oft hochmotivierten Zuwanderern/Zuwanderinnen,
- Forderung nach Flexibilität (12-Stunden-Arbeitstag, All-Inclusive-Verträge, neue Selbstständige, Generation Praktikum und dgl.),

■ Erörtern Sie die nebenstehenden Punkte im Lichte persönlicher Erfahrungen bzw. von etwaigen Diskussionen im Familien- oder Freundeskreis.

■ Arbeitsstress durch Optimierung von Arbeitsabläufen und Steigerung der Produktivität,

■ Beschneidung von sozialen Sicherungsnetzen und Erhöhung des Pensionsantrittsalters.

„Globalisierung" löst also einerseits diffuse Ängste aus, die von manchen Politikern/Politikerinnen und Medien verstärkt werden. Anderseits sahen Verantwortungsträger/innen viel zu lange weg, dass Modernisierungsverlierer/innen nicht von den Entwicklungen der letzten Jahrzehnte profitiert haben und daher selbst viele Leistungsträger/innen durch sogenannte „Lohnzurückhaltung" den Prozessen der Globalisierung kritisch gegenüberstehen.

■ Interpretieren Sie die Grafik unter folgenden Gesichtspunkten:

■ Beginn der Globalisierung und Trendwende bei der Arbeitslosigkeit,

■ Rückgang der Lohnquote an der Bruttolohnquote und Arbeitslosigkeit, Zusammenhänge Globalisierung und Lohnquote.

Die **Bruttowertschöpfung** gibt den Gesamtwert aller produzierten Waren und Dienstleistungen an, abzüglich der sogenannten Vorleistungen. Das sind alle Waren und Dienstleistungen, die während der Produktion verarbeitet oder verbraucht wurden.

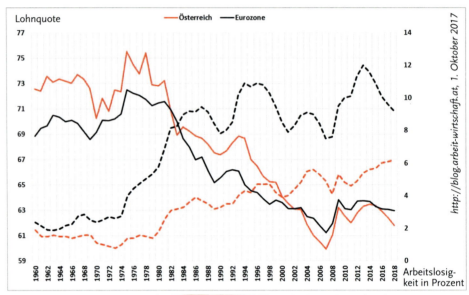

Bereinigte Lohnquote in % der **Bruttowertschöpfung** (linke Achse, durchgezogene Linie) und Arbeitslosigkeit (rechte Achse, unterbrochene Linie) in Österreich und der Eurozone

In der belgischen Region Wallonien war der Widerstand gegen das CETA-Abkommen bis in die Regionalregierung am stärksten.

## Beispiel CETA und TTIP

Ein weitreichendes, mittlerweile zwischen der EU und Kanada geschlossenes Freihandelsabkommen soll die Handelsbeziehungen und die Investitionen fördern, löste aber gerade wegen des einklagbaren Schutzes von Investitionen und wegen allfälliger Schadenersatzansprüche von Unternehmen gegenüber Staaten Ängste insofern aus, dass dadurch Arbeitnehmer/innen-Rechte, Sozialstandards und Umweltauflagen beschnitten werden können. Ein ähnlich gelagertes Abkommen mit den USA (TTIP) ist gegenwärtig (2017) wegen der ablehnenden Haltung von Präsident Trump gegenüber allen internationalen Verträgen nicht aktuell.

## USA: von der Lokomotive zum Bremser der Globalisierung?

Die nach wie vor größte Volkswirtschaft der Erde profitiert bis heute vom großen Binnenmarkt des eigenen Landes ebenso wie vom Abbau der Grenzen weltweit. US-amerikanische Güter, Dienstleistungen und Investitionen sind hochbegehrt. Trotzdem fand, da das Lohnniveau im internationalen Vergleich viel zu hoch war, in manchen Industriebranchen (z. B. Automobil, Stahl) eine De-Industrialisierung statt, die einst blühende Industrieregionen schwer traf. Produkte aus China oder Mexiko ersetzen die bislang in den USA erzeugten Güter.

Der Frust der einst stolzen und heute sozial abgestiegenen Industriearbeiter/innen war der Nährboden für den Wahlkampf des republikanischen Präsidentschaftskandidaten Donald Trump, der mit Slogans wie „Make America great again" oder

Zurück in die Vergangenheit?

„America first" gerade diese Modernisierungsverlierer/innen gewann. Den Ankündigungen, die Industrie in die USA zurückzubringen, steht die Realität gegenüber. Jedenfalls ist aber das Ansehen der USA wirtschaftlich beschädigt.

## Neue Allianzen der Globalisierung: China und Deutschland

**„Wir setzen auf offene Märkte"**

Während US-Präsident Trump mit „America-First" auf Protektionismus setzt, bekennen sich Deutschland und China zu freiem Handel und offenen Märkten.

*https://www.tagesschau.de, 1. Juni 2017*

Die stark exportorientierten Staaten China und Deutschland übernahmen die Rolle der USA beim Bekenntnis für Freihandel und Globalisierung. So different sie politisch sind (Diktatur bzw. Demokratie), ist es beiden Regierungen klar, dass offene Grenzen – neben Innovation und Bildung – zur Erhöhung bzw. Erhaltung des Wohlstandes ohne Alternative sind.

## Arbeitsaufgaben

1. Nennen Sie den Hauptkritikpunkt an Handelsabkommen wie CETA.

2. Erörtern Sie die Ankündigungen von Donald Trump.

3. Geben Sie die Interessenlage von China und Deutschland wieder.

## Ziele erreicht? – „Globalisierung"

KOMPETENZ-ERWERB ✓

Die Globalisierung in all ihren Dimensionen ist ein Prozess, der die Welt in sozialer und wirtschaftlicher Hinsicht so revolutioniert hat, wie seit der ersten industriellen Revolution nicht mehr. Grenzen spielen zunehmend keine Rolle mehr, Unternehmen haben weltweit Chancen, können aber blitzschnell zugrunde gehen, schließlich sind Arbeitnehmer/innen ebenfalls mit allen Chancen und Risiken in diesen Prozess eingebunden.

1. Schreiben Sie die Nummern der auf der Karte dargestellten regionalen Zentren in die entsprechenden Kästchen:

1 Mumbai ■ 2 Singapur ■ 3 Mexiko City ■ 4 Dubai ■ 5 São Paulo ■ 6 Moskau ■ 7 Sydney ■ 8 Johannesburg ■ 9 Hongkong ■ 10 Schanghai ■ 11 Buenos Aires

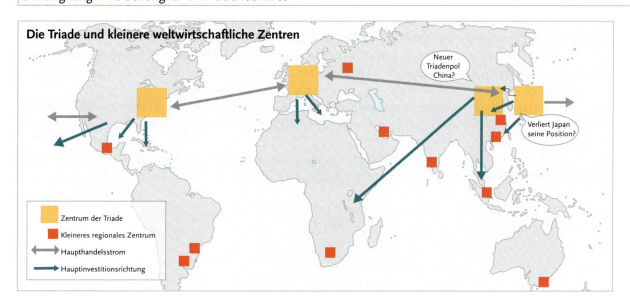

**Die Triade und kleinere weltwirtschaftliche Zentren**

Neuer Triadenpol China?

Verliert Japan seine Position?

■ Zentrum der Triade
■ Kleineres regionales Zentrum
→ Haupthandelsstrom
→ Hauptinvestitionsrichtung

**2.** Nennen Sie jene Faktoren, die das Zusammenwachsen von Märkten über Staatsgrenzen hinweg ermöglichen.

**3.** Geben Sie die Bedeutung der Industrie- bzw. Schwellenländer in der Globalisierung wieder.

 **Arbeitsaufgabe**

**Globalisierung – eine Pro-und-Kontra-Diskussion**

**Zur Methode**

Die Pro-und-Kontra-Diskussion ist ein Streitgespräch, in dem ein konfliktreiches Thema von allen Seiten beleuchtet wird. Es geht bei dieser Debatte nicht darum, den „Gegner" durch bessere Argumente zu schlagen, vielmehr soll ein Thema facettenreich erschlossen werden. Unterschiedliche Meinungen und konträre Perspektiven werden mit dem Ziel zusammengetragen, sich mit verschiedenen Sichtweisen auseinanderzusetzen.

*http://www.sowi-online.de, 28. Jänner 2012*

**Mögliche Anordnung der Diskussionsteilnehmer/innen in der Klasse**

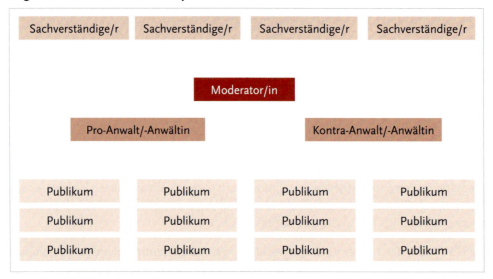

**Rollen**

- Ein/e Moderator/in: Er/Sie führt die Abstimmung durch und achtet darauf, dass die Spielregeln und Zeitvorgaben eingehalten werden. Er/Sie trägt die Verantwortung für einen regelkonformen Ablauf.
- Zwei Anwälte/Anwältinnen (je einer für Pro, je einer für Kontra): Sie halten das Eingangs- und Schlussplädoyer und befragen die Sachverständigen. Es ist durchaus erwünscht, Meinungen zu vertreten, die nicht der eigenen entsprechen, um festgefahrene Positionen aufzubrechen und die Thematik neu zu durchdenken.
- Zwei bis vier Sachverständige: Sie artikulieren keine eigene Position, sondern sie bieten nur Informationen, Erfahrungen und Wissen zu Begründungen für einzelne Positionen. Die Rollen der Sachverständigen müssen in Arbeitsgruppen intensiv vorbereitet werden.
- Das Publikum: Das Publikum hat die konkrete Beobachtungsaufgabe, die vorgetragenen Argumente zu sammeln und deren strategisch-taktische Relevanz für den Debattenverlauf zu beurteilen.

*Nach http://www.sn.schule.de*

# Wirtschaftsmacht USA?

**Meine Ziele**

KOMPETENZ-ERWERB

Nach der Bearbeitung dieses Kapitels kann ich

- die Bedeutung der US-amerikanischen Konzerne beschreiben;
- New York als Global City beschreiben;
- die Wirtschaft in den USA mit ihren Stärken und Schwächen charakterisieren;
- die Unterschiede zwischen Frostbelt und Sunbelt anhand einiger Beispiele erklären.

# 1 US-amerikanische Konzerne erobern die Welt

*Amerikanische Produkte sind in der ganzen Welt begehrt. Ihr Besitz wird von vielen als Möglichkeit zur Teilnahme am amerikanischen Way of Life angesehen. Amerikanische Konzerne sind in vielen Branchen tätig und dominieren (fast) alle Wirtschaftssparten. Sie prägen auch unser Leben, z. B. im Bereich der Ernährung (Coca-Cola, McDonald's, Kellogg's), Kleidung (Levis, Nike, Reebok) oder Freizeit (Walt Disney).*

■ Interpretieren Sie diese Karikatur.

## 1.1 Die Vormachtstellung US-amerikanischer Konzerne

Trotz der Wirtschaftskrise führen in vielen Branchen nach wie vor Konzerne aus den USA. Die nachfolgenden Tabellen dokumentieren die Dominanz der US-Konzerne:

| Die fünf größten Luftfahrt- und Rüstungskonzerne 2019 | | |
|---|---|---|
| Konzern | Konzernsitz | Umsatz in Mrd. Dollar |
| Boeing | USA | 101,1 |
| Airbus | Niederlande | 75,2 |
| Lockheed Martin | USA | 53,8 |
| General Dynamics | USA | 36,2 |
| Northrop Grumman | USA | 30,1 |

| Die fünf größten Computerkonzerne 2019 | | |
|---|---|---|
| Konzern | Konzernsitz | Umsatz in Mrd. Dollar |
| Apple | USA | 261,7 |
| Dell Technologies | USA | 90,4 |
| HP | USA | 58,7 |
| Legend Holding | China | 54,1 |
| Lenovo | Hongkong | 50,0 |

| Die fünf größten Nachrichten- und TV-Konzerne 2019 | | |
|---|---|---|
| Konzern | Konzernsitz | Umsatz in Mrd. Dollar |
| Comcast | USA | 94,5 |
| Walt Disney | USA | 59,4 |
| Charter Communications | USA | 43,6 |
| Altice Europa | Niederlande | 16,8 |
| CBS | USA | 14,5 |

*http://www.forbes.com, April 2020*

**Gründe für die Dominanz US-amerikanischer Konzerne**
■ Hohe Rüstungsausgaben seit den Zeiten des Kalten Krieges mit der Sowjetunion. Sie profitierten vom Wettrüsten, von Krisen und Kriegen, wie dem Koreakrieg, der Kubakrise, dem Vietnamkrieg, militärischen Einsätzen in Afghanistan, im Irak ...
■ Die Computerindustrie entwickelte sich als Folgeprodukt aus Rüstungsaufträgen.

- Der hohe Stellenwert der Freizeitgesellschaft stützte die Entwicklung der Medien- und Unterhaltungsindustrie.
- Kooperationen von Universitäten, Forschung und Wirtschaft
- Günstige Besteuerung der Unternehmen
- Politische Unterstützung für Unternehmen

## General Electric – ein riesiger Mischkonzern

General Electric (GE), einer der größten und ältesten Konzerne der Welt, geht zurück auf die Firma Light Company, die 1878 von Thomas Edison, dem Erfinder der Glühbirne, gegründet wurde. Heute ist man in unterschiedlichsten Branchen tätig: Flugzeugmotoren, Lokomotiven, Fernsehen (NBC), Industriesysteme, Beleuchtung, Finanzdienstleistungen, Energieerzeugung, Kunststoffe, Medizintechnik, Haushaltsgeräte. Weltweit werden mehr als 300 000, in Österreich 2 500 Mitarbeiter/innen beschäftigt.

**Finanzdienstleistungen:** Bereich der Wirtschaft, der Beratungsdienstleistungen im Bereich Banken, Börsen, Finanzierung, Finanzberatung, Steuern und Versicherungen anbietet.

### Arbeitsaufgaben

1. Nennen Sie die Dauer des Kalten Krieges.

2. Begründen Sie, warum sich die Computerindustrie aus der Rüstungsindustrie heraus entwickelt hat.

3. In welchen Wirtschaftssektoren ist General Electric tätig? Ermitteln Sie die Branchen und Standorte in Österreich unter Verwendung der Homepage www.ge.com/at.

## 1.2 Erfolgreiche amerikanische Produkte – zwei Beispiele

### Fallbeispiel: Nike

Nike ist eine Marke, die bei zahlreichen europäischen Jugendlichen wie viele andere amerikanische Marken sehr beliebt ist. Nike ist keine normale Firma, sondern eine „Heldenfabrik", schrieb einmal

der amerikanische Publizist Donald Katz. Aus einem Sportschuhfabrikanten ist eine Marketingorganisation geworden, deren Umsatz kontinuierlich ansteigt. Der große Erfolg beim Konsumenten erklärt sich aus der Kombination von berühmten Werbeträgern wie bekannten Sportlern und dem Design der Produkte. In der Firmenzentrale Niketown in Beaverton (Oregon) werden in intensiver Art und Weise ständig neue Werbe- und Marketingstrategien erarbeitet, um den Erfolg der Marke Nike zu verlängern.

Niketown besteht aus sieben modernsten Bürogebäuden, locker auf einem universitätsähnlichen Campus gebaut. Jedes Gebäude trägt den Namen eines berühmten Sportlers. Das Gefühl, den gleichen Schuh zu tragen wie Olympiasieger, lässt die Käufe in die Höhe schnellen. 70 Prozent der verkauften Schuhe sehen allerdings nie einen Tennisplatz oder eine Turnhalle. Man kauft die Schuhe v. a. für den Alltag. Nike hat mit seinen Werbefilmen die Marketingkonzepte revolutioniert. Immerhin hat Regisseur Spike Lee die Spots gedreht, und der Ausspruch „Just do it" ist zu einer Devise der modernen Alltagskultur geworden.

Niketown – die Zentrale des Konzerns

In seinem Code of Conduct verbietet Nike die Beschäftigung von unter 16-Jährigen und von Personen, die nach landeseigenen Gesetzen noch der Schulpflicht unterliegen oder noch nicht arbeiten dürfen. Gefährliche Arbeiten sind für unter 18-Jährige verboten. Sollten Fälle von Kinderarbeit aufgedeckt werden, sieht der Unternehmens-Standard unter anderem eine finanzielle Unterstützung der Betroffenen vor, um diesen eine Schulbildung zu ermöglichen. Berichte unabhängiger NGOs haben jedoch Fälle von Kinderarbeit aufgedeckt. Die betroffenen Fabriken produzieren jedoch nicht für Nike direkt, sondern für einen lokalen Subunternehmer. Nike wies daher die Verantwortlichkeit von sich – was im Widerspruch zu ihrer Selbstverpflichtung in ihrem Code of Conduct steht.

*https://www.aktiv-gegen-kinderarbeit.de/firma/nike, 2. März 2014*

## Fallbeispiel: McDonald's

Der 1955 von Ray Croc in Des Plaines (Illinois) begründete Konzern bietet die amerikanische Fast-Food-Kultur heute weltweit ca. 50 Mio. Gästen täglich in über 30 000 Restaurants in über 119 Ländern an. Der damit verbundene Export der amerikanischen Alltagskultur wird ironisch mit „Mc-World" ausgedrückt.

Besonders Jugendliche schätzen das relativ preiswerte Essen, das in ungezwungener Atmosphäre verzehrt werden kann. Dennoch wurden die Geschäftspraktiken des Konzerns immer wieder von Umwelt- und Konsumentenschutzorganisationen sowie den Gewerkschaften infrage gestellt, wie z. B.:

- Die Verarbeitung von brasilianischem Rindfleisch, das von Tieren stammte, die auf neu gerodeten Regenwaldflächen gezüchtet worden sind.
- Die Verarbeitung von Fleisch aus der Massentierhaltung, Verwendung von Styroporverpackungsmaterialien ...
- Die niedrigen Löhne, das Verhindern gewerkschaftlicher Arbeit. „Mc-Jobs" sind eine Umschreibung für schlecht bezahlte, unqualifizierte Jobs.
- Die Produkte von McDonald's enthielten zu hohe Mengen an Fett, Zucker und Salz und wurden somit als ungesund eingestuft.

Trotzdem ist McDonald's eines der überzeugendsten Beispiele erfolgreicher amerikanischer Produktideen. Seit 1986 gibt es auch den Big-Mac-Index. 2018 gab es in Österreich 196 Restaurants, 176 McCafés und insgesamt 9 500 Mitarbeiter.

### Das neue Image von McDonald's

Auf der Homepage wird ein neues Konzernbild vermittelt: Zumindest in Österreich wird bei heimischen Bauern eingekauft, Styropor wird durch Kartons aus Recyclingpapier ersetzt, Altspeisefette werden zu Biodiesel verarbeitet, es gibt Beauftragte für Umwelt- und Abfallwirtschaft usw.

---

Der **Big-Mac-Index** misst die unterschiedliche Kaufkraft von Ländern anhand des Preises eines Big Mac in einem McDonald's-Restaurant. Der Big Mac Index wird seit 1986 von der Zeitschrift The Economist auf Grundlage der Theorie der Kaufkraftparitäten (KKP) erstellt.

**Big Mac Preise in US-Dollar 2018**

| | |
|---|---|
| Schweiz | 6,54 |
| Norwegen | 5,22 |
| USA | 5,51 |
| Japan | 3,51 |
| VR China | 3,10 |
| Indien | 2,51 |
| Rumänien | 2,32 |
| Türkei | 2,28 |
| Ukraine | 1,91 |

*Quelle: Wikipedia*

McDonald's zählt bis heute zu den erfolgreichsten Franchise-Unternehmen der Welt. Der Franchisegeber beobachtet den Markt ständig und passt das Unternehmen den jeweiligen Veränderungen an. (Siehe neues Image von McDonald's)

---

 **Arbeitsaufgaben**

1. Erörtern Sie die Vor- und Nachteile des Franchisesystems.

2. Nennen Sie weitere Firmen, die nach dem Franchisesystem funktionieren.

## 1.3 Die amerikanische Automobilindustrie – The Big Three

Die drei großen US-Autobauer General Motors (GM), Ford und Chrysler werden oft als „The Big Three" bezeichnet. Sie beschäftigen in den USA mehr als 240 000 Mitarbeiter/innen in ca. 100 Werken. Mit der Zulieferindustrie sind es ca. 4,5 Millionen Menschen, deren Job von der US-Autoindustrie abhängt. Das sind drei Prozent aller Beschäftigten in den USA. Die Bundesstaaten Michigan mit der Autostadt Detroit und Ohio sind besonders von der Automobil- und ihrer Zulieferindustrie abhängig.

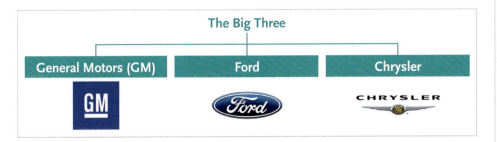

The Big Three

| General Motors (GM) | Ford | Chrysler |
| --- | --- | --- |
| GM | Ford | CHRYSLER |

GM-Headquarter in Detroit

Fünf Jahrzehnte lang waren die „Big Three" die Stützen der US-Volkswirtschaft. Die Wirtschaftskrise ab 2007 führte jedoch zu Rekordverlusten und in der Folge zu Stellenabbau und zahlreichen Werksschließungen. In der Zwischenzeit notiert GM aber wieder an der Börse. General Motors wurde 2009 vom amerikanischen Staat durch eine vorübergehende Teilverstaatlichung gerade noch gerettet.

Der amerikanische „Straßenkreuzer" – groß, protzig, hoher Benzinverbrauch – Symbol des amerikanischen Wohlstands ab den 1960er-Jahren

General Motors, der größte der US-amerikanischen Automobilproduzenten, beschäftigte 1980 noch 600 000 Mitarbeiter/innen. Diese Zahl sank bis April 2017 auf 206 000. Das alleine wäre wegen der starken Automatisierung der Automobilindustrie noch kein Krisenanzeichen. Doch der Absatz ging von 2016 auf 2017 um 5,9 % zurück, dies ein Trend, der auch Ford Motors und Fiat Chrysler traf. Mehrere Faktoren sind für die GM-Krise verantwortlich. Da ist der billige Treibstoffpreis, der den Absatz von SUVs und Sportwägen steigen ließ, weiters die Verstaatlichung des Werks in Venezuela, der Verkauf von Opel und Vauxhall an PSA, die verstärkten Verkäufe von Leasingautos. Neuwagenkäufe haben nicht mehr oberste Priorität. Auch die Entwicklung von E-Cars lässt das Interesse an herkömmlichen Pkws etwas sinken.

### Weiterer Absatzverlust bei Pkws steht bevor

Further production cuts may be coming. Many analysts have forecast that auto sales will suffer a small decline this year — to about 17.2 million vehicles from the record of 17.5 million sold in 2016. But some expect the industry to see larger declines after that. AlixPartners, a consulting firm with a large automotive practice, is predicting that auto sales will decline to 16.6 million vehicles in 2018, and 15.2 million in 2019.

*Quelle: New York Times, 2. Mai 2017*

### Zukunft Elektromobilität?

Während europäische Automobilkonzerne fieberhaft an der Entwicklung neuer Elektromodelle arbeiten, ist die Konkurrenz aus dem Silicon Valley bereits vier bis fünf Jahre in der Entwicklung voraus. Tesla ist der bekannteste Konzern, der sich auf die Produktion von Elektroautos konzentriert hat und mit den High-Tech-Firmen Google und Apple, die aus ganz anderen Bereichen kommen, sind die Silicon Valley-Konzerne auch im Bereich der selbstfahrenden Autos technologisch führend. Zwar gibt es in der Einführungsphase immer wieder Probleme mit Unfällen und anderen Pannen, doch wenn der Durchbruch zur Massentechnologie gelingt, wird den Big Three im Manufacturing Belt eine gewaltige Konkurrenz entstehen. Allerdings arbeiten auch schon zahlreiche chinesische Firmen an der Entwicklung von Elektroautos.

**How The Automakers Fared**

| | April 2017 Sales | Change | Marke share |
| --- | --- | --- | --- |
| General Motors | 244.200 | −5,9 % | 17,1 % |
| Ford Motors | 213.436 | −7,1 % | 16,0 % |
| Toyota | 201.926 | −4,4 % | 14,2 % |
| Fiat Chrysler | 176.176 | −6,8 % | 12,4 % |
| Honda | 138.386 | −7,0 % | 9,7 % |
| Nissan | 121.998 | −1,5 % | 8,6 % |
| Hyundai | 63.050 | + 1,3 % | 4,4 % |
| Kia | 53.358 | −5,6 % | 3,7 % |
| Subaru | 52.368 | +3,9 % | 3,7 % |
| Volkswagen | 46.508 | +3,1 % | 3,3 % |

*https://www.nytimes.com, 2. Mai 2017*

💡 **Tesla ohne Gewinnerwartung für 2019**
Damit der amerikanische e Auto Hersteller Tesla wieder in die Gewinnzone kommt, müssen die Verkaufsstellen geschlossen und auf Onlinehandel umgestellt werden. Tesla Chef Musk hofft mit dem neuen Tesla 3 den Turnaround zu schaffen.

**Schaffung neuer Arbeitsplätze**

Der Autokonzern Fiat Chrysler will in großem Stil in die US-Traditionsmarke Jeep investieren und so bis 2020 rund 2000 Jobs in den Vereinigten Staaten schaffen. Das italienisch-amerikanische Unternehmen kündigte […] an, eine Milliarde Dollar in zwei Werke in den US-Bundesstaaten Michigan und Ohio zu stecken. […] Der Ausbau der Fabriken in Warren, (Michigan) und Toledo (Ohio) soll die Produktion zweier neuer SUV und bislang in Mexiko gefertigter Pick-up-Trucks ermöglichen. Die Entscheidung folgt auf eine aggressive Kampagne des künftigen US-Präsidenten Donald Trump, der mehr Jobs für die US-Industrie fordert. Trump hatte große Autobauer wie General Motors und Toyota zuletzt heftig für die Produktion im Niedriglohnland Mexiko kritisiert und mit hohen Strafzöllen gedroht.

*Quelle: http://www.manager-magazin.de, Manager Magazin 9. Jänner 2017*

### Arbeitsaufgaben

1. Beschreiben Sie die Rolle der „Big Three" für den US-amerikanischen Arbeitsmarkt.

2. Nennen Sie die Gründe für die Krise der US-amerikanischen Automobilindustrie und speziell von GM.

3. Erklären Sie die Überlegenheit der japanischen Konkurrenz.

4. Verfolgen Sie in den Medien die Entwicklung der Elektroautoindustrie, besonders in den USA und bewerten Sie die Zukunft dieser technologischen Entwicklung.

5. Fassen Sie die Aussage des Artikels der NYT im Hinblick auf die zukünftige Entwicklung des Automobilabsatzes kurz zusammen.

## 2 Wirtschaftsraum USA – regionale Unterschiede

> *Die USA sind zwar die dominante Wirtschaftsmacht, doch innerhalb des riesigen Staatsgebietes gibt es erhebliche Unterschiede in der Wirtschaftskraft. Während früher vor allem der Nordosten die wirtschaftlich dominante Region der USA war, haben im Laufe des 20. Jahrhunderts die Regionen im Süden und im Westen stark aufgeholt. Der sogenannte Sun Belt wird zur Wachstumsregion.*

 Der Rust Belt (dt. Rostgürtel, früher Manufacturing Belt genannt) ist die älteste und größte Industrieregion der USA. Er erstreckt sich entlang der Großen Seen von Chicago über Detroit, Cleveland, Cincinnati und Pittsburgh bis an die Ostküste.

Der Sun Belt (deutsch „Sonnengürtel") bezeichnet das Gebiet südlich des 37. Breitengrades der USA, dazu gehören z. B. Silicon Valley in Kalifornien, die klassischen Südstaaten, Florida und die Erdölindustrie in Texas. Diese Region ist die Zukunftsregion der US-Wirtschaft und hat einen großen Bevölkerungszuwachs.

### 2.1 Vom Frost Belt zum Sun Belt

| Frost- und Sun Belt | |
| --- | --- |
| **Standortfaktoren des Frost Belt im 19. Jahrhundert** | **Standortfaktoren des Sun Belt im 20. Jahrhundert:** |
| ■ Steinkohle- und Eisenerzvorkommen<br>■ Viele und billige Arbeitskräfte (durch die Einwanderung)<br>■ Dichtes Eisenbahnnetz<br>■ Günstige Wasserwege (Große Seen, Kanäle, St. Lorenz-Strom) | ■ Niedrigere Lohnkosten<br>■ Geringere gewerkschaftliche Organisation<br>■ Niedrigere Grundstückskosten<br>■ Angenehmeres (sonnigeres, wärmeres Klima)<br>■ Erdöl- und Erdgasvorkommen |

## Arbeitsaufgaben

**1.** Ordnen Sie die Nummern in der Karte den Textkärtchen zu.

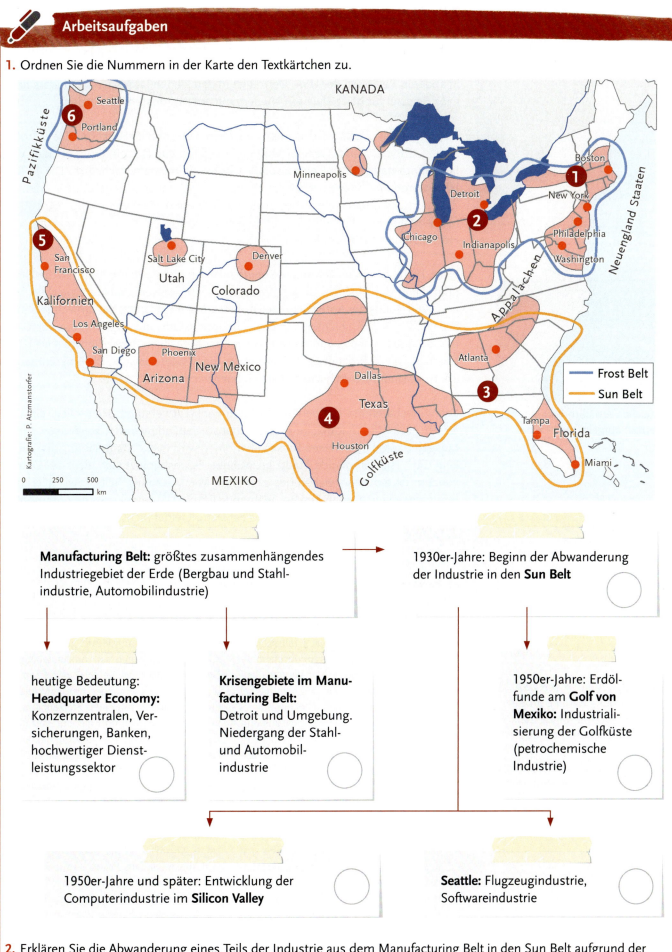

**Manufacturing Belt:** größtes zusammenhängendes Industriegebiet der Erde (Bergbau und Stahlindustrie, Automobilindustrie)

1930er-Jahre: Beginn der Abwanderung der Industrie in den **Sun Belt**

heutige Bedeutung: **Headquarter Economy:** Konzernzentralen, Versicherungen, Banken, hochwertiger Dienstleistungssektor

**Krisengebiete im Manufacturing Belt:** Detroit und Umgebung. Niedergang der Stahl- und Automobilindustrie

1950er-Jahre: Erdölfunde am **Golf von Mexiko:** Industrialisierung der Golfküste (petrochemische Industrie)

1950er-Jahre und später: Entwicklung der Computerindustrie im **Silicon Valley**

**Seattle:** Flugzeugindustrie, Softwareindustrie

**2.** Erklären Sie die Abwanderung eines Teils der Industrie aus dem Manufacturing Belt in den Sun Belt aufgrund der unterschiedlichen Standortfaktoren.

## 2.2 Detroit – eine „Shrinking City"

Der amerikanische „Rust Belt" ist nicht nur durch den Niedergang der Schwerindustrie betroffen. Die derzeitige Wirtschaftskrise wirkt sich hier noch schlimmer aus als in anderen Regionen der USA. Detroit ist in den letzten Jahren ein besonders negatives Beispiel für den teilweisen Niedergang des Nordostens geworden.

Detroit ist das Zentrum der amerikanischen Automobilproduktion. Die „Großen Drei" – Chrysler, Ford, General Motors – machten aus Detroit die „Car City". Viele Jahrzehnte hatte Detroit ein besonders hohes Wirtschaftswachstum. Die 1920er-Jahre waren durch einen außergewöhnlichen Hochhausboom gekennzeichnet. Die Zahl der Einwohner/innen stieg zwischen 1900 und 1950 von knapp 300 000 auf fast 2 Millionen. Bis heute ist die Einwohnerzahl wieder auf ca. die Hälfte vom Höchststand geschrumpft.

Nach 1950 begann in Detroit die Suburbanisierung, die „Wanderung" an den Stadtrand. Einer der Auslöser dieses Prozesses waren Rassenkonflikte. Zwischen 1940 und 1960 wuchs der Anteil der Black Americans auf ein Drittel der Einwohnerschaft. Die weißen Mittelschichten verließen die Innenstadt und zogen in die Vorstädte, die „Suburbs". Heute sind fast 80 Prozent der Menschen in den Vororten weiß und ebenfalls fast 80 Prozent der Bewohner der Innenstadt schwarz. Die Einkommen im Zentrum sind im Durchschnitt halb so hoch wie in den „Suburbs".

Die Wirtschaftskrise hat den Verfall der Innenstadt verstärkt. Heute liegt ein Drittel der gesamten Stadtfläche brach. Zahllose Gebäude wurden abgerissen. Einige tausend Bauten stehen leer. Dieses Phänomen wird in der Stadtplanung als „Shrinking City" (schrumpfende Stadt) bezeichnet. Es beschränkt sich nicht auf Detroit, sondern ist ein Kennzeichen des gesamten Manufacturing Belts sowie aller alten Industriegebiete auch in Europa. Während sich die US-amerikanische Automobilindustrie langsam wieder erholt, ist dies bei Detroit leider nicht der Fall. Im Gegenteil: 2013 ging die Stadt in Konkurs.

Städtischer Verfall (urban blight) in Detroit: aufgelassenes Kino

**Metropolitan Area:** In den USA die Bezeichnung für eine größere Stadtregion (mit mindestens 100 000 Einwohnern), die aus einer oder mehreren zentralen Städten (Metropolen) und den sie umgebenden Vororten (Suburbs) besteht.

### Kommt nach dem Verfall die Renaissance?

„Detroit ist zurück!" – „In Detroit geht die Post ab!" – „Hier entsteht gerade ein neues Kulturmekka!" Nach Jahrzehnten des Niedergangs gehe es für die ehemalige Auto-Metropole wieder bergauf, lautet der einhellige Tenor, den man medial seit Jahr und Tag zu hören bekommt. ..... Der ebenso beliebte wie schräge australische Reisebuchverlag Lonely Planet kürt Detroit für 2018 zur zweitbesuchenswertesten Stadt der Welt – geschlagen nur von Sevilla, aber vor Canberra, Hamburg, Kaohsiung (Taiwan), Antwerpen, Matera (Basilikata/Süditalien), San Juan (Puerto Rico), Guanajuato (Mexiko) und Oslo. Begründung: Die Stadt habe sich innerhalb der vergangenen Dekade geradezu vorbildlich gewandelt, strotze vor neuen Ideen und kreativem Potenzial. Eine erstaunliche Entwicklung, bedenkt man, dass Motown im Sommer 2013 pleiteging. Die Stadt musste Insolvenz anmelden. Arbeitslosigkeit, Kriminalität und zehntausende leerstehende Häuser. So weit war es mit Detroit gekommen. Abgespeichert hatten wir von den letzten Besuchen, dass, wenn denn der People Mover (die mehr oder weniger rund um Downtown führende Stelzenbahn) in Betrieb war, von dort aus nur Verfall zu bemerken war. Ein deprimierender Anblick. Daran hat sich nun tatsächlich was geändert. Hinterm Hotel, dem Westin Book Cadillac, nur ein paar Minuten zu Fuß entfernt vom Messegelände, der Cobo Hall, hat sich eine neue, lebendige Kneipen- und Restaurantszene entwickelt. Abends sind die Läden brechend voll, das Steakhaus Prime + Proper zum Beispiel; man fragt sich, woher plötzlich die vielen Leute kommen. Zumal, das bestätigt sich auch anderntags, sonntags, kaum Verkehr herrscht in der Innenstadt.

▶

Geradezu gespenstisch wenige Autos sind unterwegs in dieser Metropole, deren Geschichte wie die keiner anderen mit dem Automobil verbunden ist. Ende 2013 standen fast 80 000 Häuser leer, die im Keller liegenden Immobilienpreise locken inzwischen viele neue Mieter an. Etliche leerstehende kleinere Fabrikgebäude wurden loftmäßig neuen gastronomischen Zwecken zugeführt. .... Wo in Wien oder Manhattan am Wochenende die Cafés und Delis voll sind, ist hier kaum was los. Immerhin wird man wenigstens nicht gleich wieder hinauskomplimentiert, um den Platz für die nächsten Gäste freizumachen. Dass die Belebung erst einmal nur ein punktuelles Phänomen an mehreren Stellen von Detroit Downtown ist – immerhin ist sie zu bemerken –, zeigt sich dann bei der Runde vom People Mover aus. Wo vor ein paar Jahren nur einstürzende Alt- und Neubauten zu sehen waren, scheint der Verfall gestoppt. Es wird sogar wieder gebaut. Ja, es gibt sogar wieder ein neues Wolkenkratzerprojekt. .....

*https://derstandard.at, Der Standard 21. Jänner 2018*

■ Fassen Sie die Gründe für den Niedergang der Innenstadt von Detroit zusammen. Begründen Sie, warum sich die Wirtschaftskrise im Manufacturing Belt besonders stark auswirkt.

## 2.3 Global City – New York

Der „Big Apple", wie die Stadt auch genannt wird, zählt neben London und Tokio zu den Zentren der Weltwirtschaft. Den wirtschaftlichen Aufstieg verdankt die Stadt der industriellen Massenproduktion, technischen Innovationen, einem – wegen ständiger Einwanderungswellen – sich nie erschöpfenden Arbeitskräftepotenzial, risikobereitem Unternehmergeist und finanzkräftigen Investoren. Heute haben ca. 2 800 amerikanische Konzerne ihre Zentrale in New York City. Die Stadt ist Sitz der Vereinten Nationen, hat mehr als 500 Galerien, mehr als 200 Museen und ca. 150 Theater.

### New York City

Das Ballungsgebiet um New York ist das größte der USA und eines der größten der westlichen Welt. Mehr als 18 Millionen Menschen leben dort. In der Stadt New York selbst (New York City) leben ca. 8 Millionen. Die Stadt ist in fünf Verwaltungsbezirke (Boroughs) eingeteilt: Manhattan, Bronx, Brooklyn, Queens und Staten Island. Es gibt drei Stadtzentren (CBDs): Eines liegt in Brooklyn, zwei in Manhattan: der sogenannte Wallstreet Financial District am südlichen Ende der Insel Manhattan (auch Lower Manhattan oder Downtown genannt) und der südlich des Central Park gelegene Midtown District (auch Uptown genannt).

Die fünf Boroughs von New York:
1. Manhattan, 2. Brooklyn,
3. Queens, 4. The Bronx,
5. Staten Island

**CBD (Central Business District):** Innenstadt und zentrales Geschäftsviertel in US-amerikanischen Städten. Sie unterscheiden sich von der Umgebung durch eine markante Hochhausverbauung.

**Weltkonzerne mit Sitz in New York – einige Beispiele**

■ Altria Group (dazu gehören der Zigarettenkonzern Philip Morris und der Konzern Kraft Foods mit den Marken Milka, Toblerone, Jacobs u. a.)
■ Pfizer (weltgrößtes Pharmaunternehmen)
■ Sony Music
■ Estée Lauder (Kosmetikkonzern)
■ Steinway & Sons (Klavierproduzent)
■ Time Warner (Medien und Film)
■ NBC (Nachrichtensender)
■ MTV (Musiksender)
■ CBS (Nachrichtensender)
■ Fox (Nachrichtensender)

**Altria**

## Manhattan – das Zentrum der Weltwirtschaft

Manhattan ist eine Insel im Mündungsgebiet des Hudson River. Auf knapp 60 km² leben mehr als 1,6 Millionen Menschen, also fast so viele wie in Wien auf über 400 km². Um 1910 betrug die Bevölkerungszahl noch 2,7 Millionen. Seitdem siedelten immer mehr Menschen in die Vorstädte. Manhattan ist nach wie vor ein buntes Mosaik aus unterschiedlichen Vierteln (Neighborhoods): Vom vornehmen Financial District, dem Künstlerviertel Greenwich Village bis hin zum ehemaligen Ghetto von Harlem ist hier alles vertreten.

## Der Financial District

Banken und Börsen kennzeichnen den Wallstreet Financial District. In der Wallstreet befindet sich die NYSE (New York Stock Exchange), die größte Börse der Welt. Im Dow-Jones-Index sind die aktuellen Kurse von 30 der größten US-Unternehmen zusammengefasst. Er ist der wichtigste Börsenindex der Weltwirtschaft. Auf der NASDAQ, der zweiten wichtigen Börse in Manhattan, werden ausschließlich Aktien von Technologieunternehmen gehandelt. Sie hat ihren Sitz im Midtown District.

## Manhattan verändert sich – der Gentrifizierungsprozess

Mit der Abwanderung der Industrieproduktion wurden im Lauf der Zeit Fabriks- und Hafenflächen frei. Die leer stehenden Gebäude wurden bald von Künstlern und Künstlerinnen für Wohn- und Arbeitszwecke entdeckt. Ursprünglich waren diese Viertel die Heimat sozial eher schwacher Bevölkerungsschichten, viele Arbeitslose sowie mittellose Immigranten und Immigrantinnen lebten hier.

Lower Manhattan – das Finanzzentrum der Weltwirtschaft

Durch den Zuzug von Künstlern und Künstlerinnen und Bobos (Bourgeois Bohemiens – gut verdienende, liberal gesinnte, meistens junge Menschen) wurden diese alten Viertel nach und nach „aufgewertet". Nach der Sanierung von Gebäuden stiegen die Wohnungspreise, die alten, finanzschwachen Mieter/innen mussten ausziehen und neue wohlhabende Personen zogen zu. Auf diese Weise konnten z. B. die Viertel Soho und Tribeca saniert werden. Diesen Prozess der sozialen Aufwertung eines Stadtviertels nennt man Gentrifizierung.

## Arbeitsaufgaben

1. Charakterisieren Sie eine Global City.
2. Nennen und lokalisieren sie die CBDs in New York.
3. Diskutieren Sie die Vor- und Nachteile des Gentrifizierungsprozesses in einer Großstadt.

## Queens – Beispiel für ein multikulturelles Viertel

New York ist eine klassische Einwandererstadt und ist demnach multikulturell geprägt. Das bedeutet, dass in dieser Stadt Angehörige zahlreicher Volksgruppen neben- und miteinander leben und viele Viertel in ihrem Aussehen prägen. Von den über acht Millionen Einwohnern sind 36 Prozent im Ausland geboren. Dieser Bevölkerungsanteil hat sich in den letzten dreißig Jahren verdoppelt. Charakteristisch für die gegenwärtige Einwanderung nach New York ist die außergewöhnliche Vielfalt. Man sagt, dass jedes Land der Welt in New York vertreten ist. Besonders Queens gilt als ein Beispiel für eine multikulturelle Gesellschaft.

Dass man Queens inzwischen auch in Deutschland kennt, ist hauptsächlich der Fernsehserie „King of Queens" zu verdanken. Oft als etwas langweilig belächelt, bietet Queens viel mehr als nur günstigen Wohnraum in einer absurd teuren Stadt. Fast die Hälfte der Einwohner hat einen Migrationshintergrund und jede ethnische Gruppe hat diesem Stadt-

teil ihren Stempel aufgedrückt. Wer hier wohnt, identifiziert sich vor allem mit seiner direkten Nachbarschaft: Griechen mit Astoria, Iren mit Woodside, Italiener mit Ozone Park, Juden mit Rego Park. Nirgendwo sonst in New York leben mehr Asiaten und insgesamt werden 138 Sprachen gesprochen.

*https://www.focus.de, 14.Oktober 2018*

Straßenszene in New York: Angehörige unterschiedlichster Nationalitäten sind unterwegs.

Interessant ist des Weiteren, dass durch die Immigration das lokale Geschäftsleben entscheidend geprägt und intensiviert wurde. Die lokale Ökonomie hat durch Zuwanderung an Bedeutung gewonnen.

Recent economic snapshots issued by the state comptroller show that New York City has continued to experience record economic expansion in the past three years. This growth has been led by notable gains in the economies of Queens, Brooklyn and the Bronx (Staten Island's report is expected later this year), which since the 1990s have seen an economic boost from a large increase in their immigrant populations, Crain's reports. The revitalization of these immigrant-rich areas has led to an uptick in the number of businesses as well as sales and job growth. Unemployment is at its lowest

rate since 1990. Queens, the borough that is home the city's most diverse population and becoming more so, is clearly one to watch.

The constant in all three boroughs, Crain's points out, is that large population increases led by immigration since 1990 have led to revitalization over the last decade, which has lifted the number of businesses, business sales, jobs and employment. Of the boroughs highlighted, Queens has a higher average household income and a lower poverty rate than Brooklyn and the Bronx.

*https://www.6sqft.com, 14. Oktober 2018*

## Arbeitsaufgaben

1. Nehmen Sie Stellung zu den beiden Presseartikeln und diskutieren Sie in der Klasse über die Vor- und Nachteile einer multikulturellen Stadt.

2. Übertragen Sie das „Modell New York" auf europäische Städte. Erörtern Sie mögliche Unterschiede.

## 2.4 Die Abwanderung in den Sun Belt – Beispiel Silicon Valley

Ab den 1930er-Jahren begannen die Industrien des Manufacturing Belt in den Süden, den sogenannten Sun Belt, abzuwandern. Zunächst waren es die niedrigen Lohnkosten im „alten Süden" (Carolina, Georgia, Alabama ...), die viele Unternehmen zur Abwanderung veranlassten. Später machten die Ölfunde die Region um den Golf von Mexiko zur Boomregion, bis schließlich die Westküste (Kalifornien, die Region um Seattle) vor allem von der Hightechindustrie entdeckt wurde.

### Silicon Valley – Vorbild für alle Hightechregionen

Silicon Valley ist das Stammland der Mikroelektronik und genießt in der Zwischenzeit einen beinahe legendären Ruf als äußerst dynamische Wachstumsregion, die weltweit ihresgleichen sucht.

Das Silicon Valley – eine Industrieregion, die in Garagen und leer stehenden Lagerhallen von Apfelbaumplantagen ihren Anfang nahm.

**Risikokapital (Venture Capital):** Die Finanzierung eines Projektes wird ohne Sicherstellung gewährt. Eine reelle Chance auf einen hohen Gewinn ist einer der Hauptgründe der Kapitalgeber, warum sie zu diesen riskanten Bedingungen investieren. Es wird hauptsächlich in nicht börsennotierte, neu gegründete technologieorientierte Unternehmen (Start-ups) investiert; Risikokapital kann aber auch für schon länger bestehende Firmen eine Finanzierungsmöglichkeit darstellen.

**Einige bekannte Firmen, die ihren Hauptsitz im Silicon Valley haben**

**Hardware-Unternehmen**
Apple, Cisco Systems, Hewlett-Packard (HP), Intel, Nividia, Palm, Oracle, Sun Microsystems.

**Software-Unternehmen**
Adobe Systems, eBay, Facebook, Google, Symantec, Yahoo.

## Arbeitsaufgabe

■ Der Aufstieg des Silicon Valley ist durch mehrere Ursachen zu erklären.
Im Laufe der Zeit ergaben sich aber auch zahlreiche Probleme. In den
folgenden sieben kurzen Texten werden Gründe für den Aufstieg und
aktuelle Probleme genannt. Schreiben Sie in das Feld ein +, wenn Sie einen
Grund für den Aufstieg erkennen, sonst ein – (für Problem).

Die Universitäten von Stanford, Berkeley, San José und Santa Clara spielten bei der Ansiedlung von
Hightechbetrieben eine wichtige Rolle. Viele Wissenschafter/innen gründeten eigene Firmen, ehemalige
Mitarbeiter dieser Firmen gründeten wieder eigene Firmen, sodass ein richtiger Firmengründungsboom
die Folge war (Spin-offs). Durch die enge Kooperation mit der Universität gibt es nie Engpässe an höchst
qualifizierten Technikern/Technikerinnen und Wissenschaftern/
Wissenschaftlerinnen.

Der Industrieboom und die flächenintensive Flachbauweise führten bald zu einem Mangel an dem
ursprünglich extrem billigen Bauland, was auch die Grundstücks- und Wohnungspreise in schwindelnde
Höhen trieb. Viele Farmer/innen wurden gezwungen (z. B. durch überhöhte Grundsteuern), ihr Land zu
verkaufen.

Das Talbecken des Silicon Valley begünstigt die Smogbildung. Neben dem Autoverkehr (die durchschnittlichen Anfahrtswege betragen ca. 35 km) ist die Mikroelektronikindustrie selbst ein Hauptverursacher für
die zum Teil katastrophale Umweltsituation. 25 Tonnen Chemikalien täglich produziert ein Chipwerk an
Abfall. In vielen Orten ist das Grundwasser völlig verseucht.

Der Hightech-Boom wäre ohne Risikokapital nicht möglich gewesen. Jede Erfolgsmeldung eines Elektro-
nikunternehmens lockte neue Venture-Capital-Gesellschaften vom Osten der USA ins Silicon Valley.
In Kalifornien sind mittlerweile die meisten Risikokapitalgesellschaften der USA angesiedelt.

Die militärischen Konflikte der USA mit Korea, den Philippinen und speziell Japan machten die Pazifik-
küste seit dem Zweiten Weltkrieg zum wichtigsten Standort für die Rüstungsproduktion. Das Militär und
später die NASA garantierten seit den 1940er-Jahren sichere Aufträge an die Halbleiterindustrie. Verteidi-
gungsaufträge wurden jedoch auch an Kleinunternehmen vergeben, was einen
Gründungsboom zur Folge hatte.

Im Silicon Valley wurden wie in vielen anderen Hightechregionen zahlreiche gut bezahlte Jobs im hoch
qualifizierten Sektor geschaffen. Andererseits entstanden auch viele Jobs im niedrig qualifizierten Bereich, v. a. in Dienstleistungsbereichen wie Lagerung, Verpackung und anderen Hilfstätigkeiten. Diese
Arbeiten werden sehr oft von Immigranten und Immigrantinnen (Hispanics u.a.) durchgeführt.

Viele wirtschaftliche Fehler und Probleme haben zu einem Bedeutungsverlust des SV geführt: Facebooks
Rolle im Präsidentschaftswahlkampf, Probleme mit Daten und Steuern bei Google in Europa, Produkti-
onsverzögerungen bei Tesla, Googles Probleme mit dem autonomen Auto. Auch die hohen Kosten schaffen Probleme: Eine Wohnung im SV ist nicht unter 3000 Dollar zu haben, die Armutsgrenze ist aufgrund
der enorm gestiegenen Lebenshaltungskosten auf 117000 $/Jahr angehoben worden.

# 3 Die Gesellschaft der USA – gibt es noch den „American Dream?"

> *Das amerikanische Gesellschaftsmodell galt jahrzehntelang als Erfolgsmodell schlechthin. Hohe Wirtschaftswachstumsraten und geringe Arbeitslosigkeit führten zum Bild der USA als „Job Machine". Während der Immobilienkrise 2007 und einige Jahre danach war die „Job machine" vorläufig zu Ende. In den letzten Jahren gibt es wieder einen robusten Aufschwung. Nur der „American Dream" vom unaufhaltsamen sozialen Aufstieg, der für alle möglich ist, dürfte möglicherweise zu Ende sein.*

## USA – ein Land der „Ungleichen"

**Ranking der Ungleichheit nach dem Gini-Index für Einkommen:**

**Gini-Index:** Der Gini-Koeffizient misst die Ungleichheit bzw. Gleichheit von Einkommen und/oder Vermögen und nimmt einen Wert zwischen 0 (bei einer gleichmäßigen Verteilung) und 1 (wenn nur eine Person das komplette Einkommen erhält, d. h. bei maximaler Ungleichverteilung) an.

**Soziale Immobilität** = Bewegung von Einzelpersonen oder Gruppen zwischen unterschiedlichen sozio-ökonomischen Positionen. D. h., inwiefern ist es Menschen in einer Gesellschaft aus ärmeren Familien möglich, sich emporzuarbeiten. Wenn die Kinder einen besseren Job haben als ihre Eltern, gilt die neue Generation als sozial mobiler.

### USA: Für immer Tellerwäscher

… Worauf eine Nation stolz ist, muss sie mit sich selbst ausmachen. Das Wahlverhalten der Amerikaner zeigt: Sie können damit leben, dass bei ihnen Einkommen und Vermögen ungleicher verteilt sind als anderswo. Auch soziale Sicherheitsnetze europäischer Art fordern sie nicht. Solange der American Dream mehr ist als ein Traum: dass es in ihrem Land jeder schaffen kann, auch ganz nach oben, wenn er tüchtig ist. …

Niemand muss sich also wundern, wenn ein Forschungszentrum der Uni Stanford die USA in Sachen Ungleichheit an allerletzter Stelle reiht, unter zehn reichen Ländern – mit Finnland an der Spitze. In einer größeren Gruppe von 21 Staaten landet Amerika auf Platz 18 (hier sind osteuropäische Länder mit nur mittlerem Wohlstandsniveau dabei, die nicht alle Daten liefern können). …

Denn zu den üblichen Parametern gesellen sich zwei historische Stärken Amerikas. Zum einen der flexible und wenig regulierte Arbeitsmarkt, der als Jobmaschine gilt. Aber die Zahlen sprechen eine andere Sprache. Zwar ist die Arbeitslosenquote niedrig, aber sie erfasst nicht jene, die nicht (mehr) einen Job suchen. Relevanter ist die Beschäftigungsquote. Und hier reicht es mit 75 Prozent der 25- bis 65-Jährigen nur für Rang acht von zehn (bzw. 17 von 21). An erster Stelle: Deutschland mit 85 Prozent.

Und dann ist da die soziale Mobilität, die sich die Amerikaner seit jeher stolz auf ihre sternebesäte Fahne schreiben. Aber es zeigt sich: Ein dänischer Tellerwäscher hat viel bessere Chancen, sich zum Millionär zu mausern, als sein Kollege aus dem Land der angeblich unbegrenzten Möglichkeiten.

*https://diepresse.com, 22. März 2018*

■ Diskutieren Sie in der Klasse: Gibt es noch den American Dream? Wäre es für österreichische Jugendliche eine Option, in den USA beruflich Fuß zu fassen?

## Soziale Unterschiede in den USA

Obwohl nach dem BIP pro Kopf die USA immer noch zu den reichsten Nationen der Welt zählen, werden die sozialen Unterschiede immer größer. Auf der einen Seite wohnen viele Reiche in eigenen Vierteln am Rande der Städte, von privatem Sicherheitspersonal beschützt und bewacht in sogenannten „gated communities". Auf der anderen Seite wird es für die Mittelschicht immer schwieriger, ihren Lebensstandard zu halten. Die geringen Löhne führen zu einer Zunahme der Armut. Soziale Sicherheit wie in Europa ist in den USA unbekannt. Erst Präsident Barack Obama konnte 2010 unter Mühen ein Sozialversicherungssystem einführen, das die gröbsten sozialen Risiken reduzierte. Bis dahin waren Krankheiten und Unfälle für viele Nichtversicherte ein enorm hohes Risiko, in Armut und Elend abzugleiten. Die Republikaner versuchen nach dem Wahlsieg Donald Trumps das Sozialversicherungssystem, als „Obamacare" bezeichnet, wieder rückgängig zu machen. Jede/r ist für ihre/seine Gesundheit selbst verantwortlich.

Villa in Palm Beach in Florida. Palm Beach hat die höchste Milliardärs-Dichte in den USA.

### Amerikas Reiche – Beispiel Palm Beach

Palm Beach, eine Insel, knapp ein Drittel so groß wie Sylt, liegt vor Floridas Ostküste. Man kann sie nur über Zugbrücken erreichen. Es ist Amerikas Enklave der Superreichen … Amerikas Geldelite verschanzt sich hinter meterhohen Mauern und Gittern, sie reist im Privatjet, golft im Privatclub, sonnt sich an privaten Stränden. Die Kinder besuchen private Kindergärten und private Schulen, bis sie später eine der Eliteuniversitäten besuchen. Längst hat sich das oberste Prozent der Amerikaner von dem Amerika der 99 Prozent abgeschottet. Vor Floridas Küste ist das große Geld schon lange zu Hause. Es war der Räuberbaron und Ölmagnat Henry Flagler, ein Partner Rockefellers, der Anfang des vergangenen Jahrhunderts den Landstreifen voller Alligatoren und Mücken in einen exotischen Traum aus wiegenden Palmen und maurisch-mediterranen Palästen verwandelte.

*http://www.zeit.de/, 8. März 2014; Artikel vom 22. Februar 2014*

Gated community – immer mehr Reiche, nicht nur in den USA, „schützen sich" durch Zäune und Bewachungspersonal

### Die Kehrseite der Medaille – zunehmende Armut

Nach offizieller Darstellung der US-Regierung befindet sich das Land mitten in einem Aufschwung. Für die Wirtschafts- und Finanzelite, die Amerika regiert, und die Teile der oberen Mittelschicht bedeutet ein wachsender Aktienmarkt in der Tat wirtschaftlichen Gewinn. Für die große Mehrheit der Bevölkerung ist das Leben nach dem Börsenkrach von 2008 jedoch vom tagtäglichen Überlebenskampf geprägt. Die offiziellen Statistiken zu Armut, Arbeitslosigkeit, Verschuldung und sinkenden Löhnen geben Einblick in eine soziale Wirklichkeit, die die Medien nach Kräften zu verbergen versuchen. Laut dem Zentrum für Krankheitskontrolle und Prävention ist die Selbstmordrate in den USA in den vergangenen zehn Jahren stark angestiegen. In der Altersgruppe zwischen 35 und 64 Jahren hat die Zahl der Selbstmorde zwischen 1999 und 2010 um fast 30 Prozent zugenommen. Es gibt heute in Amerika mehr Tote durch Selbstmord als durch Autounfälle. Die Ursache dafür ist kein Geheimnis: Es ist die Wirtschaftskrise, durch die Arbeitslosigkeit, Armut, Unterernährung, Krankheit, Obdachlosigkeit und alle Arten damit zusammenhängender persönlicher und familiärer Probleme zugenommen haben. Die soziale Krise zieht alle Teile der arbeitenden Bevölkerung in Mitleidenschaft – Junge und Alte, Beschäftigte und Arbeitslose – ungeachtet ihrer Rasse, ihres Geschlechtes und ihrer Herkunft. Für Millionen von älteren Arbeitern verdüstert sich die Hoffnung auf wirtschaftliche Sicherheit im Alter und die Aussicht auf eine angemessene Rente, da sie gezwungen sind, ihre Ersparnisse aufzubrauchen und sich weiter zu verschulden.

*https://www.wsws.org/, 8. März 2014; Artikel vom 7. Mai 2013*

Als erste Amtshandlung unterschrieb der neue Präsident das Dekret gegen die Gesundheitsreform Obamas. Darin gab er allen staatlichen Stellen die Erlaubnis, „Obamacare" nicht anzuwenden oder die Reform zu verzögern, sollte sie eine „finanzielle Belastung" darstellen. Zudem müssten die Staaten bei der Umsetzung von Gesundheitsprogrammen flexibler sein dürfen.

*Nach: Die Presse 21. Jänner 2017*

■ Erläutern Sie mögliche Ursachen der zunehmenden Einkommensunterschiede in den USA.
Recherchieren Sie in den Medien die Erfolge bzw. Misserfolge des neuen US-amerikanischen Sozialversicherungssystems.

# 4 Die USA zwischen De- und Reindustrialisierung

In den USA spricht man seit Jahren von der De-Industrialisierung. Ursache dafür war die Verlagerung von ganzen Fabriken und den damit verbundenen Arbeitsplätzen nach China und Ostasien oder Mexiko. Dieser Prozess ist eng mit der Globalisierung verbunden. Die verloren gegangenen Arbeitsplätze wurden jedoch nicht, wie in der Theorie des Neoliberalismus behauptet, durch Arbeitsplätze in der Dienstleistung ersetzt, und wenn, waren diese Jobs erheblich schlechter bezahlt.

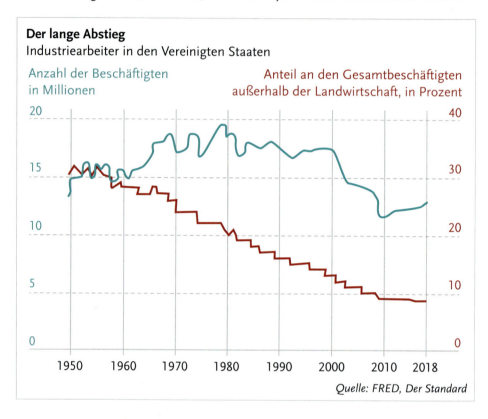

**Der lange Abstieg**
Industriearbeiter in den Vereinigten Staaten

Anzahl der Beschäftigten in Millionen

Anteil an den Gesamtbeschäftigten außerhalb der Landwirtschaft, in Prozent

*Quelle: FRED, Der Standard*

Noch im Jahr 2000 gab es in den USA 17 Millionen Arbeitsplätze in der Industrie. Heute sind es nur noch 12,7 Millionen. Parallel hat sich China seit Beginn der 1980er-Jahre zum global größten Produzenten entwickelt und ist für etwa die Hälfte der in den USA verloren gegangenen Industriearbeitsplätze verantwortlich. Zusätzlich baute 2018 General Motors 14.000 Beschäftigte in Nordamerika ab. Für Präsident Trump besonders unangenehm ist, dass der Konzern parallel den Ausbau seiner Produktion in Mexiko angekündigt hat.

**Wer verdient an der De-Industrialisierung?**

Die Bilanz von Freihandel, Globalisierung und De-Industrialisierung bescherte zwar der traditionellen Oberschicht und den „neuen Eliten" rasant wachsende Einkommen, aber gleichzeitig erreichte das amerikanische Handelsdefizit einen Umfang von insgesamt 12 Billionen $, die Löhne der Arbeiter bzw. der Mittelklasse stagnierten, sechs Millionen Arbeitsplätzen in der herstellenden Industrie gingen verloren und 55 000 Fabriken mussten geschlossen werden.

*https://www.world-economy.eu, 2020*

Trotz allem Arbeitskräfteabbau wurde mit 17,33 Mio. Fahrzeugen 2018 der viert-höchste Wert der Automobilproduktion seit den bisherigen Aufzeichnungen er-reicht. Insgesamt wurden ca. 96 000 Fahrzeuge mehr verkauft als im Jahr davor. Die wichtigsten Trends des US Automotivsektors liegen im Bereich der Elektrifizie-rung sowie dem autonomen Fahren. Um Fahrzeuge leichter und sicherer zu ma-chen, werden laufend neue Materialien entwickelt und in den Produktionsprozess eingebaut. Dies hat Auswirkungen auf die gesamte Zulieferkette.

Die USA liegen mit ihrem wichtigsten Konkurrenten im Produktionssektor auch auf den Kontinenten Lateinamerika und Afrika im Clinch. Beide sehen hier potenzielle Absatzmärkte. China agiert jedenfalls sehr erfolgreich, indem es auf beiden Kon-tinenten bedeutende Infrastrukturinvestitonen im Transport und Bildungsbereich finanziert, während die USA nach wie vor traditionell mit Waffenlieferungen und Kreditgewährung agieren.

US-Präsident Donald Trump setzt seinen konservativen Kurs auch in Zukunft fort. Er hat einen 4,7 Billionen US-Dollar schweren Haushaltsentwurf für das Finanzjahr 2020 vorgelegt, der mehr Ausgaben für Rüstung und weniger Geld für Umwelt, Ge-sundheit und Entwicklungshilfe vorsieht.

## Arbeitsaufgaben

1. Suchen Sie lateinamerikanische Staaten, in denen China bereits größere Investitionen durchgeführt oder angekündigt hat.

2. Stellen Sie Vermutungen an, warum Präsident Trump trotz weiterer De-Industrialisierung erfolgreich ist.

**China bootet die USA auch in Lateinamerika aus**

Unübersehbar prangt die chi-nesische Flagge an der Wand. Auf dem Podium davor tauscht eine brasilianisch-chinesische Delegation Nettigkeiten aus. Es wird gefeiert in der nordbra-silianischen Stadt São Luís im Gliedstaat Maranhão: Spaten-stich für einen privaten Hafen. Bis zu zehn Millionen Tonnen Fracht sollen hier dereinst jähr-lich umgeschlagen werden.

*NZZ 31. Mai 20*

## Ziele erreicht? – „Wirtschaftsmacht USA?"

Die USA sind durch ihre politische und ihre Medienmacht sehr präsent und bestimmen unsere Wahrnehmung. US-amerikanische Produkte prägen unseren Alltag. Die gesellschaftliche Realität sieht aber oft anders aus. Auch ein gewisser Anti-Amerikanismus ist in Europa wahrzunehmen.

1. Bewerten Sie die Aussagen mit Schulnoten und überlegen Sie ein Schlagwort als Begründung dazu. Diskutieren Sie die Ergebnisse.

### Eine Blitzumfrage

„Die USA sind die erfolgreichste Wirtschaft der Welt."

„Die sozialen Unterschiede in den USA sind größer als in Europa."

„Naturschutz spielt in den USA keine besonders große Rolle."

„‚Working Poor' wird auch in Österreich immer verbreiteter."

„Die Freiheiten US-amerikanischer Unternehmen sind ein Modell für österreichische Unternehmen."

„Die Zukunft der USA liegt im Sun Belt, vor allem in Kalifornien."

2. Treffen Sie zu den folgenden Spotlights Aussagen. Diskutieren Sie die Ergebnisse.

### Spotlights zum Beruf

„Ich könnte mir vorstellen, einige Zeit in den USA zu studieren oder zu arbeiten."

„Es wäre günstig, wenn auch in Österreich einige Grundsätze amerikanischer Unternehmenskultur übernommen werden könnten."

**Aus diesem Kapitel habe ich die nachstehend angeführten Erkenntnisse und/oder Einsichten gewonnen:**

# Der westpazifische Raum

KOMPETENZ–ERWERB

## ⊙ Meine Ziele

Nach der Bearbeitung dieses Kapitels kann ich
- die Entwicklung der japanischen Wirtschaft analysieren;
- Tendenzen in der japanischen Gesellschaft beurteilen;
- wirtschaftliche und gesellschaftliche Entwicklungen in Australien erklären;
- das neuseeländische Wirtschaftsmodell bewerten.

# 1 Wirtschaftsmacht Japan – von der Eroberung des Weltmarktes über die Krise zum Wachstum

*1945 war Japans Wirtschaft zerstört. Die Gesellschaft war nach dem verlorenen Krieg verunsichert. Der Neubeginn gestaltete sich ungemein schwer. Dennoch hatte Japan in der Nachkriegszeit die höchsten wirtschaftlichen Wachstumsraten: Ähnlich wie in Deutschland war ein Wirtschaftswunder für diesen Aufschwung verantwortlich.*

## 1.1 Gründe für den Aufstieg im 20. Jahrhundert

In den 1980er-Jahren setzte Japan zu einem beispiellosen Überholmanöver an und wurde in weniger als zwei Jahrzehnten neben den USA und der EU zu einer bedeutenden Wirtschaftsmacht.

### Drei Gründe für den Aufstieg

| Das japanische Wirtschaftssystem | Die Geschäftspolitik der japanischen Unternehmen | Soziale und kulturelle Gründe |
|---|---|---|
| Das japanische Wirtschaftssystem ist eine eigentümliche Mischung aus Planwirtschaft und freier Marktwirtschaft. Ein wichtiger Wettbewerbsvorteil Japans liegt in der erfolgreichen Zusammenarbeit zwischen Staat und Unternehmen. Eine entscheidende Bedeutung in der japanischen Wirtschaftspolitik hatte das MITI (Ministry of International Trade and Industry), das japanische Industrieministerium, das jahrzehntelang die japanische Wirtschaft gelenkt und gesteuert hat. Erkennt man, dass eine Branche in Japan keine Zukunft mehr hat, so wird nicht mehr investiert, sondern die Betriebe werden nach und nach ins billigere Ausland verlagert, z. B. in die Billiglohnländer Ost- und Südostasiens. | Ab den 1970er-Jahren erinnerte die Geschäftspolitik der japanischen Unternehmen an militärische Strategien. In der Anfangsphase wurden bewusst Verluste in Kauf genommen, um den Marktanteil nachhaltig zu erhöhen. Neben den niedrigen Preisen waren aber auch noch andere Faktoren für den Erfolg Japans ausschlaggebend. | ■ Das Schulsystem ist sehr leistungsorientiert; der Anteil an Fachkräften mit wissenschaftlicher Ausbildung ist hoch.<br>■ Gemeinschaftsgefühl und Verantwortung für die Firma werden durch gemeinsame Veranstaltungen wie Morgenappelle und Schulungskurse gefördert.<br>■ Die Arbeitszeiten sind deutlich höher (meist 6-Tage-Woche). Kleinbetriebe kennen häufig noch Sonntagsarbeit.<br>■ Neben Großfirmen, die gute Löhne zahlen können, existieren viele Klein- und Kleinstbetriebe deren Löhne oft 30 bis 40 % niedriger sind.<br>■ Viele Arbeiter/innen und Angestellte nehmen nur einen kleinen Teil ihres Urlaubs in Anspruch.<br>■ Betriebsgewerkschaften, die die Interessen der Firma vertreten und nicht unbedingt jene der Arbeitnehmer/innen. |
| Das betraf in der Vergangenheit z. B. die Textil- und Bekleidungsindustrie. Bei anderen Branchen, die mehr Zukunft versprechen, wird auch mehr investiert. Dies betraf v. a. die Elektronikindustrie. | Dazu zählen z. B. gewissenhaftes Service und das Eingehen auf im Vorfeld genau studierte Kundenwünsche. | |

## Japanische Produkte – in jedem Haushalt

Ob Auto, Fotoapparat oder Unterhaltungselektronik, viele unserer vertrauten Produkte stammen aus Japan oder werden zumindest von japanischen Firmen produziert.

### Arbeitsaufgaben

1. Schreiben Sie neben jedes japanische Unternehmen die Branche bzw. die Produkte, die es erzeugt. Nehmen Sie folgenden Link zu Hilfe:
http://de.wikipedia.org/wiki/Portal:Japan

| Unternehmen | Branche | Unternehmen | Branche |
|---|---|---|---|
| Canon | | Nikon | |
| Daihatsu | | Nintendo | |
| Honda | | Nissan | |
| Kawasaki | | Olympus | |
| Kyocera | | Sony | |
| Panasonic | | Toshiba | |
| Mitsubishi | | Toyota | |

2. Erheben Sie in der Klasse, welche Schüler/innen Produkte der Unterhaltungselektronik von japanischen Firmen besitzen.

3. Vergleichen Sie das japanische Wirtschaftssystem mit dem US-amerikanischen.

4. Erklären Sie, warum niedrigere Löhne für die Wirtschaftsentwicklung am Beginn eher von Vorteil sind.

Japan in den 1980ern: Morgenappelle in den Fabriken sollten das Gemeinschaftsgefühl stärken.

## 1.2 Die Eroberung des Weltmarktes – das Beispiel der Autoindustrie

Japanische Autos gehören heute zum Straßenbild Europas wie auch Nordamerikas. Der Aufstieg der japanischen Autoindustrie ist beispielhaft für den Erfolg japanischer Produkte in der Weltwirtschaft. Er erfolgte in vier Phasen.

### 1. Nachahmung europäischer und amerikanischer Produkte

Nach dem Zweiten Weltkrieg erzeugte Japan zunächst nur Lkws. Die Produktion eigener Pkws ging nur langsam voran. Man begann, europäische Modelle (VW, Austin) nachzuahmen. Viele deutsche, englische und amerikanische Ingenieure und Ingeneurinnen halfen Japan, Kleinwagen zu erzeugen.

### 2. Innerbetriebliche Umstrukturierung

Nach den ersten Erfolgen begannen die Japaner, die Abläufe der Produktion zu verbessern:

- Sie setzten immer mehr Maschinen ein, um die Arbeitsprozesse zu beschleunigen. Sie waren die Ersten, die Industrieroboter in größerem Ausmaß einsetzten.
- Sie verkürzten die Lieferzeiten von Teilen. Während die Amerikaner alle Teile in großer Zahl auf Lager produzierten, erzeugten die Japaner nur so viele Teile, wie sie wirklich benötigten. Das **Just-in-time-System** war geboren.

Zentrum von Toyota City: Die ganze Stadt heißt seit 1959 nach ihrem wichtigsten Arbeitgeber. Toyota gehört zu den größten Automobilherstellern der Welt.

### 3. Export

Seit 1973 – dem Jahr der Ölkrise – werden immer mehr japanische Autos, die kleiner und wesentlich sparsamer im Treibstoffverbrauch als die amerikanischen Modelle sind, nach Nordamerika und Europa exportiert.

### 4. Produktion im Ausland

Da die Amerikaner und Europäer auf die japanische Exportoffensive mit Schutzzöllen und Einfuhrbeschränkungen reagierten, begannen die japanischen Automobilunternehmen, in den USA und in Europa (v. a. in Großbritannien) eigene Werke zu gründen (die sogenannten Transplants).

**Merkmale des Toyota-Produktionssystems**

Die Fehlervermeidung und die kontinuierliche Verbesserung bestehender Abläufe: Toyota liegt einsam an der Spitze, was die Zahl der Verbesserungsvorschläge und deren Umsetzung betrifft.

Die hohe Mitarbeitermotivation: Sie ist u. a. auch durch die Arbeitsplatzsicherheit begründet, die selbst für japanische Verhältnisse ungewöhnlich ist. Loyalität gegen Qualität lautet das Motto. Risikovermeidung: Sie gilt vor allem für die Zulieferer. Diese müssen sich bei Toyota über Spitzenleistungen für die Zusammenarbeit qualifizieren. Damit schafft es Toyota, einen wirkungsvollen Wettbewerb unter seinen Lieferanten zu entfesseln.

*Nach: http://www.managermagazin.de*

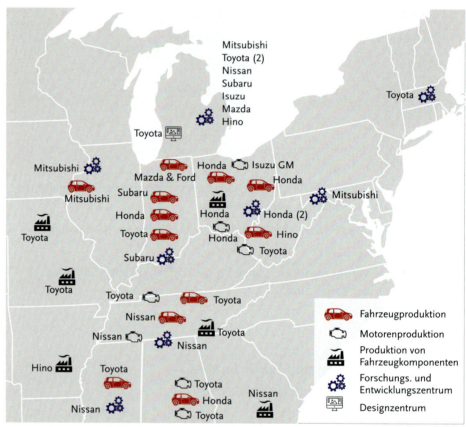

Japanische Automobilwerke im Osten der USA

### Elektroautos verringern Produktionsaufwand und Jobs

Rund 30 Prozent aller Autos weltweit werden von japanischen Herstellern gebaut, doppelt so viel wie von deutschen Unternehmen. Japans Autoindustrie generiert die höchsten Gewinne aller Branchen und repräsentiert ein Fünftel der Exporte.

Doch da ein Elektromotor weniger Teile als ein Ottomotor oder Dieselaggregat hat, bedeutet der Abschied vom Verbrennungsmotor hohe Verluste bei Steuern und Jobs für Japan. Als Beispiel sei hier angeführt, dass die üblichen stufenlosen Getriebe beim Elektroauto überflüssig werden, das nur einen einzigen Gang hat.

## Arbeitsaufgaben

1. Begründen Sie, warum die japanischen Unternehmen europäische Modelle imitieren mussten.

2. Erklären Sie den Unterschied zwischen dem alten amerikanischen Lagersystem und dem modernen Just-in-time-System.

3. Erklären Sie, warum die Japaner in den USA zu produzieren begannen.

4. Beurteilen Sie aufgrund aktueller Medienberichte, ob sich das Toyota-Produktionssystem tatsächlich bewährt hat.

## 1.3 Überalterung als gesellschaftliches Problem

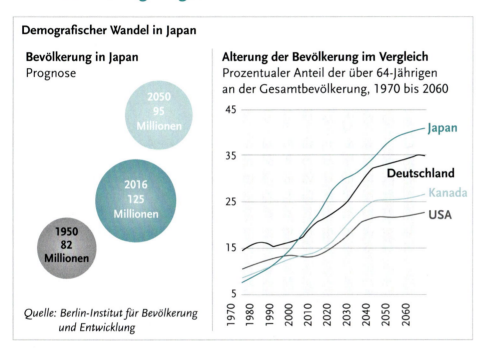

**Demografischer Wandel in Japan**

Bevölkerung in Japan – Prognose: 2050 95 Millionen; 2016 125 Millionen; 1950 82 Millionen

Quelle: Berlin-Institut für Bevölkerung und Entwicklung

Alterung der Bevölkerung im Vergleich – Prozentualer Anteil der über 64-Jährigen an der Gesamtbevölkerung, 1970 bis 2060

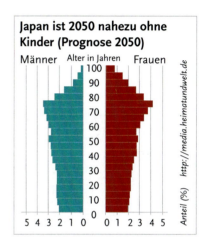

**Japan ist 2050 nahezu ohne Kinder (Prognose 2050)**

http://media.heimatundwelt.de

Japan wird in den nächsten Jahren zusehends vergreisen. Im Jahre 2050 wird die Bevölkerung um mehr als 30 Millionen Menschen abgenommen haben. Die Geburtenrate beträgt derzeit 1,32 Babys pro Frau und ist damit eine der niedrigsten der Welt. Gleichzeitig leben die Japaner immer länger. Japans Frauen werden 2055 im Durchschnitt 90,34 und die Männer 83,67 Jahre alt sein. Schon jetzt halten die Japaner und Japanerinnen mit mehr als 85 Jahren den Weltrekord der Langlebigkeit.

■ Zeichnen Sie auf der Bevölkerungspyramide Japans durch einen waagrechten Strich ein, wo sich Japans Bevölkerung derzeit (2019…) befindet und begründen Sie, warum die Prognose mit hoher Wahrscheinlichkeit eintreffen wird.

### Worin liegt das Hauptproblem einer alternden Gesellschaft?

In den Jahren des wirtschaftlichen Wachstums haben die japanischen Rentenkassen riesige Überschüsse erwirtschaftet. Doch mit zunehmender Arbeitslosigkeit und wachsender Vergreisung nehmen die Beiträge ins Pensionssystem laufend ab. Heute arbeiten noch 3,3 Japaner für einen Rentner. 2055 wird dieses Verhältnis auf 1,3 zu 1 sinken. Das derzeitige Pensionssystem wird nicht mehr finanzierbar sein. Das Eintrittsalter für die Pension wurde in den letzten Jahren auf 65 Jahre angehoben. Aber das wird nicht reichen. Andere Lösungsmöglichkeiten müssen überlegt werden.

**Ursachen des Bevölkerungsrückgangs**

Ein besonderes Problem etwa ist die Arbeitskultur. Überstunden gehören in Japan zum guten Ton, zwölf Stunden am Tag im Büro zu verbringen ist eher die Regel als die Ausnahme. Das japanische Ministerium für Gesundheit, Arbeit und Soziales veröffentlichte für das Jahr 2015 96 Tote durch Überarbeitung. Dazu kommt eine ähnlich große Anzahl an Suizidversuchen, die mit einer zu hohen Arbeitsbelastung in Zusammenhang gebracht werden. Wer bis zum Umfallen arbeitet, der denkt nicht daran, eine eigene Familie zu gründen. Zugleich steigen Mieten immer weiter, weshalb die Zahl der jungen Leute, die sich keine eigene Wohnung leisten können oder wollen, stetig zunimmt. Viele junge Menschen lassen sich deshalb zeit ihres Lebens von den Eltern durchfüttern und gründen erst spät eigene Familien. Das Phänomen ist so verbreitet, dass es schon einen eigenen Namen hat: „Single-Parasiten".

Mittlerweile müssen auch beide Geschlechter arbeiten, um die hohen Lebenshaltungskosten zu decken. Doch bekommt die Frau ein Kind, bleiben 70 Prozent der Mütter anschließend zu Hause. Denn staatlich finanzierte Kindertagesstätten sind Mangelware.

*https://www.stern.de, 10. August 2019*

### „Immer mehr Aussteiger"

Die japanische Bevölkerung altert rapide, immer weniger Arbeitskräfte müssen den steten Aufschwung der Wirtschaft vorantreiben. Das bedeutet einen enormen Leistungsdruck für die meisten Männer. Frauen stehen immer noch unter dem gesellschaftlichen Druck, mit der Geburt der Kinder zu Hause zu bleiben und erst spät mit einer Hilfstätigkeit – auch Akademikerinnen – wieder in den Arbeitsmarkt einzusteigen, bevor sie sich dann wieder um die pflegebedürftigen Eltern zu kümmern haben. Für diese gibt es nämlich kaum Pflegeheime.

So steigen immer mehr junge Menschen aus diesem Druck des Arbeitsmarkts, des Wohnungsengpasses in den Städten – selbst Kleinstwohnungen sind kaum erschwinglich – und der gesellschaftlichen Normen aus, ziehen aufs Land und leben dort ein einfaches, selbstbestimmtes Leben. Viele Jugendliche steigen aber auch einfach nur aus und springen von Teilzeitarbeit zu Teilzeitarbeit. Sie werden als „Freeter" bezeichnet ( von „free" und „ter" von Arbeiter), japanisch „arubaito". Die japanische Regierung versucht intensiv, diesen Trend wieder in den Griff zu bekommen, da Arbeitskräfte in der Industrie dringend benötigt werden.

## 1.4   Japanische Wirtschaft – von der Krise in den Aufschwung

Nach dem schweren Erdbeben mit einem Tsunami 2011 erwartete man einen Zusammenbruch der Wirtschaft und eine mehrjährige Rezession. Doch Japan hat sich rasch erholt.

Am 11. März 2011 erschütterte das bisher schwerste Erdbeben in der Geschichte Japans den Norden des Landes (Stärke 9 nach der Richter-Skala). Eine gewaltige Tsunami-Welle überschwemmte die nordöstlichen Küstengebiete und zerstörte mehrere Städte. Mehr als 10 000 Menschen verloren ihr Leben. Einige Atomkraftwerke trugen irreparable Schäden davon.

## Arbeitsaufgaben

1. Formulieren Sie für die einzelnen Absätze medienwirksame Überschriften.

Japans Wirtschaft hat seit 2015 das stärkste Wachstum seit Jahren hingelegt. Das Bruttoinlandsprodukt (BIP) stieg 2017 um 2,0 Prozent. Das Wirtschaftswachstum war zunächst einem starken Außenhandel geschuldet. Damit sollte die unerwünscht niedrige Inflation endlich in Richtung zwei Prozent nach oben getrieben werden. Dabei hofft die Bank von Japan (BOJ) auch auf ein stärkeres Anziehen der Löhne.

Zuletzt gingen die Exporte sogar leicht zurück und der Privatkonsum und die Anlageinvestitionen zogen an. Japaner/innen legten sich vermehrt langlebige Güter wie Autos und Haushaltsgeräte zu. Die Binnennachfrage wurde so zur Stütze des Wachstums. Mit dem Wirtschaftswachstum verflüchtigte sich auch die Deflationsgefahr und die Investoren kehrten zurück.

Die Notenbank kauft seit dem Frühjahr 2013 in gigantischem Ausmaß Staatsanleihen und Aktien auf. Die Regierung wiederum flankiert dies durch ein Konjunkturprogramm. Diese Politik – auch „Abenomics" (nach dem Premier Shinzo Abe) genannt – war lange umstritten, ihre Wirksamkeit wurde ernsthaft bezweifelt. Doch nun scheinen die Kritiker eines Besseren belehrt zu werden.

Dennoch ist die Konjunktur gefährdet. Denn Japan hat mit über 220 Prozent der Wirtschaftsleistung den größten Schuldenberg aller großen Industrienationen. Und dazu schrumpft in Japan die Zahl der Einwohner, die diese Last der Rückzahlung tragen müssen, dramatisch. Millionen von Pensionierten leben von ihren Ersparnissen und reduzieren ihren Konsum, was die Inlandsnachfrage schwächt.

Um sich für die Zukunft Arbeitskräfte zu sichern, haben die Firmen begonnen, die Arbeitsbedingungen und die Bezahlung zu verbessern. Dadurch erhöhen sich natürlich die Kosten der Unternehmen, was diese zu einem gewissen Teil auffangen können, indem sie die hohen Gewinnrücklagen der vergangenen Jahre angreifen. Langfristig werden jedoch die Preise steigen müssen und somit könnte das Wirtschaftswachstum in Gefahr geraten.

2. Begründen Sie, warum Überalterung in den Industriestaaten ein bedeutendes gesellschaftliches Problem darstellt, dessen Lösung immer drängender wird.

In der **Deflation** werden Waren und Dienstleistungen billiger. Die Folge ist ein Sinken der Gewinnerwartungen der Unternehmen. Diese investieren weniger und versuchen stattdessen, die Kosten durch Kurzarbeit, Standortschließungen, Lohnkürzungen oder Entlassungen zu senken, wodurch die Einkommen sinken. Damit sinkt aber auch die Nachfrage nach Konsumgütern. In weiterer Folge verringert sich die gesamte Wirtschaftsleistung.

# 2 Wohlstand am „anderen Ende" der Welt

*Australien und Neuseeland sind parlamentarische Monarchien im Commonwealth of Nations, deren Staatsoberhaupt die britische Königin ist. Sie sind Einwanderungsländer für Europäer/innen. Beide Staaten haben seit den 1990er-Jahren ihre Wirtschaft auf die Erfordernisse der Marktwirtschaft umgebaut. Australien ist extrem dienstleistungsorientiert und profitiert von seinen wertvollen Rohstoffen, nach denen vor allem China hungert. Neuseeland wurde 1984 nach einem Zusammenbruch seines Sozialsystems weltweit zum Vorbild für eine neoliberale Revolution. Die Landwirtschaft spielt – vor allem im Export – immer noch eine bedeutende Rolle. Gegenüber der jeweiligen Urbevölkerung verhielten sich die beiden Staaten recht unterschiedlich.*

## 2.1 Australien

Australien ist der kleinste, trockenste und flachste Kontinent der Erde. Riesige Wüsten und die roten Schwemmebenen sind dünn besiedelt oder unbewohnt. Der Großteil der Bevölkerung – die ursprünglich aus britischen, irischen, italienischen, griechischen und deutschen Siedlern und Siedlerinnen bestand – wohnt in den Orten und Städten der fruchtbaren östlichen Küstenebene. Während Nordaustralien in den Tropen liegt, werden die Berge des Südostens von einer winterlichen Schneedecke überzogen und haben Mittelmeerklima.

Das Einwanderungsland bot über viele Jahrzehnte hinweg die Möglichkeit, sich unter Verhältnissen, die man aus Europa gewohnt war, eine neue Existenz aufzubauen. In den 1980er-Jahren sind die Preise der wichtigen Export-Rohstoffe stark gefallen. So öffneten die Regierungen die Marktwirtschaft und förderten Investitionen, um die Wirtschaft auszubauen und zu beleben. Diese Strategie war äußerst erfolgreich. Im bedeutenden HDI-Ranking 2019 der UNO belegte der Inselkontinent den 6. Platz, weit vor Österreich (20.)

### Commonwealth of Nations
Bezeichnet seit 1948 jene Länder, die früher dem „British Empire" angehört haben. Er ist kein Staatenbund im Sinne des Völkerrechts. Er vereint jene Staaten, die als Dominions (sich selbst verwaltende Kolonien) unabhängig geworden sind.

### HDI-Ranking
Der Human Development Index erfasst die Werte aus Bereichen der menschlichen Entwicklung. Dazu gehören zum Beispiel die Lebenserwartung, das Bildungsniveau oder das Pro-Kopf-Einkommen. Die Rangliste gibt den Stand der durchschnittlichen Entwicklung eines Landes wieder.

Junge Aborigines warten auf einen Auftritt bei einem Tanzfestival

■ Ordnen Sie mithilfe einer Karte der Bodenschätze Australiens die unten angeführten Bodenschätze den folgenden Regionen richtig zu:
1: Pilbara-Region
2: Mount Isa
3: Kalgoorlie Blei/Zink/Silber; Nickel/Gold; Eisen

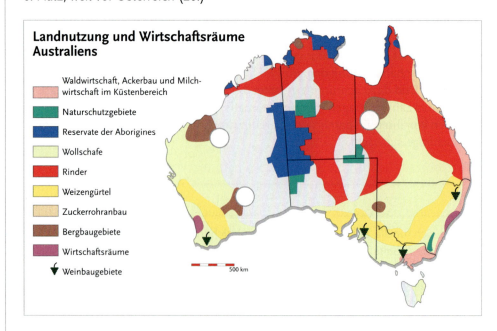

**Landnutzung und Wirtschaftsräume Australiens**

- Waldwirtschaft, Ackerbau und Milchwirtschaft im Küstenbereich
- Naturschutzgebiete
- Reservate der Aborigines
- Wollschafe
- Rinder
- Weizengürtel
- Zuckerrohranbau
- Bergbaugebiete
- Wirtschaftsräume
- Weinbaugebiete

500 km

## Aborigines – Australiens Urbevölkerung

Aborigines („von Beginn an") besiedelten vor 40 000 – 60 000 Jahren von Norden her den Kontinent. Wegen eingeschleppter Krankheiten und durch gewaltsame Konflikte mit den Siedlern sank ab etwa 1800 die Zahl der Aborigines von 1 Mio. auf etwa 60 000 im Jahr 1920. Zahlreiche Bewegungen kämpften seitdem für die Wiederherstellung der vollen Rechte für die Urbevölkerung. Die heute etwa 460 000 Aborigines in Australien erhielten erst 1960 die Bürgerrechte zugesprochen, ohne diese je vollständig durchsetzen zu können. Erst 2013 wurden sie als Urbevölkerung Australiens anerkannt. Drei Viertel von ihnen leben in Städten, nur im Northern Territory sind ihre Traditionen erhalten geblieben. Sie zählen zur ärmsten Bevölkerung in Australien und haben hohe Arbeitslosigkeit, geringe Bildung und eine geringere Lebenserwartung. Verantwortlich dafür sind eine verfehlte Eingliederungspolitik und fehlende Sozialstrukturen.

30 Prozent der Aborigines leben in Homelands der Northern Territories (NT), kleinen Communities, die es ihnen ermöglichen, ihre traditionelle Lebensweise zu pflegen.

### Arbeitsaufgabe

- Beschreiben Sie das Klima des NT und ziehen Sie entsprechende Schlüsse, warum gerade dieses Gebiet das bedeutendste Wohngebiet der Aborigines ist.

## Australiens Wirtschaft

Der Tourismus ist ein bedeutender Devisenbringer und mit ca. 500 000 Beschäftigten (bei Fluglinien, Reiseveranstaltern, Hotels ...) größter Arbeitgeber. Derzeit kommen mehr als 8 Mio. Besucher/innen. Neben den Städten Sydney, Melbourne, Adelaide oder Perth sind das von Wüsten und Steppen geprägte „rote" Landesinnere mit dem Nationalpark Uluru und seinem Ayers Rock und die hunderte Kilometer langen Sandstrände mit dem vorgelagerten Great Barrier Reef an der Ostküste die Anziehungspunkte für Touristen und Touristinnen. Die Great Dividing Range und Tasmanien ziehen besonders Trekker an.

Eisenerzabbau in der Pilbararegion.

Australiens Wirtschaft wird 66,6 % des BIP vom Dienstleistungssektor dominiert. Demgegenüber entfielen auf den Produktionsbereich nur noch 24 %, der der Landwirtschaft auf 2,5 %. Der Anteil des Bergbausektors ( Erze, Kohle, Koks ) macht aber 44 % der Exporte aus, der der Landwirtschaft 10 %. Die wichtigsten Exportgüter sind Kohle, Eisenerz und Gold. Bergbaubetriebe aus den USA und Großbritannien finanzieren die Gruben in Australien. Nur ein sehr geringer Anteil der Bergbaubetriebe in Australien ist im Besitz einheimischer Unternehmen. Länder aus Asien schlossen mit Australien langfristige Lieferverträge ab, damit ist ihre Versorgung für lange Zeit gesichert. Als auch die Volksrepublik China versuchte, Bergwerke in Australien zu kaufen, um den enormen Rohstoffbedarf zu sichern, hat Australien dies abgelehnt. Die Zukunftsbranchen Informations- und Kommunikationstechnologie, Electronic Commerce, Bio-, Nano- und Medizintechnologie spielen eine zunehmend wichtigere Rolle.

**Nanotechnologie**
ist ein Forschungsgebiet der Physik, bei der den Oberflächeneigenschaften besondere Bedeutung zukommt.

### Bergbau in der Exportkrise – Folgen sind schwerwiegend

Australiens Rohstoffexporte sinken – die Wirtschaft muss umdenken. Schuld ist die Flaute im Bergbau – und besonders der Preissturz beim Eisenerz. … Australiens wichtigstes Exportgut. Die weltweite Nachfrage nach Stahl und die Bauwut in China lassen nach … Betroffen ist die gesamte australische Volkswirtschaft. Die hat sich nämlich allzu lange auf einen scheinbar nie endenden Rohstoffboom verlassen. Nun steckt sie in der Klemme. Mit den Minen leiden beispielsweise die Zuliefererbetriebe und die Bauindustrie, die für die Errichtung der Infrastruktur verantwortlich ist, oder die Fluggesellschaft Qantas, die eine bislang stets steigende Anzahl von Bergarbeitern in die meist abgelegenen Minenregionen und wieder nach Hause transportierte. …. Die jüngsten Zahlen der OECD vom September 2014 zeigen, dass die Arbeitslosigkeit mit 6,4 Prozent auf dem höchsten Stand seit zwölf Jahren ist und die Einkommen sinken. Das Wachstum des Bruttoinlandsprodukts (BIP) hat sich … auf 3,1 Prozent ab-

gebremst. Wie soll es weitergehen? Australien wird sich von seinem Fokus auf den Bergbau verabschieden müssen. Das Land wäre gut beraten, den Chinesen künftig mehr Fleisch, Getreide, Kupfer und Energie zu verkaufen. Doch mit Energie ist vor allem Kohle gemeint, Australiens zweitwichtigstes Exportgut nach Eisenerz. Auch dieser Markt leidet unter Preisverfall. Wegen der sinkenden Kohlenachfrage in China ab 2016 dürfte dann auch dieser Pfeiler der australischen Wirtschaft wegbrechen. Um die Wettbewerbsfähigkeit der australischen Wirtschaft zu stärken, hat sich die Regierung …. entschlossen, Forschungs- und Entwicklungsprogramme mit 400 Millionen australischen Dollar zu unterstützen. Gefördert werden sollen fünf Felder, in denen Australien bereits Kompetenzen hat: Agrokultur und Lebensmittelproduktion, Bergbauausrüstung, Dienstleistungen, Energieproduktion sowie Medizintechnik und Pharma. Forschung soll künftig im Zentrum der Industriepolitik stehen. …

*Gekürzt nach: Die Zeit vom 13. November 2014*

 **Arbeitsaufgaben**

1. Fügen Sie die entsprechenden unterstrichenen Begriffe aus dem obenstehenden Artikel aus der ZEIT in das Ablaufdiagramm.

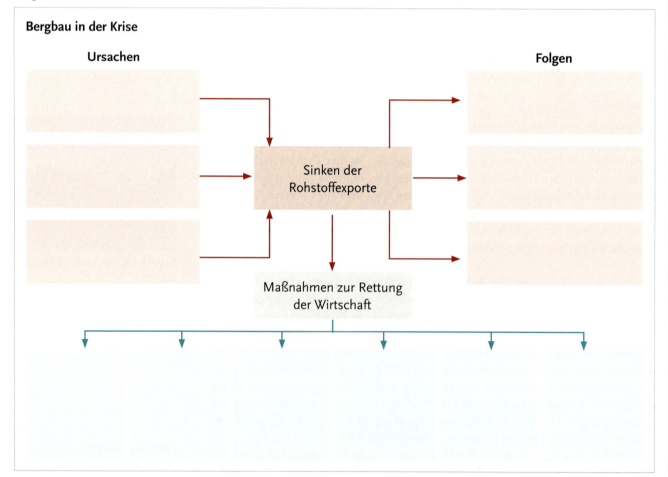

2. Begründen Sie den großen Bedarf an Rohstoffen, den sowohl China als auch Japan haben.

3. Überprüfen Sie die Aussage: „Australien ist touristisch ein Land extremer Gegensätze."

## 2.2 Neuseeland – neoliberales Experiment im Pazifik

### Die Agrarwirtschaft dominiert

Neuseelands Wirtschaft ist am Freihandel orientiert und in hohem Maße exportabhängig. In den 1980er-Jahren setzte die Diversifizierung des Außenhandels ein und die Wirtschaft einschließlich der Landwirtschaft wurde nahezu vollständig dereguliert. Gold, Silber, Stein- und Braunkohle sowie Erdöl und Erdgas sind Neuseelands wichtigste Bodenschätze, deren Export aber die negative Handelsbilanz auch nicht wettmachen kann.

Der Exportsektor bleibt – trotz aller Diversifizierungsanstrengungen – immer noch stark landwirtschaftlich geprägt (Milchprodukte, Fleisch und Wolle). Die Industrie arbeitet hauptsächlich für den Eigenbedarf, die notwendigen Rohstoffe müssen importiert werden. Der Tourismus ist mit einem Anteil von 19 Prozent an den Exporterlösen der zweitwichtigste Exportzweig. Jährlich besuchen ca. 2,5 Millionen Besucher/innen vor allem Neuseelands vielfältige Naturlandschaft und seine Maorikultstätten.

Die Landschaft Neuseelands wird über weite Strecken von Schafweiden geprägt

### Ein geografischer Überblick

Aotearoa, „das Land der langen weißen Wolke", wie Neuseeland von seinen Ureinwohnern, den Maori, genannt wird, besteht im Wesentlichen aus zwei lang gezogenen Inseln, der Südinsel und der Nordinsel. Neuseeland ist ungefähr so groß wie Italien, hat aber nur ca. 4 Millionen Einwohner. Der Hauptsiedlungsraum konzentriert sich heute immer stärker auf einen ca. 20 km breiten Küstenstreifen auf der subtropisch beeinflussten Nordinsel. Die Südinsel liegt in der Westwindzone des gemäßigten Klimas. Durch die Insellage ergibt sich ein starker ozeanischer Einfluss. Die Niederschläge sind extrem hoch (je nach Lage zwischen 3 000 und 7 000 mm im Jahr), die Winter aber sehr mild.

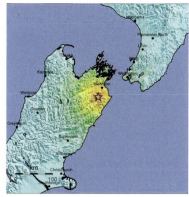

Ein starkes Erdbeben hat am 18. 11. 2016 den Abstand beider Hauptinseln um zwei Meter verringert. Eine Ortschaft hob sich um mehr als einen halben Meter. Beim jüngsten Erdbeben, dessen Zentrum nördlich von Christchurch gelegen ist, hat es auch Todesopfer gegeben.

### Sozialstaat im Bankrott

Bis in die 1980er-Jahre war Neuseeland ein Wohlfahrtsstaat nach europäischem Vorbild. Der Binnenmarkt war vom Weltmarkt durch hohe Zölle abgeschottet und somit geschützt. Durch den EG (jetzt EU)-Beitritt 1973 musste Großbritannien, der wichtigste Handelspartner, seine Handelsbegünstigungen für Neuseeland streichen. So war der Staat Mitte der 1980er-Jahre völlig verschuldet und stand am Rande der Zahlungsunfähigkeit.

### Die neoliberale Revolution

1984 begann eine völlig neue Ära in der Wirtschaftspolitik Neuseelands, die das Land zum Vorbild für andere neoliberale Gesellschaften machte. Die damalige Regierung begann mit der radikalsten aller möglichen Maßnahmen, der Streichung sämtlicher Subventionen. Dies traf v. a. die Landwirtschaft empfindlich. Zwar arbeiten nur ca. 8 Prozent der neuseeländischen Bevölkerung in diesem Sektor, aber die Hälfte aller Exporte kommt aus der Agrarwirtschaft.

Dies hatte zunächst dramatische Auswirkungen. Viele neuseeländische Farmer waren dem Konkurrenzdruck nicht gewachsen und mussten ihre Betriebe schließen oder verkaufen. Zahlreiche Farmer nahmen sich damals das Leben, viele verkrafteten den sozialen Abstieg nicht. Es überlebten wenige große Farmen, die billiger produzierten und damit auf dem Weltmarkt konkurrenzfähiger waren. Durch das günstige Klima (hohe Feuchtigkeit, milde Winter, große Weideflächen) sind die Erträge sehr hoch. Dadurch können die Preise auf dem niedrigen Weltmarktniveau gehalten werden.

Neben der Landwirtschaft wurde aber auch die übrige Wirtschaft liberalisiert. Die hohen Einfuhrzölle wurden abgeschafft, die Staatsbetriebe völlig privatisiert, das Heer der Beamten auf die Hälfte reduziert. Die Arbeitslosigkeit stieg zwischenzeitlich auf über 15 Prozent, sank aber auf das Niveau von 3,9 % (2019). Neuseeland liegt mit diesem Wert im obersten Viertel der OECD-Staaten. Für viele Wirtschaftsexperten gilt Neuseeland als Musterland für die erfolgreiche Umwandlung eines verschuldeten Sozialstaates in einen konkurrenzfähigen, schuldenfreien Staat. Allerdings hat Neuseeland ebenso unter der Wirtschaftskrise des Jahres 2008 gelitten. Die wirtschaftliche Orientierung nach Asien hat wegen dessen enormen Rohstoffbedarfs zu einem neuerlichen Aufschwung geführt.

**OECD:** (Organisation für wirtschaftliche Zusammenarbeit und Entwicklung (engl.: Organization for Economic Cooperation and Development)
Ist eine internationale Organisation mit Sitz in Paris. Die OECD wird auch als die Organisation der Staaten der Ersten Welt bezeichnet. Fast alle der 30 Staaten sind Industrieländer.
Ziele der OECD sind:
■ Förderung der Wirtschaftsentwicklung und des Lebensstandards in ihren Mitgliedstaaten,
■ Förderung des Wirtschaftswachstums in den Entwicklungsländern,
■ Ausweitung des Welthandels.

Einer der jungen Maori, dessen Vorfahren in mehreren Wellen zwischen 800 und 1300 aus Polynesien eingewandert sind. In ihrer Sprache bedeutet Maori „normal". Die Spirale ist das Grundelement, auf dem alle Tattoomuster der neuseeländischen Maori aufbauen. Die sogenannten „Moko" sind in ihrer Art einzigartig. Das Recht auf Tätowierung war Adeligen und Freien vorbehalten, wobei Männer weitaus üppiger gezeichnet waren als Frauen. Am meisten Beachtung wurde der Verzierung des Gesichts geschenkt.
Seit den 1960er-Jahren werden die lange Zeit verfolgten und enteigneten Nachfahren von der Regierung anerkannt. Erst 2008 erhielten sie umfangreiche Entschädigungen für den enteigneten Besitz. Heute sind die mehr als 500 000 Maori die größten Waldbesitzer Neuseelands.

### Arbeitsaufgaben

1. Erklären Sie die wirtschaftlichen Probleme Neuseelands Mitte der 1980er-Jahre und wie sie gelöst wurden.

2. Vergleichen Sie die aktuelle Situation der indigenen Bevölkerung Neuseelands mit jener Australiens.

3. Beurteilen Sie die heutige wirtschaftliche Situation Neuseelands.

## Arbeitsaufgabe

■ Verwenden Sie folgende Begriffe zur Lösung des Kreuzworträtsels. Bei Umlauten „AE" statt „Ä" verwenden usw.

**Waagrecht**
3. Ureinwohner Neuseelands
4. Ureinwohner Australiens
6. Region des größten Erzbergbaus in Australien
7. Ehemalige Kolonialmacht in Australien
12. Berühmtes Tourismusziel vor Australiens Westküste (engl. Schreibweise, zusammen geschrieben)
13. Hauptstadt Neuseelands
14. Hauptstadt Australiens

**Senkrecht**
1. Name Neuseelands in der Sprache der Einwohner/innen
2. Inselgruppe im Pazifik (Atlas)
5. Australiens bedeutendste Exportbranche
8. Entlegenste Großstadt Australiens
9. Wirtschaftsform, die die Wirtschaft Neuseelands lange prägte
10. Abbau staatlicher Maßnahmen in Neuseeland
11. Nationalpark im Inneren Australiens

## Ziele erreicht? – „Der westpazifische Raum"

Der westpazifische Raum gewinnt im 21. Jahrhundert immer mehr an Bedeutung. Neben den aufsteigenden Tigerstaaten und China haben sowohl Japan als auch Australien große wirtschaftliche Bedeutung. Viele Innovationen stammen aus dieser Region: in erster Linie technische aus Japan, wobei das japanische Wirtschaftsmodell in den letzten Jahren in die Krise geraten ist. Australien ist nach wie vor ein Traumland für viele Europäer/innen und Neuseeland zeigte sich als Modellland des neoliberalen Experiments.

**1.** Bewerten Sie die Aussagen mit Schulnoten und überlegen Sie ein Schlagwort als Begründung dazu. Diskutieren Sie die Ergebnisse.

**Eine Blitzumfrage**

„Japan zeigt, dass militärische Disziplin zum wirtschaftlichen Erfolg führt."

„Japans Autoindustrie bleibt größter Konkurrent der deutschen Autoindustrie."

„Australien und Neuseeland sind ideale Einwanderungsländer."

„Die Rechte der australischen Ureinwohner sind gewahrt."

„Der Export landwirtschaftlicher Produkte um die halbe Welt ist ökologisch bedenklich."

„Der Rückbau des Staates sollte nach neuseeländischem Vorbild erfolgen."

**2.** Treffen Sie zu den folgenden Spotlights Aussagen. Diskutieren Sie die Ergebnisse.

**Spotlights zum Beruf**

„Ich gehe mit japanischen Geschäftspartnern anders um als mit europäischen."

„Eigenverantwortung ist eine Sache, die ich mir von Australien und Neuseeland abschauen kann."

**Aus diesem Kapitel habe ich die nachstehend angeführten Erkenntnisse und/oder Einsichten gewonnen:**

# Russische Föderation wohin?

KOMPETENZ-
ERWERB

Nach der Bearbeitung dieses Kapitels kann ich

- die politischen Folgen des Zerfalls der Sowjetunion erklären;
- den Systemwechsel eines Wirtschaftsmodells am Beispiel der Russischen Föderation analysieren;
- eine sozial und ökonomisch zweigeteilte Gesellschaft am Beispiel der russischen analysieren;
- die aktuelle ökologische, soziale und wirtschaftliche Situation der Russischen Föderation erklären;
- die Chancen und Gefahren einer Rohstoffökonomie am Beispiel der Russischen Föderation erörtern;
- die Bedeutung des russischen Erdöls bzw. Erdgases für Europa bewerten.

# 1 Russische Föderation als politisches Erbe der Sowjetunion

*1991 zerfiel die Sowjetunion – das mächtigste kommunistisch regierte Land der Welt – in 15 unabhängige Staaten. Der Niedergang der Wirtschaft war Ursache und Folge des Zerfalls, der bis heute nachwirkt. Die Russische Föderation trat die Rechtsnachfolge an. Insgesamt entstanden 15 Staaten, die sich zum Großteil zur Gemeinschaft Unabhängiger Staaten (GUS) zusammengeschlossen haben. Die Russische Föderation „schleppt" das Problem des Vielvölkerstaates weiter mit und sucht eher militärische als wirtschaftliche Lösungen dafür.*

Kreml in Moskau – Moskau war jahrhundertlang Zentrum eines Großreiches – zuerst des Russischen Zarenreichs, ab 1917 bis 1991 der Sowjetunion.

## 1.1 Russische Föderation – ein Vielvölkerstaat

Viele Jahrzehnte hatte man versucht, 120 Völker zu einem Sowjetvolk zu verschmelzen. Russische Kultur und Sprache sollten das einigende Band sein – ein Versuch, der nie wirklich gelungen ist. Nun ist die Russische Föderation ein Staat mit 21 Republiken mit unterschiedlich großer Eigenständigkeit. Die meisten Republiken könnten als selbstständige Staaten nicht überleben. Ihre Lage innerhalb des Staatsgebietes und ihre z. T. geringe Einwohnerzahl machen eine Zusammenarbeit im Rahmen der Russischen Föderation notwendig. Der Wunsch vieler Volksgruppen nach mehr politischem Einfluss stellt die Russische Föderation vor große Probleme.

### Die Schwierigkeiten der Nachfolgestaaten

Die fünfzehn neu entstandenen Staaten, die den ehemaligen sowjetischen Teilrepubliken entsprachen, bauten mühsam eigene Verwaltungen auf und privatisierten zahlreiche Wirtschaftsbetriebe. Betriebsstilllegungen folgten, Arbeitslosigkeit und Armut prägten jahrelang das Bild. Russland (eigentlicher Name: Russische Föderation) übernahm die Rechtsnachfolge der UdSSR. Mit 17 Mio. km² und knapp 150 Millionen Einwohnern und Einwohnerinnen ist die Russische Föderation der weitaus größte Nachfolgestaat der UdSSR. Die Wirtschaft wurde nach einer kurzen Phase der Privatisierung teilweise wieder unter staatliche Kontrolle gestellt, die Parteienvielfalt verschwand so schnell, wie sie gekommen war.

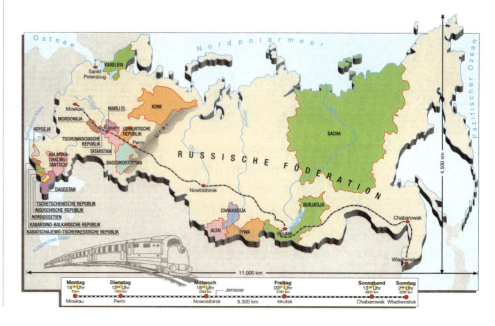

## Konfliktherd Kaukasus und Ukraine

Das Gebiet des Kaukasus besteht aus zwei Teilräumen. Im Süden des Hauptkammes liegen die drei transkaukasischen Länder Armenien, Georgien und Aserbaidschan. Innerhalb dieser drei Staaten existieren mehrere autonome Gebiete und Republiken mit ethnischen Minderheiten, die z. T. die Unabhängigkeit anstreben. Bürgerkriege erschütterten alle drei Staaten. Im Norden leben, politisch zur Russischen Föderation gehörend, 16 kaukasische Völker, die sich zur Konföderation der kaukasischen Bergvölker zusammengeschlossen haben. Der Versuch Tschetscheniens, politische Unabhängigkeit zu erlangen, ist gescheitert und hat sich zu einem blutigen Bürgerkrieg mit Tausenden Opfern entwickelt. Russland zeigte 2014 mit der Annexion der Halbinsel Krim (seit 1954 zur Ukraine gehörig) und der Besetzung zweier ostukrainischer Provinzen, dass es weiterhin Regionen mit starkem russischem Bevölkerungsanteil in ehemaligen Sowjetstaaten unterstützt und deren Hinwendung zu NATO bzw. zur EU verhindern will.

## Arbeitsaufgaben

1. Fassen Sie die Schwierigkeiten der Nachfolgestaaten der UdSSR zusammen.

2. Erklären Sie die Bedeutung der Russischen Föderation für die Teilrepubliken und begründen Sie deren Loslösungsbestrebungen.

3. Beurteilen Sie, entsprechend dem Stand der aktuellen Medien, die Lage in der Ukraine und Russlands Vormachtsstreben.

4. Erheben Sie, wie viele Zeitzonen der Zug von Moskau nach Wladiwostok durchquert und fassen Sie zusammen, welche Probleme sich für die Versorgung Russlands aus diesen großen Distanzen ergeben.

**Wichtigste Wirtschaftsdaten:**
Mit einem BIP von 10.600 $/Kopf liegt Russland erst an 66. Stelle der Welt. Der Anteil des Bergbaus am BIP betrug 2017 26 %. Wichtigster Einzelhandelspartner ist China, nimmt man die EU als Ganzes, so liegt diese voran.

## 1.2 Der Übergang zur Marktwirtschaft nach westlichem Vorbild

Beim Wandel der sowjetischen Zentralverwaltungswirtschaft zur Marktwirtschaft gab es grundsätzlich zwei Möglichkeiten:

| Übergang zur Marktwirtschaft | |
|---|---|
| **Schocktherapie** | **Langsamer, kontrollierter Übergang** |
| Freigabe aller Preise, Druck neuer Banknoten, radikale Privatisierung verstaatlichter Betriebe. | allmähliche Anhebung der Preise, langsamer Verkauf von Vermögensanteilen des Staates usw. |

Unter dem Einfluss von IWF und Weltbank wurde von der russischen Regierung – unterstützt von den neuen Unternehmern, genannt „Bisnismeni" – der erste Weg gewählt. Das Hauptziel war, die Wirtschaft vom alles beherrschenden Staat zu befreien und für den Weltmarkt zu erschließen. Export- und Importkontrollen wurden abgeschafft, und der ungehinderte Kapitalverkehr wurde eingeführt. Um diesen Vorgang zu beschleunigen, kam es zu einer überaus großzügigen Vergabe von Krediten durch westliche Regierungen und Banken an die Russische Föderation. Dieses Modell der Liberalisierung schuf breite Armut im Volk und Reichtum für wenige Oligarchen.

Eine Oligarchie bezeichnet ursprünglich eine Herrschaft der Reichen. In Russland wird der Begriff seit den 1990er-Jahren auch verwendet, um solche Geschäftsleute (Oligarchen) zu bezeichnen, von denen die Allgemeinheit annimmt, dass sie in der chaotischen Zeit nach dem Ende der UdSSR durch unsaubere Mittel zu großem Reichtum und politischem Einfluss kamen.

### Die Folgen der Liberalisierung

Armut ist in der Russischen Föderation allerorten sichtbar.

Unvorstellbarer Luxus für die Menschen, die durch die Liberalisierung profitiert haben.

Das Militär – hier bei einer Parade auf dem Roten Platz in Moskau – zeigt immer noch Stärke und sichert den Einfluss der Russischen Föderation in der Welt.

Viele Pipelines, die den Reichtum der Russischen Föderation – das Öl – in den Westen exportieren sollen, sind geborsten. Umweltschäden von gigantischen Ausmaßen sind die Folge, Reparaturen sind kaum in Sicht.

**Ostblock:** War die Bezeichnung für die kommunistischen Staaten unter der Führung der UdSSR von 1947 bis 1989. Der Begriff Ostblock wurde im Westen (durch die Westmächte) geprägt. Die Staatengruppe unter der Führung der Sowjetunion erschien als einheitlicher Block, der eine in allen entscheidenden Bereichen einheitliche Politik gegenüber dem Westen verfolgte.

---

### Arbeitsaufgaben

1. Beschreiben Sie die auf den Fotos dargestellten Gegensätze und analysieren Sie, welche Gefahren damit verbunden sind.

2. Diskutieren Sie die möglichen Gründe, warum viele ehemalige Ostblockstaaten den Weg der Schocktherapie gewählt haben.

3. Erörtern Sie Vorteile und Gefahren der Kreditvergabe westlicher Banken an die Russische Föderation.

## 1.3 Der Weg oder das Ziel: „zentralistischer" Kapitalismus auf Rohstoffbasis?

Die Russische Föderation hat seit 1989 – dem Ende des Kommunismus – den Kapitalismus vom Westen übernommen, nicht aber dessen Verständnis von Demokratie. Sie ist heute eine autoritär geführte Großmacht, die durch ihren Rohstoffreichtum die Industrienationen der Welt wirtschaftlich unter Druck setzen kann. Der wesentliche Unterschied zum westlichen Kapitalismus ist, dass sich das Eigentum weiterhin in den Händen der politisch Mächtigen befindet. Die Privatisierung von Öl, Erdgas, Metallen oder des Bereichs der Telekommunikation transferierte diese in den Besitz von Oligarchen, die durchwegs zur politischen Elite des Landes gehören. Um seine Rohstoffvorkommen weiterhin zu sichern, beansprucht die Russische Föderation den Festlandsockel der Arktis und droht auch hier mit militärischer Gewalt. Die Russische Föderation kann aber auf Dauer nicht alleine von der Ausbeutung und dem

Die Sonderwirtschaftszone „Jantar" (dt.: Bernstein) in Kaliningrad zeigt nur zögerliche Erfolge, schuld sind die Bürokratie, die Abschottung vom Mutterland und durch EU-Außengrenzen, sowie ein hoher Anteil von ungeschulten Migranten und Migrantinnen aus dem asiatischen Raum. Große Hoffnungen werden in den Fund von Erdöl in der Ostsee gesetzt.

Export seiner Rohstoffe leben. So versucht die Führung, ausländisches Kapital ins Land zu holen und vorerst über Sonderwirtschaftszonen – wie etwa Kaliningrad – das Know-how zu bekommen, um sich modernster Technik, zuzuwenden.

### 16 Sonderwirtschaftszonen locken Investoren

Nach chinesischem Vorbild schuf die russische Regierung unter anderem fünf technisch-innovative Sonderwirtschaftszonen – in Selenograd und Dubna (beide im Moskauer Umland) sowie im sibirischen Tomsk und in Sankt Petersburg. In diesen Zonen sollen neue Technologien in verschiedensten Bereichen – Funkelektronik, Kernphysik, Bio- und Nanotechnologien – entwickelt werden. Bekannte Firmen wie Cisco, Hewlett-Packard oder Boeing waren die ersten Investoren. Die Vorteile einer Sonderwirtschaftszone sind vor allem Steuerbegünstigungen.

*Nach: http://wirtschaft.russlandonline.ru*

Die großen politischen Pläne des derzeitigen Präsidenten Wladimir Putin sind einerseits die Wiederherstellung der Großmachtposition der Russischen Föderation, andererseits einen europäischen Lebensstandard zu erreichen. Gleichzeitig wendet er sich immer mehr den asiatischen Wirtschaftsmächten China und Japan zu, deren Rohstoffbedarf auch in weiterer Zukunft hohe Exportmengen von Kohle, Öl oder Gas verspricht. Zuletzt gewährte China der Russischen Föderation einen Rekordkredit von 25 Milliarden Dollar und sichert sich so bis zum Jahr 2030 den Zugriff auf insgesamt 300 Millionen Tonnen Öl. Die Bemühungen der EU und der NATO in Mitteleuropa und im asiatischen Einflussbereich der Russischen Föderation werden mit größter Skepsis verfolgt. Die Russische Föderation schreckt in diesem Fall auch nicht davor zurück, militärisch einzugreifen, wie es in Georgien oder der Ukraine der Fall war.

Im Inneren sorgen politische und Polizeiwillkür, der Abbau von Sozialleistungen oder illegale Bauprojekte für Aufregung in der Bevölkerung.

**Österreichisch-russische Wirtschaftskontakte**
Österreich importiert vor allem Erdöl und Erdgas aus Russland. Die wichtigsten Exportsektoren sind Maschinen, Anlagen und pharmazeutische Produkte. 500 Unternehmen arbeiten in Russland und investierten 6 Md. Euro.

Das österreichische Unternehmen STRABAG ist seit 1991 in Moskau tätig. Seither wurden zahlreiche Bürogebäude, Banken, Wohnhäuser sowie Geschäfts- und Shoppingzentren errichtet. Das Unternehmen kooperiert mit ungefähr 180 Subunternehmen sowie rund 120 Hauptlieferanten in der russischen Föderation.

9 100 km östlich von Moskau – am Ende der Transsibirischen Eisenbahn – blüht seit einigen Jahren die Stadt Wladiwostok auf. Die Öffnung der Grenzen brachte regen Handel mit China und Japan. Aus einer Militärstadt wurde eine Handelsmetropole mit aufstrebendem Tourismus. Doch nach wie vor gibt es starke Militärpräsenz.

### Arbeitsaufgaben

1. Stellen Sie dar, worauf die Wirtschaft der Russischen Föderation ihren Reichtum aufbaut.

2. Beschreiben Sie die Bemühungen zur Diversifizierung.

3. Begründen Sie das Interesse Japans und Chinas an den russischen Rohstoffen.

4. Bilden Sie in der Klasse zwei Gruppen, die die positiven und negativen Seiten der Entwicklung Russlands darstellen, und führen Sie dann eine Diskussion unter dem Titel „Ist Russland eine Wirtschaftsgroßmacht?"

# 2 Erdöl und Erdgas – Machtfaktor und Unruheherd

Die Region des Kaspischen Meeres, des Kaukasus und des Schwarzen Meeres mit den Anrainerstaaten Russische Föderation, Kasachstan, Turkmenistan, Aserbaidschan, Armenien, Georgien, Ukraine, Iran und Türkei hat eine wirtschaftspolitisch sehr bedeutende Position. Sie ist Lagerstätte wichtiger Energierohstoffe und gleichzeitig Transitland für Öl und Gas in die EU und nach China. Konflikte sind daher vorprogrammiert.

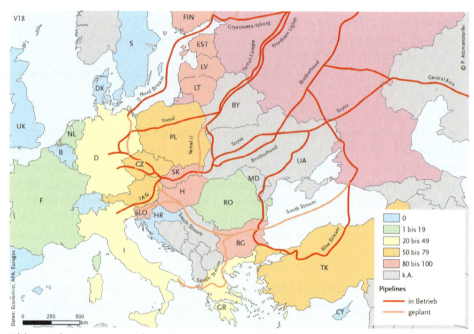

Abhängigkeit von russischem Gas in Prozent, 2014

## Die Erdöl- und Erdgasregion im Süden der Russischen Föderation und in Zentralasien liegt im Brennpunkt weltpolitischer Interessen

4–5 Prozent der globalen Erdöl- und Erdgasreserven dürften nach US-Schätzungen in der Region des Kaspischen Beckens liegen. Dies ist für die westlichen Nationen und auch für das energiehungrige China Grund genug gewesen, sich mit großen Investitionen einzukaufen. Der Bau von Pipelines und die Unterstützung bei der Exploration der Öl- und Gasfelder wurden vertraglich gesichert. Dies war wiederum für die Russische Föderation eine große Herausforderung, handelt es sich doch hier um Gebiete, die bis 1989 zur Sowjetunion gehörten. Das Feilschen um höhere Energiepreise setzte ein. Den USA gelang es, die Vormachtstellung der Russischen Föderation zu brechen, indem mit der Pipeline über Aserbaidschan, Georgien und die Türkei Öl und Gas erstmals nicht mehr über russisches Staatsgebiet nach Europa geführt werden.

Als großer Konkurrent Europas ist China auf den Plan getreten. Pipelines vom Nordufer des Kaspischen Meeres und – geplant – von den südturkmenischen Feldern führen in die Industriezentren Chinas. Die Nachfrage aus den asiatischen Staaten steigt 10-mal so stark wie die aus Europa. Die ideale Verbindung zur Deckung dieses Bedarfs würde über eine Pipeline durch den Iran und Afghanistan sein. Doch die instabile Situation in diesen Ländern lässt den Bau noch nicht zu. Durch politische Intrigen gelang es der Russischen Föderation günstige Gaslieferungen zu erhalten und das eigene Gas teuer in den Westen zu verkaufen.

Die Erzeugung von Energie in der Europäischen Union ist seit Jahren rückläufig. Im Gegenzug dazu haben sich die Energieimporte erhöht. Inzwischen deckt die EU mehr als die Hälfte ihres Energiebedarfs durch Energielieferungen aus Nicht-EU-Staaten ab (2016: 53,6 %). Von den gesamten Energieimporten der EU-28 entfielen 63,5 % auf Rohöl und Mineralölerzeugnisse, 24,1 % auf Gas und 9,1 % auf feste Brennstoffe (insbesondere Kohle). Der mit Abstand wichtigste Zulieferer von Rohöl und Mineralölerzeugnissen ist Russland (2016: 34,6 %). An zweiter Stelle steht Norwegen (2016: 10,8 %). Bei den Gasimporten ist die Abhängigkeit noch ausgeprägter: Fast zwei Drittel der gesamten Importe der EU-28 stammten 2016 aus nur zwei Staaten: Russland und Norwegen (39,9 bzw. 24,8 %). Und auch bei den festen Brennstoffen ist Russland der wichtigste Zulieferer (2016: 30,2 %).

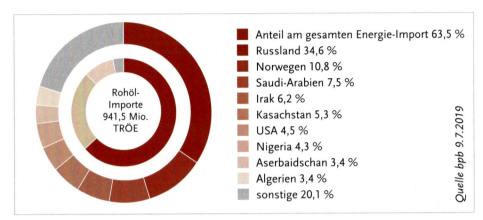

Rohöl-Importe 941,5 Mio. TRÖE

- Anteil am gesamten Energie-Import 63,5 %
- Russland 34,6 %
- Norwegen 10,8 %
- Saudi-Arabien 7,5 %
- Irak 6,2 %
- Kasachstan 5,3 %
- USA 4,5 %
- Nigeria 4,3 %
- Aserbaidschan 3,4 %
- Algerien 3,4 %
- sonstige 20,1 %

*Quelle bpb 9.7.2019*

## Arbeitsaufgaben

1. Beschreiben Sie anhand der Karte, aus welchen Regionen die wichtigsten Öl- und Gaspipelines kommen und wohin sie liefern.

2. Erheben Sie, welche Konfliktregionen einige diese Pipelines durchqueren.

3. Ordnen Sie den Fragen die passenden Antworten zu.

| | |
|---|---|
| Welche Region sorgt wegen ihrer ethnischen Minderheiten für politische Instabilität? | Der unkontrollierte Übergang heißt „Schocktherapie". |
| Wo liegen die größten Umweltprobleme der Russischen Föderation? | Die Oligarchen haben bei der politischen Änderung große Gewinne gemacht und sitzen heute an den Schalthebeln der Macht. |
| Die drei baltischen Staaten blieben dem Nachfolgebündnis der Sowjetunion fern. Wie heißen die drei Staaten? | Russische Föderation ist der vollständige Name. Sie hat auch die Rechtsnachfolge der Sowjetunion angetreten. |
| Wie heißt die Eisenbahnlinie, die die Russische Föderation von Moskau bis Wladiwostok durchquert? | Im Kaukasus kommt es durch die ethnische Vielfalt immer wieder zu Bürgerkriegen, speziell in Tschetschenien. |
| Wie heißt der unkontrollierte Übergang von der Zentralverwaltungswirtschaft in die freie Marktwirtschaft? | Rund um Moskau und St. Petersburg ist bereits Wohlstand im westlichen Stil, während Menschen in Asien wie in Entwicklungsländern leben müssen. |
| Wie lautet der vollständige Name des Nachfolgestaates der Sowjetunion? | Estland, Lettland, Litauen sind nicht der GUS beigetreten. |
| Wie nennt man die Geschäftsleute, die vom Ende der Sowjetunion finanziell profitiert haben? | Im Bereich der Erdölförderung Sibiriens und in der Atommülllagerung sind die größten Umweltprobleme zu finden. |
| Wo lassen sich in der Russischen Föderation starke regionale Disparitäten feststellen? | Die transsibirische Eisenbahn fährt in fünf Tagen von Moskau nach Wladiwostok. |

4. Beurteilen Sie die Bedeutung der großen Energieabhängigkeit von Russland für Europas Wirtschaft.

**Die aktuelle Situation in der Russischen Föderation**

### Großer Anteil der Schattenwirtschaft

Die Aufnahme eines Zweit- oder sogar Dritt-jobs ist in der Russischen Föderation weit verbreitet. Der Umfang der Schattenwirtschaft wird auf 30 bis 50 Prozent der russischen Wirtschaft geschätzt. Viele Russinnen und Russen sind dabei auf eigene Rechnung tätig, etwa als Taxifahrer/innen oder als Kleinhändler/innen auf den vielen Märkten und Basa-ren.

### Steigende Einkommensdisparitäten

In den Metropolen Moskau und St. Petersburg sind die Einkommen dreimal so hoch wie im Durch-schnitt der Russischen Föderation und zehnmal so hoch wie in peri-pheren Gebieten des Kaukasus oder Sibiriens.

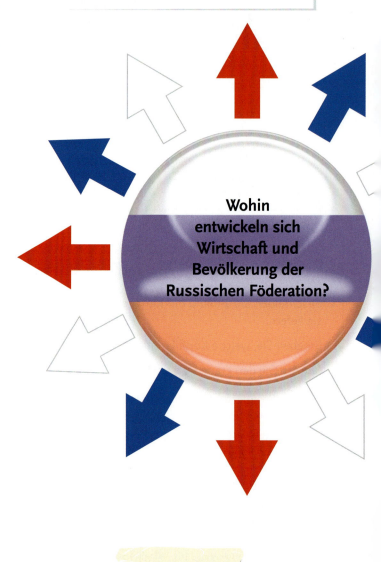

**Wohin entwickeln sich Wirtschaft und Bevölkerung der Russischen Föderation?**

### Wächst Russlands Bevölkerung wieder?

Russlands Einwohnerzahl schrumpfte in der Übergangszeit nach dem Ende der Sowjetunion um sieben Millionen auf 142 Millionen. Seit 2013 stellte sich wieder ein Wachstum ein. Die Lebens-erwartung der Russen stieg 2016 auf 72 Jahre. Russlands Bevölkerung sollte bis 2050 auf 154 Millionen Einwohner wach-sen. Doch 2017 lag der Sterbeüberschuss plötzlich bei 115 000. Ab 2018 bekom-men Familien für Kinder bis zum 18. Lebensmonat monatlich umgerechnet 150 Euro, um wieder eine Trendwende in der Demografie herbeizuführen.

### Zuwanderung aus anderen GUS-Ländern

In den Jahren seit der Umwandlung der So-wjetunion in die GUS-Staaten erzielte Russ-land einen leichten Einwanderungszugewinn von 3,5 Mio. Menschen durch Immigration aus den übrigen GUS-Staaten.

### Rückverlegung der Erschließungsgrenze

Im Nordteil des europäischen Russland und in Sibirien führt das neue kapitalistische Wirtschaftsmodell zu gravierenden Versorgungsengpässen und in der Folge zu einer Rückverlegung der in sowjetischer Zeit weit vorgeschobenen Erschließungsgrenze.

### Hohes Niveau russischer Universitäten

Die Universitäten stehen weltweit unter Erfolgsdruck. Eine Moskauer und eine St. Petersburger Universität gehören bereits zu den 100 besten der Welt. Bei den Studien spielen technische Ausbildungen eine wichtige Rolle.

### Hohe organisierte Kriminalität

Die wesentlichen Einnahmequellen der organisierten Kriminalität sind Schutzgelderpressung, Prostitution, Video- und CD-Piraterie, Schmuggel von Drogen und Rohstoffen. Nach verschiedenen Schätzungen kontrollieren rund 5 000 mafiaähnliche Gruppen direkt oder indirekt mehr als 40 Prozent des russischen Bruttonationalprodukts und 80 Prozent des Bankensektors.

### Zunehmende soziale Unterschiede

Der Übergang von der sozialistischen Planwirtschaft zur Marktwirtschaft verschaffte einigen wenigen die Traumkarriere „vom Tellerwäscher zum Millionär" und stürzte viele in soziale Unsicherheit und Armut. Sieben russische Oligarchen behaupten, die Hälfte der russischen Wirtschaft (Banken, Rohstoffe, Medien und Energie) zu besitzen.

### Zunehmende regionale Disparitäten

In den 1990er-Jahren wurden 80 Prozent der Infrastrukturinvestitionen im Großraum Moskau, 10 Prozent im Raum St. Petersburg und nur 10 Prozent im übrigen Russland getätigt. Dort ist eine kleine Mittelschicht entstanden, die in westlichen Verhältnissen lebt. Regionen im Fernen Osten haben hingegen oft noch den Standard eines Entwicklungslandes.

### Ausländische Investitionen

Ausländische Direktinvestitionen machten 2018 nur 0,2 Prozent des Bruttoinlandsprodukts aus. Damit belegt Russland in diesem Ranking den letzten Platz noch hinter der Ukraine (2,7 Prozent). Rückgang der Inlandsnachfrage schreckt potenzielle Investoren ab.

**Ziele erreicht? – „Russische Föderation wohin?"**

In den 1990er-Jahren schien es, dass die Russische Föderation im politischen und wirtschaftlichen Chaos versinkt. Mittlerweile hat sich der Staat wieder stabilisiert, wenn auch mit gravierenden Nachteilen: einer gespaltenen Gesellschaft mit extremen Unterschieden zwischen Arm und Reich, einer zunehmend undemokratisch agierenden Regierung und einer extremen Abhängigkeit von Rohstoffexporten, die zwar Geld ins Land spülen, aber von den gravierenden Mängeln in Infrastruktur und Gesellschaft nicht ablenken können.

**1.** Bewerten Sie die Aussagen mit Schulnoten und überlegen Sie ein Schlagwort als Begründung dazu. Diskutieren Sie die Ergebnisse.

**Eine Blitzumfrage**

„Russland kann die ethnischen Spannungen durch Gewalt lösen."

„Russland ist ein demokratischer Staat."

„Russische Geschäftsleute sind oft kriminell."

„Österreich sollte sich vom russischen Erdgas unabhängig machen."

„Russland ist ein extrem wichtiger Markt für österreichische Investitionen."

„Wir brauchen viel mehr russische Touristen und Touristinnen."

**2.** Treffen Sie zu den folgenden Spotlights Aussagen. Diskutieren Sie die Ergebnisse.

**Spotlights zum Beruf**

„Ich werde mich mit der russischen Lebensweise auseinandersetzen, um mehr Erfolg bei möglichen russischen Geschäftspartnern zu haben."

„Ich kann mir vorstellen, einige Zeit für eine österreichische Firma in Russland zu arbeiten."

**Aus diesem Kapitel habe ich die nachstehend angeführten Erkenntnisse und/oder Einsichten gewonnen:**

# Die Bevölkerung auf unserem Planeten

## Meine Ziele

Nach Bearbeitung dieses Kapitels kann ich

- Bevölkerungsmodelle wiedergeben;
- Bevölkerungsentwicklung beschreiben;
- Lebenswelten von Menschen analysieren;
- Modelle der Bevölkerungspolitik bewerten;
- Genderaspekte in der Bevölkerungspolitik bewerten;
- Bevölkerungskarten, -statistiken und -modelle interpretieren.

# 1 Fast acht Milliarden Menschen bevölkern unseren Planeten

*Die heutige Bevölkerungszahl der Erde von fast acht Milliarden Menschen galt noch vor wenigen Jahrzehnten als Horrorvorstellung. Dennoch wird die Bevölkerungszahl weiter steigen. Viele Fragen ergeben sich aus diesem Umstand: Wird man eine so große Bevölkerung ausreichend versorgen können? Wo werden diese Menschen leben, werden sie genug zu essen haben? Wann wird dieses Wachstum aufhören?*

## 1.1 Die Verteilung der Weltbevölkerung

Derzeit leben fast acht Milliarden Menschen auf der Erde. Dies stellt aber nicht grundsätzlich ein Problem dar. Schwierig wird diese große Bevölkerungszahl nur deshalb, weil in einigen Regionen der Welt eine besonders hohe Konzentration von Menschen auftritt. Viele andere Regionen sind hingegen nahezu menschenleer.

**Die bevölkerungsreichsten Länder der Welt**
Mitte 2018 in Millionen

|  |  |
|------|------|
| China | 1 395 |
| Indien | 1 334 |
| USA | 327 |
| Indonesien | 264 |
| Brasilien | 208 |
| Pakistan | 200 |
| Nigeria | 195 |
| Bangladesch | 165 |
| Russland | 146 |
| Japan | 126 |

*Quelle: www.de.statista.com*

*City von Singapur und Steppe in der Mongolei – zwei völlig gegensätzliche Siedlungsgebiete*

■ Nennen Sie zwei Gründe für eine besonders dichte Besiedlung und für eine sehr spärliche Besiedlung:

Gebiete sind dicht besiedelt, weil:

_____

_____

Gebiete sind spärlich besiedelt, weil:

_____

_____

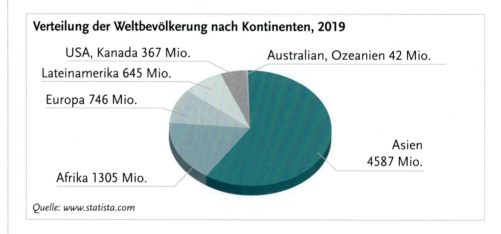

**Verteilung der Weltbevölkerung nach Kontinenten, 2019**

USA, Kanada 367 Mio.
Australian, Ozeanien 42 Mio.
Lateinamerika 645 Mio.
Europa 746 Mio.
Asien 4587 Mio.
Afrika 1305 Mio.

*Quelle: www.statista.com*

Einen groben Überblick über die Verteilung der Weltbevölkerung gibt die Aufteilung der Bevölkerung auf die einzelnen Kontinente. Fast zwei Drittel der Weltbevölkerung leben in Asien. Europäer sind eine Minderheit.

### Bevölkerungsdichte

Die Staaten der Welt sind unterschiedlich dicht besiedelt. Aber es sind nicht immer nur die Staaten mit hohem Wachstum bzw. hoher Gesamtbevölkerung, die am dichtesten besiedeltet sind.

Die **Bevölkerungsdichte** wird in Einwohner pro Quadratkilometer (EW/km²) angegeben.

**Karte 1: Bevölkerungsanteil und Bevölkerungswachstum**

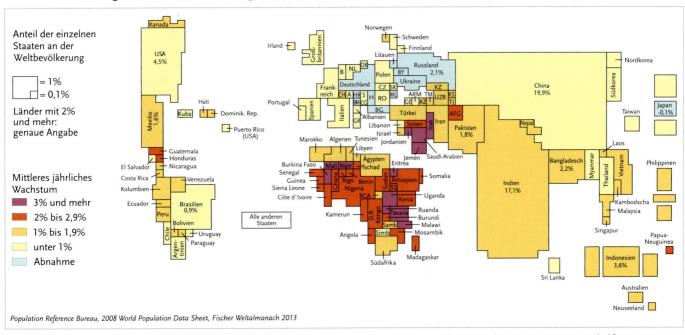

Population Reference Bureau, 2008 World Population Data Sheet, Fischer Weltalmanach 2013

Einen groben Überblick gibt die Bevölkerungszahl pro Kontinent oder Staat. Stellt man diese Aussagen mithilfe einer Karte dar, die die Größe des Landes proportional zu ihrer Bevölkerungszahl abbildet, können erste Aussagen über die globale Bevölkerungsverteilung gemacht werden.

**Karte 2: Bevölkerungsdichte**

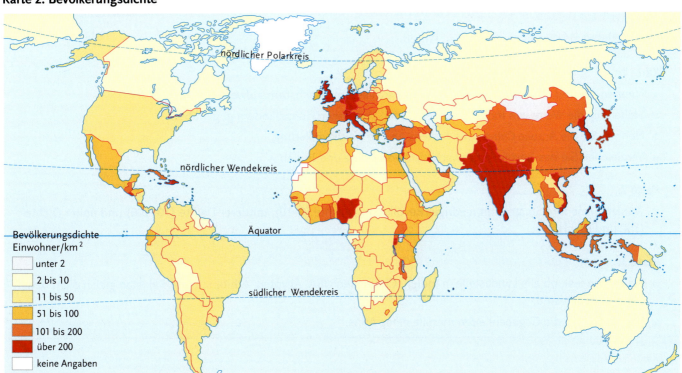

Eine Kennziffer ist die Bevölkerungsdichte. Ihre Aussagekraft ist allerdings für Staaten wie China oder Brasilien, die innerhalb ihres Staatsgebiets sehr unterschiedlich dicht besiedelt sind, gering.

**Karte 3: Punktverteilungskarte**

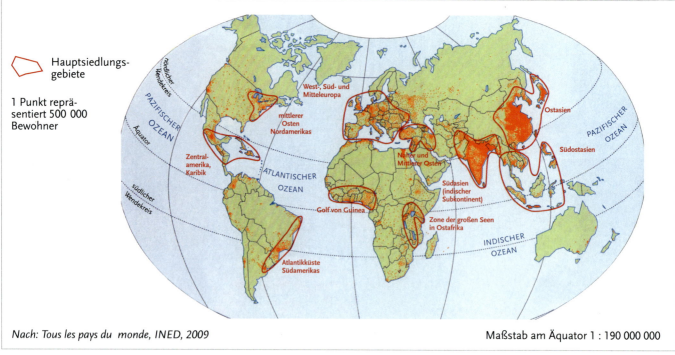

Nach: *Tous les pays du monde, INED, 2009*      Maßstab am Äquator 1 : 190 000 000

Eine bessere Analyse ist mithilfe einer Punktverteilungskarte möglich, da sie die dicht von den dünn besiedelten Gebieten solcher Staaten klarer unterscheidet.

## Arbeitsaufgabe

■ Interpretieren Sie die vorangegangenen Karten:

**Karte 1:**

■ Nennen Sie fünf Staaten, die ein sehr hohes Bevölkerungswachstum aufweisen.

■ Stellen Sie die Werte von Industrieländern jenen von Entwicklungsländern gegenüber.

■ Nennen Sie die Anteile Chinas und Indiens an der Weltbevölkerung.

■ Vergleichen Sie das Bevölkerungswachstum von China und Indien.

**Karte 2:**

■ Wählen Sie je fünf Staaten mit niedriger Bevölkerungsdichte (0–10), mittlerer Dichte (10–100) und hoher Dichte (100 und mehr) aus.

**Karte 3:**

■ Stellen Sie fest, ob alle Landesteile in Indien, China, den USA, Ägypten, Äthiopien und Pakistan gleich dicht bzw. dünn besiedelt sind.

■ Begründen Sie die Gegebenheiten mithilfe eines Atlas.

## 1.2 Das Wachstum der Weltbevölkerung

Das Wachstum der Bevölkerung verläuft seit zwei Jahrhunderten in einem vorher nie gekannten Tempo. Es gibt aber große Unterschiede zwischen den Industrie- und den Entwicklungsländern.

Rund 2,5 Milliarden Menschen lebten 1950 auf unserer Erde. 2019 waren es 7,7 Milliarden. Voraussichtlich wird die Einwohnerzahl unseres Planeten bis 2060 auf über zehn Milliarden steigen. Dazwischen liegt die Phase des größten Bevölkerungswachstums in der Menschheitsgeschichte. Derzeit wächst die Weltbevölkerung um ca. 80 Millionen Menschen pro Jahr.

### 1.2.1 Ungleiche regionale Verteilung des Bevölkerungszuwachses

Der Großteil des Zuwachses – nämlich 95 Prozent – entfällt auf die Entwicklungsländer. In Afrika wird sich die Bevölkerung bis zum Jahr 2050 mehr als verdoppeln, in Asien und Lateinamerika um die Hälfte anwachsen. Bei den Industrienationen wird der Anteil der Europäer an der Weltbevölkerung von derzeit zehn auf sechs Prozent schrumpfen, während die Bevölkerung in den USA und in Kanada um ein Drittel wachsen wird.

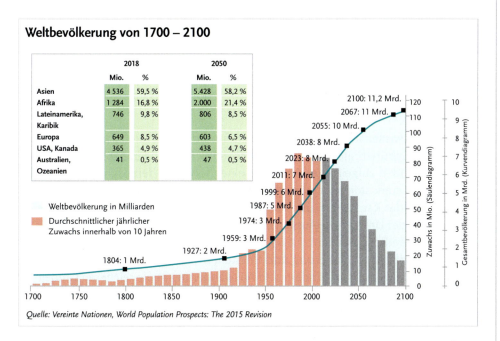

**Weltbevölkerung von 1700 – 2100**

|  | 2018 |  | 2050 |  |
|---|---|---|---|---|
|  | Mio. | % | Mio. | % |
| Asien | 4 536 | 59,5 % | 5.428 | 58,2 % |
| Afrika | 1 284 | 16,8 % | 2.000 | 21,4 % |
| Lateinamerika, Karibik | 746 | 9,8 % | 806 | 8,5 % |
| Europa | 649 | 8,5 % | 603 | 6,5 % |
| USA, Kanada | 365 | 4,9 % | 438 | 4,7 % |
| Australien, Ozeanien | 41 | 0,5 % | 47 | 0,5 % |

Weltbevölkerung in Milliarden

Durchschnittlicher jährlicher Zuwachs innerhalb von 10 Jahren

2100: 11,2 Mrd.
2067: 11 Mrd.
2055: 10 Mrd.
2038: 8 Mrd.
2023: 8 Mrd.
2011: 7 Mrd.
1999: 6 Mrd.
1987: 5 Mrd.
1974: 3 Mrd.
1959: 3 Mrd.
1927: 2 Mrd.
1804: 1 Mrd.

*Quelle: Vereinte Nationen, World Population Prospects: The 2015 Revision*

### Arbeitsaufgabe

■ Ordnen Sie folgende Aussagen der richtigen Spalte zu.

| Behauptungen | Richtig | Falsch |
|---|---|---|
| Europa verliert bis 2050 über 100 Millionen Menschen. |  |  |
| Asien fällt bis 2050 hinter Afrika zurück, das dann bevölkerungsreichster Kontinent sein wird. |  |  |
| Lateinamerika hatte im Jahr 2010 mehr Einwohner als Europa. |  |  |
| 2012 hat die Bevölkerungszahl der Erde die Grenze von sieben Milliarden Menschen erreicht. |  |  |

**Wachstum der Weltbevölkerung 2019**

| Pro Jahr | 82 377 000 Menschen |
|---|---|
| Pro Tag | 225 690 Menschen |
| Pro Minute | 157 Menschen |
| Pro Sekunde | 2,6 Menschen |

*Stiftung Weltbevölkerung*

■ Vergleichen Sie den täglichen Bevölkerungszuwachs der Welt mit der Einwohnerzahl einer österreichischen Stadt.

**Die Welt als Dorf**
Wenn wir die ganze Menschheit auf ein Dorf mit 100 Einwohnern reduzieren würden, aber auf die Proportionen aller bestehenden Völker achten wollten, hätte dieses Dorf die folgende Zusammensetzung:

**Die Welt – ein Dorf**
2019
Wenn die Welt ein Dorf mit 100 Einwohner*innen wäre, wären davon

Afrikaner 17
Nordamerikaner 5
Europäer 10
Lateinamerikaner 8
Australier und Ozeanier 1
Asiaten 59

**26** wären Kinder unter 15 Jahren

**9** Menschen wären älter als 64
Im Durchschnitt bekämen Frauen **2,4** Kinder

*Quelle: Deutsche Stiftung Weltbevölkerung/PRB World Population Data Sheet 2019*

## 1.2.2 Gründe für die unterschiedliche Bevölkerungsentwicklung – die Stellung der Kinder in Entwicklungs- und Industrieländern

In den Industrieländern sind etwa 17 Prozent der Bevölkerung jünger als 15 Jahre, in den Entwicklungsländern ca. 31 Prozent. Die Entscheidung für Kinder hängt von sehr vielen verschiedenen Faktoren ab.

### Zu viele Kinder – zu wenige Kinder?

Generell kann gesagt werden: in den Industrieländern werden zu wenig Kinder geboren, in den Entwicklungsländern hingegen zu viele. Somit sind die Herausforderungen unterschiedlich, um eine sozial verträgliche und wirtschaftlich vernünftige Balance bei der Kinderanzahl zu finden. Wenngleich Staaten in ihrer Bevölkerungspolitik unterschiedliche Schwerpunkte setzen und mehr oder weniger Entwicklung in eine bestimmte Richtung lenken wollen, ist die Frage von Kindern eine höchstpersönliche Angelegenheit jedes Menschen.

### Familienpolitik in Industrieländern

In den meisten Industrieländern besteht das Problem der sehr geringen Geburtenraten. Überalterte Gesellschaften suchen dringend nach Wegen, wieder zu mehr Kindern zu kommen. Einer der wenigen Erfolg versprechenden Wege scheint, durch eine verbesserte Vereinbarkeit von Familie und Beruf sowie der massiven Ausweitung des Angebotes bedarfsgerechter außerhäuslicher Kinderbetreuung den Wunsch nach Kindern möglich werden zu lassen.

### Familienpolitik in Entwicklungsländern

Bevölkerungswissenschaftler/innen streben für die Entwicklungsländer die Verringerung der Geburtenrate, also der durchschnittlichen Kinderanzahl pro Frau, an. Die im Folgenden aufgelisteten Nachteile einer hohen Kinderanzahl und der damit verbundenen stark steigenden Bevölkerungszahl müssen verhindert werden:

- Knappheit der Ressourcen und Konflikte um Lebensmittel, Wasser, Energie etc.,
- Belastung der Umwelt wie Auslaugung der Böden oder Zerstörung von Naturräumen wie den Regenwäldern,
- starke Stadt-Land-Wanderung und Entstehen von städtischen Elendsvierteln, Migrationsdruck in den Ländern und Auswanderung in die reicheren Länder.

Bevölkerungspolitik kann unterschiedlich angelegt sein: Bildung oder steigender Wohlstand senkt die Kinderzahlen, sexuelle Aufklärung oder die Verfügbarkeit von Verhütungsmitteln verhindert ungewollte Schwangerschaften. Stärkung der Rechte der Frauen führt zu selbstbestimmten Entscheidungen über Schwangerschaften. Schließlich kann staatlicher Druck wie in China die Geburtenrate massiv absenken.

### Arbeitsaufgaben

1. Lösen Sie mithilfe des Diagramms in der Randspalte auf der nächsten Seite den Lückentext.

   1960 wurden in allen Staaten mehr als _____ durchschnittlich pro Frau geboren. 2013 ist nur noch in _____

   die Geburtenrate fast unverändert hoch. Selbst im Entwicklungsland

   _____ ging der Wert auf _____ zurück.

   Stärker noch sank er in den Schwellenländern und _____

Aber auch in _____ und _____

werden deutlich weniger Kinder pro Frau geboren. Die Entwicklung in den In-

dustrieländern _____ und Österreich unterscheidet sich:

in Österreich sank der Wert viel stärker auf , währenddessen er in Frankreich

noch heute bei 2 liegt und somit – statistisch gesehen – jede Frau sich selbst

und einen _____ „ersetzt".

2. Werden folgende Maßnahmen eher in Entwicklungsländern (E) oder in Industrieländern (I) durchgeführt? Kreuzen Sie an.

| Maßnahmen | E | I |
|---|---|---|
| Kindergeld | | |
| Mehr Bildung für Frauen | | |
| Arbeitsplätze für Frauen und damit Erhöhung des Haushaltsein-kommens | | |
| Erziehungsgeld (als Ersatz für Verdienstentgang während der Erziehungszeit der Kinder) | | |
| Väter und Mütter in der Karenz gleichstellen | | |
| Mehr und billigere Verhütungsmittel | | |
| Mehr Kinderbetreuungseinrichtungen schaffen | | |
| Bessere medizinische Versorgung und Senkung der Kindersterb-lichkeit | | |
| Keine Benachteiligung der Mütter/Väter nach der Karenz | | |
| Steuerliche Besserstellung von Eltern | | |
| Allgemeine Verbesserung des Lebensstandards | | |

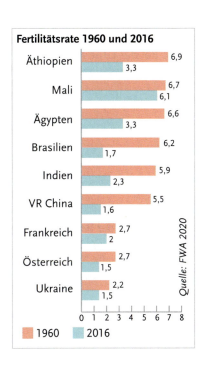

Fertilitätsrate 1960 und 2016

Äthiopien 6,9 / 3,3
Mali 6,7 / 6,1
Ägypten 6,6 / 3,3
Brasilien 6,2 / 1,7
Indien 5,9 / 2,3
VR China 5,5 / 1,6
Frankreich 2,7 / 2
Österreich 2,7 / 1,5
Ukraine 2,2 / 1,5

0 1 2 3 4 5 6 7 8

■ 1960  ■ 2016

Quelle: FWA 2020

## 1.2.3  Altersaufbau – von der Pyramide zur Urne

Der Altersaufbau einer Bevölkerung ist in Industrie- und Entwicklungsländern völlig
unterschiedlich. Folgende Darstellungen stellen typische Altersstrukturen in unterschiedlichen Ländern und Gesellschaften dar.

### Arbeitsaufgaben

1. Ordnen Sie folgende Typen von Ländern den drei Abbildungen zu (schreiben Sie die Nummer in den entsprechenden
   Kreis).

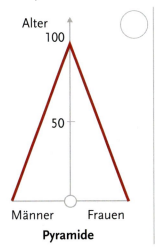

**Pyramide**

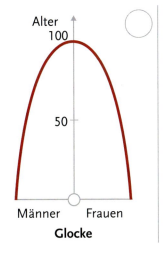

**Glocke**

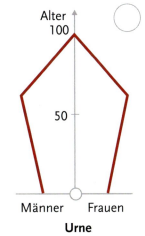

**Urne**

❶ Industrieland mit einem
hohen Anteil an alter Be-
völkerung, z. B. Deutsch-
land.

❷ Entwicklungsland mit einem
hohen Anteil an junger Bevölkerung, z. B. Ghana.

❸ Schwellenland mit einer
relativ ausgeglichenen
Altersstruktur (etwas mehr
Kinder und Jugendliche als
Menschen im erwerbsfä-
higen Alter), z. B. Brasilien.

**2.** Fügen Sie in den folgenden Sätzen die unten stehenden Begriffe ein:

> alten Menschen ▪ Arbeitsplätzen ▪ arbeitsfähigen Alter ▪ Durchschnittsalter höher ▪ unter 15 Jahren ▪ Rückgang der Kinderzahl.

1. Bei der Pyramidenform ist ein Großteil der Bevölkerung _____ .

2. Bei der Pyramidenform gibt es Probleme mit der Schaffung von immer mehr _____ .

3. Bei der Glockenform sind die meisten Menschen im _____ .

4. Bei der Glockenform liegt das _____ als bei der Pyramide.

5. Bei der Urne gibt es enorme Probleme mit dem _____ .

6. Bei der Urne muss man mit immer mehr _____ rechnen.

**Begriffe der Bevölkerungs-wissenschaft:**

▪ Die **Demografie** beschäftigt sich mit der Entwicklung einer Bevölkerung.

▪ Die **Geburtenrate** oder **Geburtenziffer** ist die Zahl der Geburten je 1 000 Einwohner.

▪ Die **Sterberate** oder **Sterbeziffer** ist die Zahl der Todesfälle je 1 000 Einwohner.

▪ Unter **Fertilitätsrate** versteht man die Anzahl der Lebendgeborenen, die eine Frau durchschnittlich zur Welt bringt.

**FILM AB!**

Einführung Demographie – Geburtenrate, Sterberate, Zuwachsrate, Migration

www.trauner.at/demographie.aspx

## 1.3 Der demografische Übergang

Unter dem demografischen Übergang versteht man den Übergang von hohen Geburten- und Sterberaten zu niedrigen Geburten- und Sterberaten.

Er lässt sich in fünf Phasen gliedern:

▪ **Phase I:** Die Bevölkerungszahl der Agrargesellschaft bleibt etwa gleich.

▪ **Phase II:** Die Bevölkerungszahl nimmt stark zu, da sich die Medizin und die Hygiene stark verbessert haben und das Nahrungsmittelangebot erhöht hat.

▪ **Phase III:** auch die Geburtenrate sinkt, da die Menschen erkennen, dass hohe Kinderzahlen für eine ausgeglichene Bevölkerung nicht mehr notwendig sind.

▪ **Phase IV:** Die Zahl der Geburten und der Sterbefälle ist wegen des sozialen Wandels und der Verbesserung des Entwicklungsstandes wieder etwa gleich.

▪ **Phase V:** In einigen Ländern sank die Geburtenrate unter das Niveau der Sterberate. Ursache dafür ist die anhaltend niedrige Fertilität in sehr hoch entwickelten Dienstleistungsgesellschaften.

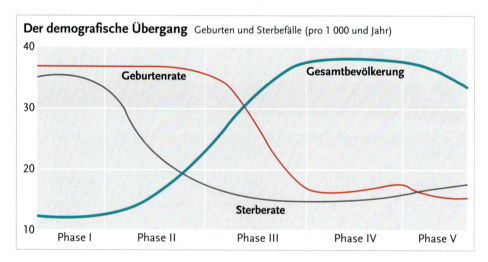

**Der demografische Übergang** Geburten und Sterbefälle (pro 1 000 und Jahr)

Das Modell bildet die europäische Entwicklung ab. So löste die industrielle Revolution im 19. Jahrhundert die Phase 2 aus. Die veränderten gesellschaftlichen Werte der letzten Jahrzehnte – Kinder spielen nicht mehr eine zentrale Rolle – führten in die Phasen 4 und 5 des Modells. Die meisten Entwicklungsländer erlebten die Phasen zeitverzögert um etwa 100 Jahre. Seit den 1960er-Jahren, wo sie sich in der Phase 2 befanden, gehen auch in ihnen die Geburtenzahlen zurück. Ob sie die anderen Phasen nachvollziehen werden, ist ungewiss.

Staaten befinden sich in unterschiedlichen Phasen des demografischen Übergangs. Die Geburten- und Sterberate spiegelt u. a. die wirtschaftliche Entwicklung, die Qualität der Gesundheitsversorgung, die Lebenserwartung, das durchschnittliche Alter der Erstgeburt oder politische Umbrüche wider. Aus der Geburten- und Sterberate und der Migration ergibt sich die absolute Entwicklung der Bevölkerung eines Staates.

## Beispiel— Staaten im Vergleich

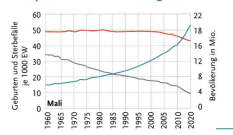

### Mali

Im Entwicklungsland Mali wuchs seit 1960 die Bevölkerung von etwa 6 Mio. 1960 auf fast 16 Mio. 2011.

### Brasilien

Auch in Brasilien wuchs die Bevölkerung stark. Knapp 75 Mio. Menschen stehen heute ca. 200 Mio. gegenüber. Hier ging die Anzahl der Geburten pro 1 000 Einwohner stark zurück, ein Zeichen des Wandels zu einem Schwellenland. Dennoch wächst die Bevölkerung auch heute noch so stark, weil die Anzahl der Frauen im gebärfähigen Alter noch sehr hoch ist. Diese bekommen jetzt Kinder, allerdings nicht mehr so viele.

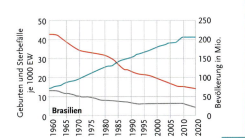

### Ukraine

Seit 1990 übersteigt in der Ukraine die Anzahl der Gestorbenen die Anzahl der Geborenen. Der Anstieg der Sterbefälle seit ca. 1970 ist ein Zeichen einer überalterten Gesellschaft. Im Einbruch der Geburtenraten ab 1986 drückt sich die Krise des politischen und wirtschaftlichen Systems aus. Überdies spielt die Abwanderung um das Jahr 2000 gerade junger Jahrgänge in diesem Transformationsland eine große Rolle. Die Einwohnerzahl sinkt.

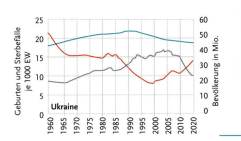

### Österreich

1975 überstieg im wohlhabenden Industrieland Österreich das erste Mal die Sterberate, die Geburtenrate. Nur durch die Zuwanderung überwiegend junger Menschen die durchschnittlich eine höhere Kinderzahl haben, befindet sich das Land noch in der Phase IV des demografischen Übergangs. Durch die Zuwanderung steigt die Bevölkerung derzeit noch leicht.

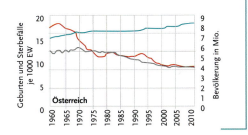

**Legende:**
— Bevölkerung absolut
— Geburten/1 000 EW
— Sterbefälle/1 000 EW

■ Ordnen Sie die Phasen (I bis V) des demografischen Übergangs dem Land im Zeitraum 1960 bis 1970 (A) bzw. 2005 bis 2017 (B) zu.

|  | A | B |
|---|---|---|
| Mali |  |  |
| Brasilien |  |  |
| Ukraine |  |  |
| Österreich |  |  |

**Arbeitsaufgabe**

■ Tragen Sie in den Raster ein, in welcher Phase oder welchen Phasen des demografischen Übergangs welches Ereignis anzusetzen ist (Mehrfachnennungen möglich).

| | Phase I | Phase II | Phase III | Phase IV | Phase V |
|---|---|---|---|---|---|
| Familienplanung | | | | | |
| Schlechte medizinische Versorgung | | | | | |
| Viele Kinder als Arbeitskräfte | | | | | |
| Beginn des medizinischen Fortschritts | | | | | |
| Geringe Lebenserwartung | | | | | |
| Hygiene, hohe Lebenserwartung | | | | | |
| Schrumpfende Bevölkerung | | | | | |
| Bevölkerungsexplosion | | | | | |

# 2 Migration – ein weltweites Thema

*Die Befreiung der nationalsozialistischen Konzentrationslager zeigte 1945 die Dimension des Verbrechens: die bürokratisch geplante und durchgeführte Vernichtung von Juden und anderer, nach NS-Diktion „rassisch Minderwertiger". Bislang hatten diese, aber auch andere Verfolgte keinen individuellen Anspruch auf Asyl in einem anderen Land. In der Genfer Flüchtlingskonvention wurde 1951 das erste Mal Asyl in einem anderen Land zu einem internationalen Recht für die Schutzbedürftigen der Welt erklärt. Bis heute normiert diese Konvention den Umgang mit Flüchtlingen. Sie weist allerdings Schwächen auf, weil sie auf viele heutige Ursachen der Flucht bzw. Migration keine Antwort gibt.*

**Flüchtlinge:** Der Begriff umfasst die Gesamtheit aller Personen, die nach Überschreiten einer Grenze als Flüchtlinge im Sinne der UN-Flüchtlingskonvention von 1951 anerkannt sind.

## 2.1 Die Genfer Flüchtlingskonvention

### Die Migration der Shoa-Überlebenden nach Palästina

Aus politischen Gründen verhinderten die britischen Behörden die Einwanderung von Juden/Jüdinnen – meist Überlebende der Shoa – nach Palästina auch nach 1945. Zehntausende überlebende Juden wurden nach Kriegsende zwangsweise in Lagern angehalten.

**Shoa =** nationalsozialistischer Völkermord an den Juden Europas. Der Begriff wird heute – vor allem von Jüdinnen und Juden – anstelle des Begriffs Holocaust für die Verfolgung und Massenvernichtung der Juden verwendet.

Über 1 600 Juden/Jüdinnen ertranken im Mittelmeer beim Versuch der illegalen Einreise nach Palästina. Die Öffentlichkeit war schockiert. Einerseits förderten diese Ereignisse die Gründung des heutigen Israels, anderseits kam es zu einem neuen Umgang mit Flüchtlingen.

## Die Genfer Flüchtlingskonvention regelt die Rechte von Verfolgten

Fast alle Staaten der Erde sind seit 1951 der Genfer Flüchtlingskonvention (GFK) beigetreten. Sie definiert die Rechtsstellung von Flüchtlingen und garantiert ihnen persönliche Schutzrechte. Bis dahin nahmen Staaten nur gewisse Kontingente, d. h. eine bestimmte Anzahl an Schutzbedürftigen auf. Viele Verfolgte v. a. des NS-Regimes hatten dadurch keine Chance, ins lebensrettende Ausland auszureisen.

Flucht bezieht sich nach der GFK auf persönliche Verfolgung, die nachgewiesen werden muss, nicht jedoch auf die Verfolgung ganzer Gruppen oder Ethnien. Die Hoffnung nach einem besseren (wirtschaftlichen) Leben oder gegebenenfalls die Ablehnung des Kriegseinsatzes als Soldat/in im Heimatland gelten nach der GFK nicht als Fluchtgründe. Die GFK hat bis heute über 50 Millionen Menschen in den verschiedensten Situationen geschützt.

**Anerkannte Flüchtlinge nach der GFK werden verfolgt wegen**

| Rasse | Religion | Nationalität | Zugehörigkeit zu einer Gruppe |

## Die Genfer Flüchtlingskonvention heute

Heute werden Kriege kaum noch zwischen zwei Armeen „ausgefochten". Bürgerkriegsparteien, Aufständische, Privatarmeen oder Terrorgruppen benutzen die Zivilbevölkerung als Mittel der Kriegsführung, indem sie diese z. B. als Schutzschilde oder Geiseln nehmen. Sie üben bewusst Gewalt gegen bestimmte Gruppen von Menschen aus, um Vorteile zu erzielen, sie vertreiben oder vergewaltigen. Diese verworrenen Situationen führen dazu, dass die definierten Fluchtgründe der GFK die Realität der Betroffenen widerspiegeln.

(Bürger)-Kriegsflüchtlinge, die keine persönliche Verfolgung nachweisen können und somit nicht unter die Bestimmungen der GFK fallen, dürfen als subsidiär Schutzbedürftige im Zielland (vorläufig) bleiben.

Menschen aus den Ländern des Südens wollen am Wohlstand des „Nordens" teilhaben. Sie hoffen auf ein besseres Leben und setzen ihr Geld ein, um meist mithilfe von Schleppern und unter hohen Risiken ein neues Leben zu beginnen. Viele scheitern auf der Flucht, erreichen sie ihr Ziel, sind sie kaum willkommen.

## Arbeitsaufgaben

1. Erläutern Sie den Unterschied der rechtlichen Lage von Flüchtlingen vor und nach dem Abschluss der GFK.
2. Nennen Sie die Voraussetzungen zur Anerkennung als Flüchtling nach der GFK.
3. Problematisieren Sie die GFK unter heutigen Gesichtspunkten.

Exodus – das jüdische Flüchtlingsschiff wurde 1947 absichtlich von einem britischen Kriegsschiff gerammt, um die Einreise nach Palästina zu verhindern

**Ethnie** = Durch gleiche völkische Zugehörigkeit gekennzeichnete Bevölkerungsgruppe.

**Für Interessierte:**
www.trauner.at/alija_bet.aspx

Das Flüchtlingshochkommissariat der UNO (UNHCR) betreibt weltweit Flüchtlingslager wie hier im Libanon

**Für Interessierte:**
http://www.unhcr.at/

# 2.2 Globale Migration

Der Großteil der Wanderungsbewegungen findet innerhalb der sogenannten Entwicklungsländer statt. Wir nehmen nur Migrantinnen und Migranten, die den Weg nach Europa schaffen, wahr. Unterschiedliche Gründe bewegen Menschen, mehr oder weniger freiwillig ihre Heimat zu verlassen. Es sind v. a. die Flucht vor Gewalt und mangelnde wirtschaftliche Chancen, die Migrationsströme verursachen. Zukünftig werden Umweltgründe an Bedeutung gewinnen.

## Die Heimatregion verlassen: freiwillig – unfreiwillig

Menschen haben schon immer ihren Wohnsitz gewechselt. Arbeitnehmer/innen ziehen mehr oder wenig freiwillig um, weil sie woanders einen besseren Job finden. Millionen von Europäern/Europäerinnen sind in vergangenen Jahrhunderten ausgewandert, weil sie sich in Übersee ein besseres Leben erhofften. Sie gründeten europäisch geprägte Gesellschaften wie die der USA, Kanadas oder Australiens.

## Vielfältige Migrationsursachen

Die Migrationsursachen sind vielfältig, wobei oftmals mehrere Gründe gleichzeitig eine Rolle spielen.

Folgende wichtige Ursachen können genannt werden:

### Wirtschaftliche Verhältnisse

In der Hoffnung auf ein besseres Leben verlassen sowohl höher als auch weniger qualifizierte Menschen ihre Heimat. In beiden Gruppen nimmt der Frauenanteil zu. In den Zielländern erhoffen sie sich meist Arbeit. Wenn diese Migration illegal und ohne vertragliche Regelungen erfolgt, spricht man meist von Wirtschaftsflüchtlingen.
Die höchsten Abwanderungsquoten weisen Mexiko sowie einige Länder Süd- und Südostasiens und Nordafrikas auf.
Neben den USA und den wohlhabenden Ländern der EU sind heute auch die wirtschaftlich boomenden Staaten am Persischen Golf Ziele der Arbeitsmigration.

### Politische Verhältnisse

Werden Menschen aus politischen, ethnischen oder religiösen Gründen verfolgt, fliehen sie, man spricht von politischen Flüchtlingen. Bürgerkriege sind die Ursache von massiven Fluchtbewegungen, man spricht von Kriegsflüchtlingen. Gegenwärtig sind insbesondere der Nahe Osten (Syrien, Irak) und Afghanistan betroffen, aber auch viele afrikanische Staaten wie z.B. Eritrea oder Nigeria sind politisch alles andere als stabil.

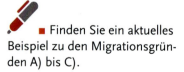

■ Finden Sie ein aktuelles Beispiel zu den Migrationsgründen A) bis C).

### Natur- und Umweltkatastrophen

Vulkanausbrüche oder Überschwemmungen, aber auch Dürrekatastrophen zwingen Menschen, ihre Heimat zu verlassen. Der Klimawandel gefährdet etwa durch den Anstieg des Meeresspiegels den Lebensraum von Millionen von Menschen. Sollte nicht gegengesteuert werden, wird in den nächsten Jahrzehnten der Welt eine Flüchtlingswelle ungeahnten Ausmaßes bevorstehen.

### Übervölkerung

Menschen wandern teilweise staatlich gefördert aus dicht besiedelten in dünner besiedelte Gebiete eines Staates. Beispiele sind Ansiedlungsprojekte in Brasilien und Indonesien.

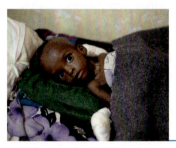

### Seuchen

Menschen, die durch Seuchen wie Aids betroffen sind, verlassen ihre Heimatregionen.

Generell gilt: Die meisten Migranten/Migrantinnen bleiben in der Nähe ihrer Heimatregion oder in einem Nachbarstaat.

## 2.3   Die Geografie der Migration

Migration wird vielfach nicht wahrgenommen. So stellen beinahe unbemerkt Deutsche zahlenmäßig die größte Gruppe von Immigranten/Immigrantinnen in Österreich oder Afrikaner/innen flüchten millionenfach innerhalb des Kontinents, ohne jemals die Grenzen Europas zu erreichen.

Während die USA oder Kanada nach wie vor wichtige Migrationsziele sind, ist Europa heute vom Auswanderungs- zum Einwanderungskontinent geworden. Wenig bekannt sind bedeutende Migrationsströme in den Regionen des „Südens", wie z. B.: die bedeutende Arbeitsmigration in die arabischen Golfstaaten. Dort stellen die Immigranten teilweise die Mehrheit der Bevölkerung.

**Immigranten** sind Einwanderer, **Emigranten** hingegen Auswanderer.

### Die Aufnahmeländer von Flüchtlingen

Die wichtigsten Aufnahmeländer von Flüchtlingen liegen nicht, wie vielfach fälschlicherweise angenommen, in den wohlhabenden Staaten, sondern in erster Line in den Nachbarstaaten von politisch instabilen Ländern. Auch kann sich die Situation durch neue Konflikte sehr schnell ändern. So war noch 2010 Syrien mit mehr als einer Million Schutzsuchenden das drittgrößte Aufnahmeland von Flüchtlingen, der 2011 ausgebrochene Bürgerkrieg veränderte die Situation blitzartig. Seitdem haben Millionen von Syrerinnen und Syrern Schutz v. a. in den Nachbarländern gesucht.

| Die Top-Ten der Aufnahmeländer für Flüchtlinge Mitte 2019 | | | | |
|---|---|---|---|---|
| 1 | Türkei | 3,7 Mio. | 6 Iran | 0,98 Mio. |
| 2 | Pakistan | 1,4 Mio. | 7 Libanon | 0,95 Mio. |
| 3 | Uganda | 1,2 Mio. | 8 Bangladesch | 0,91 Mio. |
| 4 | Sudan | 1,1 Mio. | 9 Äthiopien | 0,90 Mio. |
| 5 | Deutschland | 1,1 Mio. | 10 Jordanien | 0,71 Mio. |

*http://popstats.unhcr.org, Mitte 2019 – Abfrage März 2020*

Ein mit Flüchtlingen völlig überladenes Schlauchboot landet im Herbst 2015 auf der griechischen Insel Lesbos

## Politik und Migration

Das überalternde Europa wird in den nächsten Jahrzehnten Zuwanderer brauchen. Wenn Migration unter Zwang erfolgt, sind damit negative Aspekte verbunden. Unfreiwillig die Heimat zu verlassen, birgt viele Risiken. So sterben täglich Flüchtlinge auf der Überfahrt im Mittelmeer, die organisierte Kriminalität verdient an der Not der Menschen.

Schließlich sind die Zielländer auch im reichen Europa nicht wirklich auf die Einwanderung vorbereitet. Von Grenzzäunen bis zum Schüren von Ängsten und teilweise auch offener Gewalt reicht die Palette der Abwehrreaktionen.

Bürgerkriege zu beenden, politische, ethnische oder religiöse Verfolgung zu verhindern, den Menschen in den ärmeren Staaten der Erde wirtschaftliche Perspektiven zu geben und schließlich auch die Situation der Umwelt global zu verbessern würde helfen, ungeordnete und unfreiwillige Fluchtbewegungen abzuschwächen und geordnete Migration zu ermöglichen.

## Arbeitsaufgaben

1. Lokalisieren Sie mithilfe der Karte die Herkunftsregionen von Migranten/Migrantinnen, Zielländer, die viele Armuts- und Wirtschaftsflüchtlinge aufgenommen haben, jene Regionen, aus denen v. a. hochqualifizierte Migranten/Migrantinnen stammen.

**2.** „Ordnen Sie die Flüchtlingsströme den Aufnahmeländern zu.

| Menschen aus (dem) | flüchten in folgende Staaten: |
|---|---|
| Syrien | Pakistan |
| | Iran |
| Afghanistan | Uganda |
| | Libanon |
| Sudan | Türkei |

**3.** Bestimmen Sie die beiden Kontinente, die am meisten mit Flüchtlingen konfrontiert sind.

**4.** Setzen Sie sich mit Ängsten in Österreich gegenüber Flüchtlingen auseinander.

**5.** Bewerten Sie die Aussage im letzten Absatz, dass ungeordnete Migration problematisch sei.

## Ziele erreicht? – „Die Bevölkerung auf unserem Planeten"

Die Weltbevölkerung entwickelt sich sehr ungleich: Die reichen Staaten verlieren größtenteils, die armen Staaten, v.a. in Afrika, explodieren nahezu. Gerade das enorme Wachstum hemmt jede wirtschaftliche Entwicklung. Wenn es keine Perspektiven mehr für ein menschenwürdiges Leben gibt, wird die Bereitschaft zur Migration weiter befördert. Europa beginnt, sich mit zahlreichen Maßnahmen gegen die Einwanderung von Menschen aus Bürgerkriegsländern und klimatisch besonders betroffenen Regionen zur Wehr zu setzen.

**1.** Bewerten Sie die Aussagen mit Schulnoten und überlegen Sie ein Schlagwort als Begründung dazu. Diskutieren Sie die Ergebnisse.

**Eine Blitzumfrage**

„Asyl ist ein Menschenrecht."

„Migrationsursachen sind beseitigbar."

„Europa sollte eine „Festung" sein. "

„Man muss die Probleme im Süden lösen, um die Wanderung in den Norden zu verhindern."

„Die Weltbevölkerung ist nahe ihrem Maximum."

„Afrika muss sich der europäischen Bevölkerungspolitik anpassen, um das Wachstum zu stoppen. "

**2.** Treffen Sie zu den folgenden Spotlights Aussagen. Diskutieren Sie die Ergebnisse.

**Spotlights zum Beruf**

„Die Zusammenarbeit mit Migranten und Migrantinnen bereichert den beruflichen Alltag."

„Der Tourismus kann ohne ausländische Arbeitskräfte, mit großteils migrantischem Hintergrund, nicht überleben."

**Aus diesem Kapitel habe ich die nachstehend angeführten Erkenntnisse und/oder Einsichten gewonnen:**

# Bevölkerung und Gesellschaft in Österreich

KOMPETENZ-ERWERB

⊙ **Meine Ziele**

Nach der Bearbeitung dieses Kapitels kann ich

- die aktuellen Probleme des ländlichen Siedlungsraumes erklären;
- den Begriff Stadtregion definieren;
- demografische Tendenzen wie Altersaufbau und regionale Bevölkerungsentwicklung in Österreich interpretieren;
- Migration in Österreich unter verschiedenen Gesichtspunkten beurteilen.

# 1 Österreichs Bevölkerung im Wandel

*Heute leben etwa 8,6 Millionen Menschen in Österreich, wobei die Einwohnerzahl derzeit noch etwas wächst. Viele Merkmale wandeln sich im Laufe der Zeit: die Lebenserwartung, die Anzahl der Kinder oder alten Menschen, die regionale Verteilung oder die Lebens- oder Familienformen, die Migration und vieles andere mehr. All dies ist Ausdruck des gesellschaftlichen Wandels, von neuen Werten, ökonomischen Chancen und Ungleichheiten, die sich auch in der österreichischen Bevölkerung widerspiegeln.*

## 1.1 Die zeitliche Entwicklung der Bevölkerung

Durch die hohen Geburtenraten der 1950er- und 1960er-Jahre, die gestiegene Lebenserwartung, Zuwanderung erhöhte sich die Einwohnerzahl Österreichs von 6,9 Mio. 1951 auf 8,6 Mio. im Jahr 2015. Ob sich Österreicher/innen für Kinder entscheiden und für wie viele, spiegelt die sich verändernde wirtschaftliche Lage und den Wandel von gesellschaftlichen Werten wider.

Großfamilien, in den 1950er- und 1960er-Jahren in Österreich noch gang und gäbe, sind heute eine Seltenheit geworden

■ Zeichnen Sie in der Grafik mit grüner Farbe die Jahre mit Geburtenüberschuss und mit roter diejenigen mit Geburtendefizit ein.

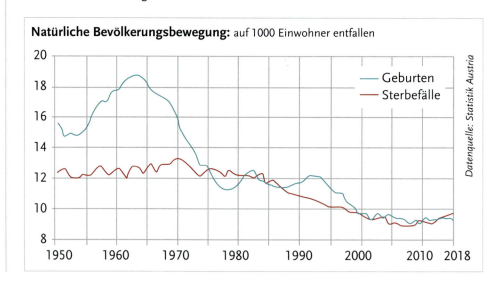

**Natürliche Bevölkerungsbewegung:** auf 1000 Einwohner entfallen

Datenquelle: Statistik Austria

— Geburten
— Sterbefälle

| Zeitliche Entwicklung der österreichischen Bevölkerung | | |
|---|---|---|
| **Babyboom (Mitte der 1950er- bis Mitte der 1960er-Jahre)** | **Pillenknick (seit Mitte der 1960er-Jahre)** | **Wertewandel (ab den 1970er-Jahren)** |
| Die durchschnittliche Kinderanzahl pro Frau war deutlich höher als heute. Die Wirtschaft boomte, die meisten Österreicher/innen gründeten größere Familien, überdies war es üblich, dass Frauen heirateten, den Haushalt führten und mehrere Kinder großzogen. | Einerseits erleichterte die Legalisierung der „Antibabypille" die Familienplanung, andererseits führte der gesellschaftliche Wandel allmählich zu einem neuen Rollenbild der Frauen. Zunehmend waren sie nicht mehr nur auf Haushalt und Kinder fixiert, ihre Erwerbstätigkeit stieg. Die Zahl der Geburten ging merklich zurück. Allerdings war der Zugang zur Pille zunächst stark beschränkt. | Das neue Rollenbild der Frau als gleichberechtigte Partnerin wurde zum Allgemeingut, auch wenn es noch Benachteiligungen gibt. In Partnerschaften wurde der Doppelverdienst zur Regel, Frauen übten ihre Berufe auch nach Familiengründungen meist weiter aus. Neue Lebens- und Partnerschaftsformen wie der/die Single, Alleinerziehende, Dinks (Double Income, No Kids), Patchwork oder gleichgeschlechtliche Beziehungen traten gesellschaftlich akzeptiert neben die klassische Familie. |

## 1.2 Österreichs Bevölkerung in Zahlen – ein Blick in die Zukunft

Bevölkerungswissenschaftler/innen können mithilfe statistischer Methoden Szenarien errechnen, wie sich die Bevölkerung Österreichs voraussichtlich entwickeln wird. Ein mittleres Szenario geht von folgenden Annahmen aus:

- die Fertilitätsrate (Kinder pro Frau) bleibt etwa gleich,
- die Zuwanderung bewegt sich im heutigen Ausmaß,
- die Lebenserwartung wird weiter steigen (dzt. drei Monate pro Jahr),
- das durchschnittliche Alter der Erstgeburt wird weiter steigen (2018: 30,6 Jahre).

Zukunftsszenarien sind für zahlreiche Planungszwecke wichtig, für

- Bedarf an Kinderbetreuung, Schulen, Wohnraum oder Pflegeplätzen,
- Maßnahmen am Arbeitsmarkt (voraussehbarer Arbeitskräftemangel),
- Kostenabschätzungen und Maßnahmen bei Pensionen.

### Arbeitsaufgabe

- Ordnen Sie die Buchstaben der Entwicklungen in beiden Bevölkerungspyramiden zu.

  A Geburtenausfall in der Wirtschaftskrise der 1930er-Jahre    B Babyboom nach dem „Anschluss"

  C Geburtenausfall zum Ende des 2. Weltkrieges    D Baby-Boom der 1960er-Jahre

  E Geburtenrückgang in den 1970er-Jahren    F Geburtenrückgang der 1990er-Jahre

  Die Buchstaben D, E, F sind in beiden Diagrammen zu verwenden.

**Bevölkerungspyramiden – ein Blick in die Zukunft**

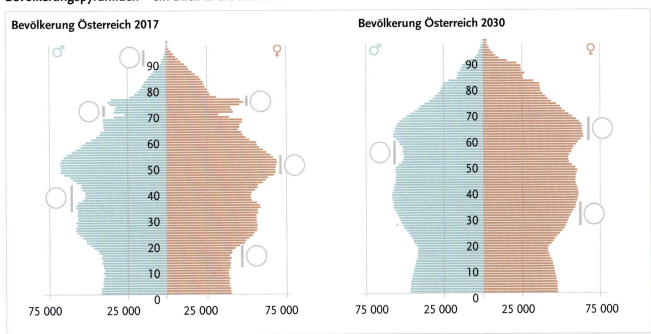

**Lebenserwartung bei der Geburt in Jahren – Österreicher/innen leben länger**

|  | 2008 | 2012 | 2016 | 2017 | 2018 |
|---|---|---|---|---|---|
| **Männer** | 77,59 | 78,26 | 79,14 | 79,27 | 79,29 |
| **Frauen** | 82,96 | 83,29 | 83,95 | 83,89 | 84,01 |

*Quelle: www.statistik.at, 2020*

Zum Vergleich: 1962 Männer 66,3/Frauen 73,66

**Durchschnittliche Kinderzahl pro Frau seit 1951***

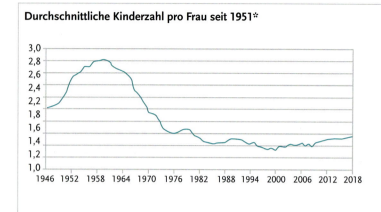

**Bevölkerung nach breiten Altersgruppen 1959 bis 2075 (mittlere Variante)**

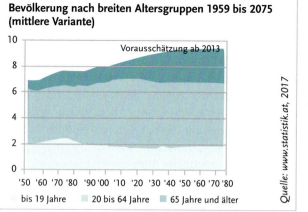

*Quelle: www.statistik.at, 2017*

## Arbeitsaufgabe

■ Ergänzen Sie den Lückentext unter Zuhilfenahme der Grafiken/Tabelle.

> 80-Jährigen ■ 21,64 ■ niedrigem ■ Pensions ■ 25,32 ■ 1,4 ■ Kinderzahlen ■ Frauen ■ 1960 ■ erwerbsfähigen ■ Männern ■ sank ■ 60-Jährigen

**Lebenserwartung:**

Die Lebenserwartung ist im Zeitraum 1962 bis 2012 bei _____ um ca. 10 und bei

_____ um ca. 12 Jahre gestiegen. Haben durchschnittliche Österreicher/innen das 60.

Lebensjahr erreicht, können sie statistisch damit rechnen, noch lange zu leben: Frauen _____ Jahre,

Männer _____ Jahre.

**Durchschnittliche Kinder pro Frau:**

Zu Beginn der _____ er-Jahre ist die Fertilitätsrate auf 2,8 Kinder pro Frau angestiegen, und

_____ dann ab Mitte der 1960-Jahre auf ca. _____ ab. Seither hat sie sich auf

_____ Niveau stabilisiert.

**Altersverteilung:**

Man rechnet zwar nicht mehr damit, dass die _____ und die Menschen im

_____ Alter (in absoluten Zahlen) zurückgehen werden, sowohl in absoluten als auch

in relativen Zahlen werden aber die über _____ stark zunehmen. Das gegenwärtige

_____ system kann nicht mehr aufrechterhalten werden, die stark steigende Gruppe der

über _____ wird zu erheblichem Pflegebedarf führen.

## 1.3 Österreich wird immer älter

### Generationenvertrag sichert derzeit noch die Pensionen

Die staatlichen Pensionen werden derzeit aus Sozialversicherungsbeiträgen der Erwerbstätigen und staatlichen Zuschüssen finanziert. In diesem System zahlen die Beitragszahler/innen nicht für sich selbst ein, sondern für die gegenwärtigen Pensionisten/Pensionistinnen und hoffen, dass bei ihrem Pensionsantritt die nächste Generation in selber Weise für die Pensionen sorgen wird. Man spricht daher vom Generationenvertrag. Experten/Expertinnen prognostizieren, dass dieses System in der Zukunft nur mehr eingeschränkt funktionieren wird:

Durch die wenigen Kinder werden in der Zukunft Beitragszahler/innen fehlen. Überdies werden in den nächsten Jahrzehnten überdurchschnittlich viele Österreicher/innen aus den geburtenstarken Jahrgängen der 1950er- und 1960er-Jahre in Pension gehen, die dann auf Grund der steigenden Lebenserwartung länger leben werden. Somit wird das dem Generationenvertrag zugrundeliegende Verhältnis zwischen Einzahlern/Einzahlerinnen und Empfängern/Empfängerinnen nicht mehr stimmen. Würde man das System unverändert beibehalten, müssten entweder die Beiträge erhöht werden oder die Staatszuschüsse weiter steigen. Beides ist unrealistisch. Somit hat man begonnen, das System zu ändern. Einerseits erhöht man bereits jetzt das Pensionsantrittsalter der Österreicher/innen (1). Es ist zu erwarten, dass die zukünftigen Pensionen geringer ausfallen werden als heute (2). Schließlich werden zusätzliche, private Absicherungen empfohlen (3). Allerdings dürften steigende Realeinkommen und die steigende Frauenerwerbsquote das Problem etwas entschärfen.

## Das „Drei-Säulen-Modell" der Pensionsvorsorge

Betriebliche und private Pensionen sollen die zukünftig sinkenden staatlichen Pensionen ergänzen. Viele Österreicher/innen setzen heute auf ein dreigliedriges System der Pensionsvorsorge, das „Drei-Säulen-Modell" bezeichnet wird.

Kritiker/innen wenden ein, dass dieses System bereits jetzt nicht funktioniere, weil es von den Entwicklungen an den Finanzmärkten abhänge und man nicht weit in die Zukunft blicken könne. Nach der Finanzkrise des Jahres 2008 sind die Renditen dieser kapitalmarktbasierenden Zukunftsvorsorge äußerst niedrig ausgefallen. (4)

## 1.4  Die regionale Veränderung der Bevölkerung

In manchen Bezirken und Gemeinden nimmt die Bevölkerung stark zu. In anderen wiederum werden die Einwohner/innen immer weniger. Nicht eine unterschiedliche Anzahl von Geburten pro Frau ist der Grund, sondern die Zu- und Abwanderung auch innerhalb Österreichs. Menschen ziehen in Regionen, wo es Arbeit gibt. Sie verlassen solche, wo es zu wenige Arbeitsplätze gibt.

### Die Gewinner – wirtschaftlich im Zentrum

Die Gewinner sind jene Gemeinden und Bezirke, in denen es der Wirtschaft eher besser geht.

■ Widerlegen Sie die mit (1–4) gekennzeichneten Aussagen dieser Seite unter Bedachtnahme folgender Schlagworte bzw. Aussagen:

(1) „Schwerarbeiter"
(2) „Menschen, die wenig verdienen, erhalten bereits heute wenig Pension."
(3) „Wer wenig verdient, öfter arbeitslos ist oder lange bei den Kindern zu Hause war, kann sich nichts ansparen."
(4) „Die Entwicklung auf den Finanzmärkten in den nächsten Jahrzehnten ist unsicher."

Die gesetzliche Vorsorge soll die finanzielle Sicherheit in der Pension gewährleisten. In Österreich nimmt diese im internationalen Vergleich einen sehr großen Stellenwert ein.

Wirtschaftlich attraktiv: Wien und sein Umland wachsen

**Wien** (A) konnte die Chancen durch die Öffnung der Grenzen nach Osten nützen. Nachdem jahrzehntelang die Einwohnerzahl zurückging, wächst die Stadt nun wieder. Wien liegt nun wieder im wirtschaftlichen Zentrum Europas. Die Stadt zieht nicht nur Migranten und Migrantinnen aus dem Ausland an, sondern auch viele junge Österreicher/innen nutzen die Chancen der Stadt.

Auch in den **Landeshauptstädten** Graz (B), St. Pölten (C), Linz (D), Salzburg (E), Klagenfurt (F) und Innsbruck (G) konnte der Bevölkerungsrückgang gestoppt werden. Sie sind als Wohnstädte wieder attraktiv. Kultur, gute Bildungsmöglichkeiten und soziale Einrichtungen ziehen sowohl junge Menschen als auch Ältere und Migranten/innen in städtische Zentren.

Unter **Speckgürtel** versteht man die suburbane Umgebung einer Stadt. Der Begriff bezieht sich normalerweise auf die Gemeinden außerhalb der Stadtgrenzen einer Kernstadt.

Die Wiener **Stadtumlandbezirke** und die **Speckgürtel** der Landeshauptstädte sind zum Wohnen attraktiv. Es haben sich hier viele Unternehmen angesiedelt. Vor allem aber erfüllen sich Städter den Traum vom Leben im Grünen. Hunderttausende pendeln dann täglich zum Arbeiten in die Stadt.

## Die Verlierer – wirtschaftlich am Rande

Die Verlierer sind die Bezirke fernab der Landeshauptstädte. Hier gibt es viel zu wenige Arbeitsplätze. Auch ist die Entfernung zu weit, um täglich in die großen Städte zur Arbeit zu pendeln. Auch kehren viele junge Menschen nach ihrer Ausbildung nicht mehr in ihre Herkunftsregionen zurück, da sie dort kaum Arbeit finden. Diese Regionen überaltern.

Wunderschön, aber kaum Arbeitsplätze: Hallstatt verliert einen Teil seiner Bevölkerung

Das **Waldviertel** (a) konnte sich immer noch nicht von seiner Randlage an der bis 1989 geschlossenen Grenze erholen. Zwar gibt es in den letzten Jahren einen Aufholprozess, der aber noch zu schwach ist, um die Menschen in der Region zu halten.

Für das **mittlere und südliche Burgenland** (b) gilt dasselbe. Gewisse Fortschritte gibt es v. a. durch den neu entstandenen Wellness-Tourismus.

Die **Obersteiermark** (c) war früher eines der wichtigsten Industriegebiete Österreichs. In den 1990er-Jahren überlebten viele dieser Unternehmen nicht. Viele Menschen verloren die Arbeit und es kam zur Abwanderung.

Weite Teile **Kärntens** und **Osttirols** (d) bieten zu wenig Arbeit. Auch der Tourismus bietet insgesamt zu wenige Arbeitsplätze. Viele ziehen daher weg.

Judenburg in der Obersteiermark

## Arbeitsaufgabe

- Ordnen Sie die Buchstaben der oben genannten Gewinner- und Verliererregionen den Kreisen in der Karte zu.

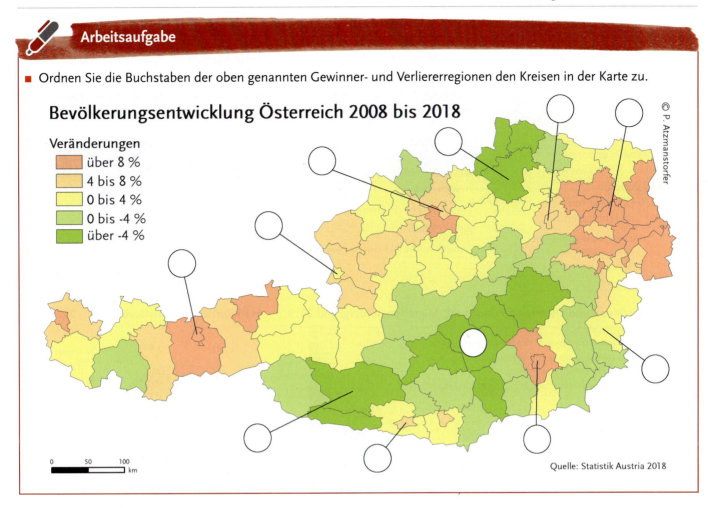

**Bevölkerungsentwicklung Österreich 2008 bis 2018**

Veränderungen
- über 8 %
- 4 bis 8 %
- 0 bis 4 %
- 0 bis -4 %
- über -4 %

0   50   100
km

Quelle: Statistik Austria 2018

© P. Atzmanstorfer

# 2 Einwanderungsland Österreich

*Jahrzehntelang nahmen viele Österreicher/innen, Politiker/innen und Medien nicht zur Kenntnis, dass Österreich ein Einwanderungsland ist. Erst seit einigen Jahren stellt man sich dieser Tatsache und verstärkt Bemühungen, Menschen mit Migrationshintergrund zu integrieren und nicht nur die Zuwanderung durch gesetzliche Maßnahmen zu erschweren. Jedenfalls sind Migranten und Migrantinnen unverzichtbar in vielen Berufen geworden, so würde z. B. das Sozialsystem oder der Tourismus ohne diese Arbeitskräfte nicht funktionieren.*

Migration ist keine Einbahnstraße: Seit den 1960er-Jahren wanderten mehr als ein halbe Million Österreicher/innen aus, um bspw. in Deutschland oder in der Schweiz besser bezahlte Arbeit zu finden

## 2.1 Migration seit dem 2. Weltkrieg

Migration ist kein neues Phänomen für Österreich. Hunderttausende Menschen strandeten als Vertriebene oder Flüchtlinge als Folge des Zweiten Weltkrieges in Österreich. Viele wanderten weiter, manche blieben, wie Angehörige der deutschsprachigen Minderheiten aus Tschechien (Sudetendeutsche), Rumänien (Siebenbürger Sachsen) oder aus Jugoslawien. Politische Flüchtlinge aus Ungarn (1956), der Tschechoslowakei (1968) oder Polen (1980) galten im Großen und Ganzen als willkommen, ebenso wie die sogenannten „Gastarbeiter" in den 1960er- und 1970er-Jahren, die in Jugoslawien und der Türkei angeworben wurden, um den Arbeitskräftemangel in der österreichischen Wirtschaft zu beheben.

**Österreichische Bevölkerung in 1 000 Jahresdurchschnitt 2017**

- 8 811,8 Einwohner/innen,
- 7 124,1 (81 %) in Österreich geboren,
- 1 687,7 (19 %) im Ausland geboren,
- 2 070 (23,5 %) mit Migrationshintergrund.

*https://www.statistik.at*

Durch den politischen Systemwechsel öffneten sich in den 1990er-Jahren die zuvor geschlossenen Grenzen zu Osteuropa, sodass aus wirtschaftlichen Gründen Zehntausende meist qualifizierte und motivierte Menschen zuwanderten, dazu kamen noch die Kriegsflüchtlinge aus dem auseinanderbrechenden Jugoslawien. Der EU-Beitritt Österreichs 1994 ermöglicht den EU-Bürgern/Bürgerinnen, die mittlerweile den Großteil der Zuwanderer stellen, in Österreich zu leben und zu arbeiten.

| Wanderungsbilanz Österreichs 2018 | Zuzüge nach Österreich | Wegzüge in das Ausland | Saldo |
|---|---|---|---|
| Insgesamt | 174 310 | 109 634 | |
| Davon nicht österreichische Staatsbürger/innen | 158 746 | 89 026 | |
| Davon nicht EU und EFTA (Drittstaaten) | 43 856 | 35 841 | |

*Quelle: Statistik Austria, Abfrage 20. April 2020*

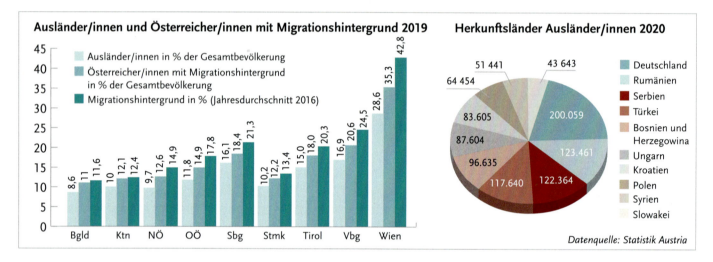

**Ausländer/innen und Österreicher/innen mit Migrationshintergrund 2019**

- Ausländer/innen in % der Gesamtbevölkerung
- Österreicher/innen mit Migrationshintergrund in % der Gesamtbevölkerung
- Migrationshintergrund in % (Jahresdurchschnitt 2016)

**Herkunftsländer Ausländer/innen 2020**

- Deutschland
- Rumänien
- Serbien
- Türkei
- Bosnien und Herzegowina
- Ungarn
- Kroatien
- Polen
- Syrien
- Slowakei

*Datenquelle: Statistik Austria*

Wenn beide Elternteile im Ausland geboren sind, spricht man von **Menschen mit Migrationshintergrund,** wobei Angehörige der ersten Generation selbst im Ausland geboren wurden und Personen der zweiten Generation in Österreich zur Welt gekommen sind.

💡 Diese Definition ist nicht in allen Ländern gleich.

## Arbeitsaufgaben

**1.** Fassen Sie die Phasen der Migration seit dem 2. Weltkrieg zusammen.

**2.** Berechnen Sie in der Tabelle das Saldo der Migration.

**3.** Interpretieren Sie die Zahlen der Tabelle.

**4.** Interpretieren Sie das Tortendiagramm.

## 2.2 Den Wohnsitz nach Österreich verlegen

Österreich ist aufgrund seines Wohlstandes ein attraktives Zuwanderungsland. In den letzten Jahren ist es aber sehr schwierig geworden, ohne familiären Bezug in Österreich neu zuzuwandern. Gesetzliche Bestimmungen regeln den Zuzug.

Bürgerinnen und Bürger der EU, des EWR und der Schweiz unterliegen der Personenfreizügigkeit der EU, für sie gelten keine Zuwanderungsbestimmungen, d. h., sie unterliegen im Gegensatz zu Staatsbürgern/Staatsbürgerinnen anderer Länder keinen Einwanderungsbestimmungen wie z. B. einer Aufenthalts- und Arbeitserlaubnis, einer Integrationsvereinbarung oder der Belegung von Wertekursen.

## Die Bestimmungen des Aufenthaltsgesetzes

| EU-Bürger/innen | Flüchtlinge | Angehörige von Drittstaaten |
|---|---|---|
| EU-Bürger/innen benötigen keine Arbeits- und Zuwanderungserlaubnis. | Für die Einreise und den Aufenthalt von Asylwerbern und Asylwerberinnen sowie Flüchtlingen, aber auch von Vertriebenen gelten Sonderregelungen. | Für Zuwanderung aus Nicht-EU-Staaten werden jährlich Höchstzahlen festgelegt. Die Bewerber/innen unterliegen einem Auswahlverfahren. Ehepartner und Kinder von bereits in Österreich lebenden Ausländern werden bevorzugt. Ein Anspruch auf Familiennachzug besteht erst dann, wenn sich der Familienerhalter länger als zwei Jahre in Österreich legal aufhält und wenn er/sie bereits länger als ein Jahr verheiratet ist. Auch Personen, deren berufliche Qualifikationen auf dem Arbeitsmarkt nachgefragt werden, werden bevorzugt. |

www.trauner.at/zuwanderung.aspx

### Folgende Bestimmungen müssen Zuwanderer erfüllen:

- Anträge auf Einwanderung müssen im Herkunftsland gestellt werden,
- eine geeignete Wohnmöglichkeit und ein gesicherter Lebensunterhalt müssen in Österreich nachgewiesen werden.

Die Aufenthaltsgenehmigung kann auch wieder entzogen werden.

### Flüchtlinge – Asylwerber – Abschiebung – Humanitäres Bleiberecht

Viele Menschen sind auch gezwungen, ihre Heimat zu verlassen. Sie werden persönlich verfolgt. Nach der Genfer Flüchtlingskonvention (GFK) haben sie das Recht, in Österreich Asyl zu erhalten. Ein Asylverfahren stellt für jeden Fall fest, ob dies zutrifft.

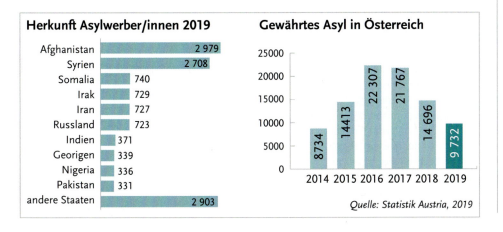

**Herkunft Asylwerber/innen 2019**

|  |  |
|---|---|
| Afghanistan | 2 979 |
| Syrien | 2 708 |
| Somalia | 740 |
| Irak | 729 |
| Iran | 727 |
| Russland | 723 |
| Indien | 371 |
| Georgien | 339 |
| Nigeria | 336 |
| Pakistan | 331 |
| andere Staaten | 2 903 |

**Gewährtes Asyl in Österreich**

| Jahr | Anzahl |
|---|---|
| 2014 | 8734 |
| 2015 | 14413 |
| 2016 | 22 307 |
| 2017 | 21 767 |
| 2018 | 14 696 |
| 2019 | 9 732 |

*Quelle: Statistik Austria, 2019*

Menschen aus Krisengebieten stellen die meisten Asylanträge.

Die Anzahl der Asylanträge ändert sich jährlich und spiegelt insbesondere politische Entwicklungen wider.

Im ersten Quartal 2019 wurden 2.881 Anträge gestellt, das sind um rund 30 % weniger als im Vergleichszeitraum 2018 (4.050). Top-Herkunftsländer sind unverändert Syrien (631) vor Afghanistan (597), dem Iran (189), dem Irak (186) und der Russischen Föderation (182). Die Zahl der offenen Verfahren ist ebenfalls gesunken und liegt aktuell bei rund 34 000. In der Grundversorgung befanden sich mit Stand 1. April rund 39 000 Personen, Anfang 2018 waren es noch 61 000 gewesen. In den ersten drei Monaten des heurigen Jahres wurden 12 000 rechtskräftige Entscheidungen gefällt, 5 000 betrafen den Status Asyl, wobei 50 % positiv und 50 % negativ entschieden wurden.

*Kleine Zeitung, 14. April 2019*

---

Das **Asylverfahren** klärt die Fluchtgründe. Es kann oft jahrelang dauern. In dieser Zeit dürfen die Asylwerber/innen nicht in ihre Heimat abgeschoben werden. Sie erhalten vom Staat das Lebensnotwendigste, dürfen aber kein Geld verdienen.

**Fluchtgründe** nach der GFK: Verfolgung wegen Rasse, Religion, Nationalität, Zugehörigkeit zu einer besonderen sozialen Gruppe und politischer Überzeugungen

Liegen Fluchtgründe nach der GFK vor, erhält er/sie als **anerkannter Flüchtling** Aufenthalts- und Arbeitsrecht.

Wenn Asylbewerber abgelehnt werden, können sie **humanitäres Bleiberecht** erhalten. Dies kann der Fall sein, wenn sie bestens in die österreichische Gesellschaft integriert sind.

**Keine Fluchtgründe** nach der GFK: Umweltkatastrophen oder Bürgerkrieg

Liegen keine Fluchtgründe nach der GFK vor, muss er/sie das Land verlassen. Es erfolgt eine zwangsweise **Abschiebung.**

Kann die Abschiebung nicht erfolgen, können sie als **De-facto-Flüchtlinge** in Österreich bleiben. Dies ist z. B. dann der Fall, wenn sie das Herkunftsland nicht aufnimmt.

## 2.3 Integration in der Einwanderungsgesellschaft Österreich

Unter Integration von Migranten/Migrantinnen kann vieles verstanden werden: die Teilnahme am Schulsystem oder am Arbeitsmarkt ebenso wie das Erlernen der deutschen Sprache oder die Teilnahme am vielgestaltigen gesellschaftlichen Leben in Österreich. Keineswegs bedeutet Integration aber die Aufgabe der eigenen kulturellen oder gegebenenfalls auch der religiösen Identität. Eine völlige Anpassung etwa an Bräuche und Sitten würde Assimilation bedeuten, die in einer mittlerweile sehr diversen österreichischen Gesellschaft weder erstrebenswert noch möglich ist.

### Die Integrationsvereinbarung und die Staatsbürgerschaft

Durch eine sogenannte Integrationsvereinbarung soll die Teilhabe von Migranten/ Migrantinnen aus Nicht-EU-Staaten am gesellschaftlichen, wirtschaftlichen und kulturellen Leben in Österreich verbessert werden. Dazu werden u. A. Deutschkurse angeboten, durch die Migranten/Migrantinnen ein gewisses Niveau der deutschen Sprache erreichen sollen. Nach Bestehen eines Sprach- und Staatsbürgerschaftstests wird grundsätzlich nach 15 Jahren – bei zahlreichen Ausnahmen – die österreichische Staatsbürgerschaft verliehen.

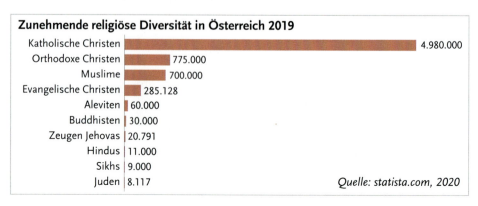

**Zunehmende religiöse Diversität in Österreich 2019**

| | |
|---|---|
| Katholische Christen | 4.980.000 |
| Orthodoxe Christen | 775.000 |
| Muslime | 700.000 |
| Evangelische Christen | 285.128 |
| Aleviten | 60.000 |
| Buddhisten | 30.000 |
| Zeugen Jehovas | 20.791 |
| Hindus | 11.000 |
| Sikhs | 9.000 |
| Juden | 8.117 |

*Quelle: statista.com, 2020*

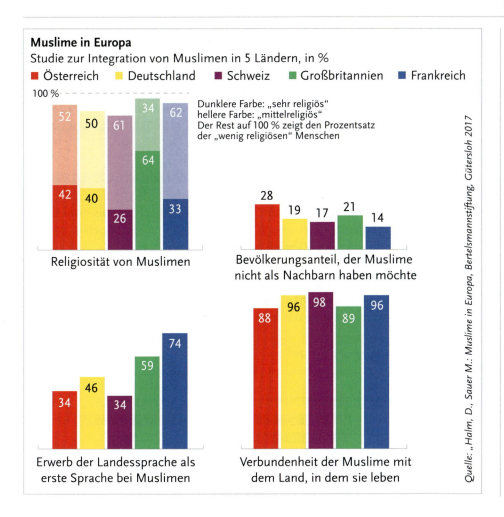

**Muslime in Europa**

Studie zur Integration von Muslimen in 5 Ländern, in %

■ Österreich   ■ Deutschland   ■ Schweiz   ■ Großbritannien   ■ Frankreich

Dunklere Farbe: „sehr religiös"
hellere Farbe: „mittelreligiös"
Der Rest auf 100 % zeigt den Prozentsatz
der „wenig religiösen" Menschen

Religiosität von Muslimen

Bevölkerungsanteil, der Muslime nicht als Nachbarn haben möchte

Erwerb der Landessprache als erste Sprache bei Muslimen

Verbundenheit der Muslime mit dem Land, in dem sie leben

*Quelle: „Halm, D., Sauer M.: Muslime in Europa, Bertelsmannstiftung, Gütersloh 2017*

# INTEGRATION

Deutschkurse und -prüfungen sollen die Integration von Migranten und Migrantinnen fördern

💡 Die Zustimmung ist von der ersten Zuwanderer Generation zur nachfolgenden in Österreich von 86 auf 92 % gestiegen, die Schweiz hat die höchsten Zustimmungswerte. In Frankreich hingegen sank die Zustimmungsrate zu dem Land, in dem sie leben, zwischen der ersten und der nachfolgenden Generation.

## Arbeitsaufgaben

1. Stellen Sie das Konzept „Integration" dem Konzept der „Assimilation" gegenüber.

2. Fassen Sie die Meinung der Mehrheit der Österreicher/innen zur Integration zusammen.

3. Begründen Sie Ihre Meinung zu Integration mithilfe der Tabelle.

| Ich bin der Meinung, dass ... | Ja | Nein | Begründung |
|---|---|---|---|
| ... den Migranten/Migrantinnen die Integration in den Arbeitsmarkt erleichtert werden sollte. | | | |
| ... kulturelle und religiöse Vielfalt etwas Positives und für alle im Land eine Bereicherung darstellt. | | | |
| ... Migranten/Migrantinnen ihren Lebensstil ein bisschen besser an jenen der Inländer/innen anpassen sollten. | | | |

4. Interpretieren Sie die Statistiken zur Integration der Muslime in 5 europäischen Ländern.

https://www.integrationsfonds.at

**Exkurs**

## Migration nach Österreich ist auch weiblich

Der österreichische Integrationsfond (ÖIF) erhebt die Situation von Frauen, deren Wurzeln im Ausland liegen. Er bietet u. a. in Zahlen einen Überblick zu Frauen, die im Ausland geboren sind und heute in Österreich leben. Im Jahr 2018 waren fast 20 % der Frauen Ausland geboren:

- Zu Jahresbeginn 2018 machten im Ausland geborene Frauen fast 20 % (864 500) der weiblichen Gesamtbevölkerung in Österreich aus.
- Während Österreicherinnen im Jahr 2017 durchschnittlich ein bis zwei Kinder geboren haben, lagen Syrerinnen mit fast fünf, Afghaninnen mit etwa vier und Kosovarinnen mit rund drei Kindern an der Spitze der Statistik.
- Ein Viertel (25 %) der Schülerinnen in Österreich hatte im Schuljahr 2016/17 eine andere Umgangssprache als Deutsch.
- Während im Jahr 2017 die Erwerbstätigkeit von Frauen ohne Migrationshintergrund bei 71 % lag, waren nur 59 % der Migrantinnen berufstätig.

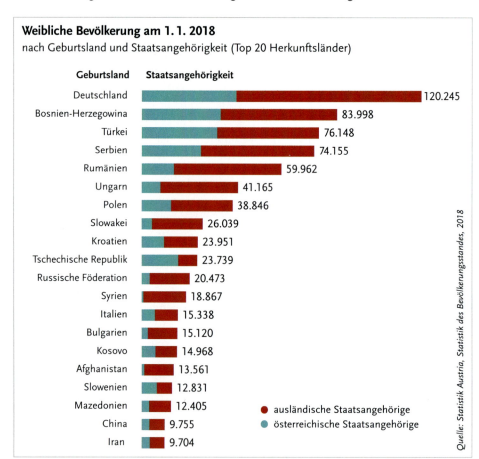

### Weibliche Bevölkerung am 1. 1. 2018
nach Geburtsland und Staatsangehörigkeit (Top 20 Herkunftsländer)

Quelle: Statistik Austria, Statistik des Bevölkerungsstandes, 2018

**Bildungsstand der 25- bis 64-jährigen Bevölkerung 2017 nach Migrationshintergrund**

| | Bevölkerung insgesamt | ohne Migrationshintergrund | Mit Migrationshintergrund | | | | | | |
|---|---|---|---|---|---|---|---|---|---|
| | | | insgesamt | erste Generation | zweite Generation | EU/EFTA | ehem. Jugoslawien [2] | Türkei | sonstige Staaten |
| **Insgesamt absolut (in 1.000)** | **4.844,2** | **3.624,7** | **1.219,5** | **1.094,2** | **125,2** | **486,9** | **323,3** | **164,1** | **245,2** |
| Pflichtschule | 14,1 % | 10,1 % | 26,0 % | 27,0 % | 17,0 % | 10,4 % | 32,0 % | 57,9 % | 27,5 % |
| Lehre, BMS | 50,3 % | 55,8 % | 34,0 % | 32,0 % | 51,0 % | 37,0 % | 44,2 % | 29,1 % | 17,8 % |
| AHS, BHS, Kolleg | 16,8 % | 16,3 % | 18,2 % | 18,5 % | 15,8 % | 21,9 % | 16,4 % | 9,5 % | 19,1 % |
| Universität, FH, Akademie [1] | 18,8 % | 17,7 % | 21,9 % | 22,5 % | 16,2 % | 30,8 % | 7,4 % | 3,5 % | 35,6 % |
| **Frauen absolut (in 1.000)** | **2.425,9** | **1.791,8** | **634,1** | **572,8** | **61,3** | **264,1** | **161,6** | **78,5** | **130,0** |
| Pflichtschule | 16,9 % | 12,8 % | 28,6 % | 29,7 % | 18,5 % | 11,3 % | 39,5 % | 65,6 % | 27,9 % |
| Lehre, BMS | 45,0 % | 51,0 % | 27,9 % | 26,0 % | 46,5 % | 31,6 % | 35,3 % | 20,7 % | 15,8 % |
| AHS, BHS, Kolleg | 17,5 % | 16,7 % | 19,7 % | 19,9 % | 17,6 % | 24,8 % | 17,4 % | (9,7 %) | 18,1 % |
| Universität, FH, Akademie [1] | 20,6 % | 19,5 % | 23,7 % | 24,4 % | 17,4 % | 32,2 % | 7,8 % | (3,9 %) | 38,2 % |

[1] inkl. Universitätslehrgänge — [2] ehemaliges Jugoslawien außerhalb der EU

( ) Werte mit weniger als hochgerechnet 6.000 Personen sind sehr stark zufallsbehaftet und statistisch kaum interpretierbar.

Quelle: Statistik Austria

## Arbeitsaufgaben

1. Ziehen Sie Schlüsse aus der Herkunft von Migrantinnen nach Herkunftsregionen (EU-15, EU-Länder ab 2004, Türkei, Außereuropa).

2. Widerlegen Sie die Aussage: „Nach Österreich wandern nur junge Männer zu."

3. Vergleichen Sie die formalen Bildungsabschlüsse gegliedert Frauen/Männer, nach Bevölkerung insgesamt, Migrantinnen/Migranten erster und zweiter Generation sowie nach Herkunftsregionen.

## Ziele erreicht? – „Bevölkerung und Gesellschaft in Österreich"

Leben in Österreich ist sehr vielfältig. Der städtische Lebensraum gewinnt an Bedeutung, trotzdem leben auch noch viele Menschen auf dem Land. Auch die Herkunft der Österreicher/innen selbst wird immer vielfältiger. In den Städten gibt es immer mehr Menschen mit Migrationshintergrund.

**1.** Bewerten Sie die Aussagen mit Schulnoten und überlegen Sie ein Schlagwort als Begründung dazu. Diskutieren Sie die Ergebnisse.

**Eine Blitzumfrage**

„Man muss die Geburtenrate Österreichs steigern, um die Pensionen zu sichern."

„Das Wachstum der Stadtumlandregionen muss gebremst werden."

„Ländliche Regionen müssen aufgewertet werden, sonst veröden sie."

„Die meisten Einwanderer/Einwanderinnen kommen aus Deutschland."

„Ohne Zuwanderung wird Österreich aussterben."

„Parallelgesellschaften schaden der Mehrheitsgesellschaft."

**2.** Treffen Sie zu den folgenden Spotlights Aussagen. Diskutieren Sie die Ergebnisse.

**Spotlights zum Beruf**

„In einem Unternehmen ist es von Vorteil, wenn dort Menschen unterschiedlicher Herkunft arbeiten."

„Mehrsprachigkeit ist nicht nur eine persönliche Chance, sondern auch eine Chance für die Wirtschaft."

**Aus diesem Kapitel habe ich die nachstehend angeführten Erkenntnisse und/oder Einsichten gewonnen:**

Japan, Nordamerika und
Russische Föderation – ein Überblick

KOMPETENZ-
ERWERB

◎ **Meine Ziele**

Nach der Bearbeitung dieses Kapitels kann ich

■ Staaten, Regionen, Städte, Gebirge und Gewässer zuordnen.

# Japan

## Arbeitsaufgaben

**1.** Tragen Sie die in der Karte angeführten Städte, Gewässer usw. in die Tabelle ein.

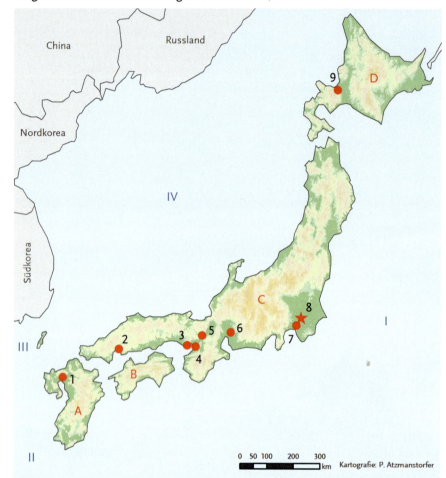

| Städte | |
|---|---|
| 1 | F |
| 2 | H |
| 3 | Ko |
| 4 | O |
| 5 | Ky |
| 6 | N |
| 7 | Y |
| 8 | T |
| 9 | S |

| Gewässer | |
|---|---|
| I | |
| II | |
| III | straße |
| IV | |

| Inseln | |
|---|---|
| A | K |
| B | S |
| C | H |
| D | H |

**2.** Ordnen Sie die Texte den richtigen Fotos zu, indem Sie die Nummer des Textes in das Foto schreiben.

❶ **Shinto-Schrein** im Südosten von Kyoto: Etwa 85 Prozent der Japaner/innen gehören dieser Religion an. Sie ist gekennzeichnet durch die Verehrung einer Vielzahl von altertümlichen japanischen Gottheiten.

❷ Im Ballungsraum **Tokio** leben mehr als 38,5 Mio. Menschen. Er ist das politische und wirtschaftliche Zentrum des Landes. In den Wolkenkratzern befinden sich die Büros einer der wichtigsten Global Cities.

❸ Der **Fujisan** ist mit 3776 m der höchste Berg Japans. Er liegt auf der Hauptinsel Honshu und ist ein aktiver Vulkan an der Grenze der Eurasischen, der Pazifischen und der Philippinen-Platte.

**2. Kulturelle Ziele Japans:** Ordnen Sie die Texte den Bildern zu:

**❶ Die "Höllen" Japans in Beppu**

**Beppu,** auf der japanischen Südinsel gelegen, ist ein beliebtes Ausflugsziel aufgrund ihrer **heißen Schwefelquellen.** Jede von diesen acht Quellen, die "Höllen" genannt werden, ist anders. Die **„Chinoike – Hölle "** zum Beispiel ist im Gegensatz zu den anderen Quellen rot gefärbt und hat eine Wassertemperatur von bis zu 78°C. **Tatsukai –** ist eine Quelle, die als ein **Geysir** die Erdoberfläche erreicht, den man alle halbe Stunde bestaunen kann.

**❷** Das **japanische Kirschblütenfest** ist während der Monate März und April in ganz Japan zu erleben. Das **Kirschblütenfest** feiert die Blüte der Kirschbäume, die sehr kurz ist, dann lösen sich die Blüten von den Bäumen und regnen auf den Boden herab. Für die japanische Kultur ist die Kirschblüte deshalb ein Zeichen von Schönheit und wird somit besonders geehrt und zelebriert. Meist sitzen sie mit Bento Boxen ein Picknick zelebrierend unter den blühenden Bäumen.

**❸** Eine der bekanntesten Sehenswürdigkeiten Japans ist der **goldene Pavillon** in **Kyoto.** Einst war er die Villa eines Shoguns, wurde auf dessen Wunsch jedoch im 15. Jahrhundert zu einem **Zen Tempel** gemacht. Nach mehreren Bränden wurde der Pavillon zum letzten Mal im Jahre 1955 neu erbaut.  In der Nähe befinden sich außerdem ein Teehaus und ein buddhistischerTempel.  Die Anlage ist umgeben von einem Park und japanischen Steingärten.

**❹** Auf der Insel Shikoku befinden sich zahlreiche Tempel, die durch einen Pilgerpfad verbunden sind. Der **88-Tempel-Pfad** ist 1,200 Kilometer lang. Man würde dafür etwa 40 bis 60 Tage benötigen. Der Pilgerpfad wird seit Jahrhunderten von Buddhisten bewandert, die ihn als eine Art Meditation und Reinigung nach den buddhistischen Lehren betrachten. Heute wandern auch Touristen den Pfad, manche von ihnen auch per Fahrrad, Auto, Bus oder Taxi. In den Tempeln werden Münzen gespendet, Räucherstäbchen angezündet und buddhistische Mantras gesungen.

# Russische Föderation

## Arbeitsaufgaben

1. Tragen Sie die in der Karte angeführten Städte, Gewässer usw. in die Tabelle bzw. Kästchen ein.

2. Tragen Sie in der Karte „Europäisches Russland" bzw „Sibirien" ein.

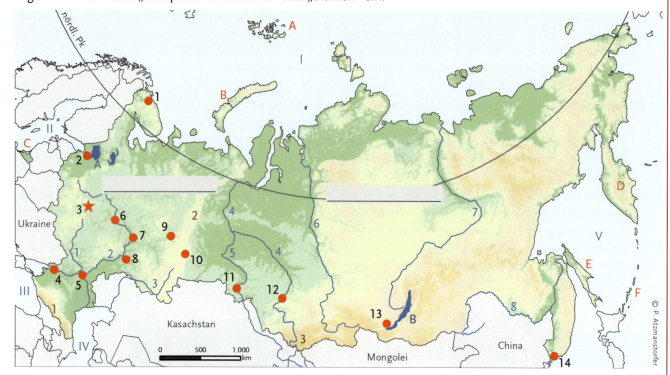

| Städte | Inseln/Regionen | 8 ⋏ |
|---|---|---|
| 1 M | A | A ∠ |
| 2 St | B | B ℬ |
| 3 M | C | I |
| 4 R | D | II |
| 5 W | E | III |
| 6 N | F | IV |
| 7 K | **Gewässer** | V O |
| 8 S | 1 D | **Gebirge** |
| 9 P | 2 W | 1 |
| 10 J | 3 M | 2 |
| 11 O | 4 O | 3 ⋏ |
| 12 N | 5 I | |
| 13 I | 6 J | |
| 14 W | 7 ∠ | |

**2. Kulturelle und landschaftliche Ziele Russlands:** Ordnen Sie die Texte den Bildern zu:

**❶** Peterhof ist die Sommerresidenz der russischen Zaren 29 km westlich von St. Petersburg., Der große Palast mit eleganten Parkanlagen und beeindruckenden Wasserspielen zählt zu den schönsten barocken Ensembles der Welt. Peterhof gilt als die Fontänen-Hauptstadt Russlands. Die Große Kaskade von Peterhof ist ein grandioses Bauwerk und eines der weltweit spektakulärsten Wasserspiele. Die Bauarbeiten begannen 1714 und im August 1723 wurde der noch nicht ganz fertig gestellte Peterhof feierlich eröffnet. Zur Zeit der Zaren war der Große Palast in Peterhof im Sommer das Zentrum des Hoflebens.

**❷** Die Basilius-Kathedrale am Südrand des Roten Platzes heißt eigentlich „Pokrowski Sobor Wassilija Blaschen-nowo" („Mariä-Schutz-und-Fürbitte-Kathedrale am Graben"). Auftraggeber war der berüchtigte Zar Iwan der Schreckliche. Sie erscheint wie ein bunter Wirrwarr aus Rundgängen, Zwiebeltürmen, Treppenaufgängen und Galerien.Zu ihrer Bauzeit war die gesamte Kathedrale weiß und ihre neun Kuppeln glänzten alle in Blattgold. Heute fungiert die Basilius-Kathedrale als Teil des historischen Museums von Moskau.

**❸** Die Eremitage in St. Petersburg zählt zu den größten und wichtigsten Kunstmuseen der Welt. Sie umfasst über 60.000 Ausstellungsstücke in 350 Sälen . Gemeinsam mit der St. Petersburger Innenstadt wurde die Eremitage 1990 von der UNESCO zum Weltkulturerbe erklärt. Zarin Katharina die Große war eine leidenschaftliche Kunstsammlerin und brachte die ersten kostbaren Gemälde in der klassizistischen Kleinen Eremitage unter, die in den 1770er-Jahren errichtet wurde. Neue Eremitage, die 1852 vom Hofbaumeister König Ludwigs I. Leo van Klenze fertiggestellt. Seit 1918 ist die Eremitage für die Öffentlichkeit zugänglich.

**❹** Kamtschatka – eine 1200 km lange Halbinsel im Osten Russlands - wurde vor etwa 350 Jahren entdeckt. Zu Russland gehört es seit 1697 und war wegen seiner strategischen Bedeutung bis 1990 Sperrgebiet . 310 000 Einwohner leben auf einer Fläche von 470.000 km2. Dreißig aktive und über hundert erloschene Vulkane formten Kamtschatka. Kamtschatka wird vom höchsten aktiven Vulkan Eurasiens überragt - vom Klyuchevskoy (4.750 m), der 1994 ausgebrochen ist und seither ständig wächst. Eine weitere Attraktion auf Kamtschatka ist das Tal der Geysire mit etwa 90 Geysiren

**❺** Das Altai Gebirge ist ein bis zu 4506 m hohes Hochgebirge im Grenzgebiet von Kasachstan, Russland, der Mongolei und China. Es erstreckt sich über rund 2100 km Länge vom Quellgebiet der Flüsse Irtysch und Ob in Südsibirien bis in die Trockenregionen Xinjiangs und zum ostmongolischen Hochplateau. Zedern, Kiefern, Lärchen, Fichten und Birken bewachsen die Hänge bis 1800 m. Der Altai ist reich an Bodenschätzen wie Kohle, Blei und Zink, Edelmetallen und Eisenerz. Bereits 1931 wurde das Altai Naturreservat mit dem Telezker See begründet. Mittlerweile hat sich starker Hochgebirgstourismus entwickelt.

**❻** Solowetzki Kloster. Die größte der sechs Inseln im Weißen Meer ist dicht bewaldet und zT unberührte Landschaft mit mildem Klima. Spuren eines 500-jährigen Klosterlebens beleben den Tourismus: Das Kloster liegt wehrhaft wie eine Zarenburg zwischen dem Heiligen See und dem Weißen Meer. Seit 1991 gehört die Kremlanlage zum Welterbe der Unesco.. 1429 ließen sich Einsiedler hier nieder, errichteten ein Kloster, das zur Festung mit 500 Mönchen ausgebaut wurde. Solowetzkij war eines der reichsten Klöster Russlands. 1920 schlossen die Bolschewiki das Kloster, Stalin ließ eines seiner berüchtigten Straflager errichten. 1986 wurde es der Kirche zurückgegeben.

**❼** Der Baikalsee hat eine Fläche von 31.722 km² und ist mit 1624 m der tiefste See der Erde; er enthält mit 23.615,39 km³ die größten flüssigen Süßwasserreserven der Welt; sein Wasserinhalt übertrifft den der Ostsee. Abwässer aus Papier und Zellstoffwerken sowie eine dramatische Überfischung bedrohten das ökologische Gleichgewicht des Sees. 1996 wurde die riesige Baikalregion von der UNESCO in die Liste des Welterbes als Weltnaturerbe aufgenommen.

**❽** Das Stadtzentrum von Jaroslawl gehört zum UNESCO-Weltkulturerbe. Die Stadt an der Wolga gilt als Geburtsstätte des russischen Theaters. Das älteste Bauwerk der Stadt ist das Christi-Verklärungs-Kloster. Die Fundamente des Klosters wurden bereits im 13. Jahrhundert gelegt. Es war eines der Lieblingsklöster von Iwan IV., bekannt als Iwan der Schreckliche, und wurde vor 150 Jahren in ein Museum umgewandelt. Das Museumsreservat umfasst weitere sechs Kirchen, die in den Traditionen der Jaroslawler Architektur des 18. Jahrhundert errichtet worden sind.

# Nordamerika

## Arbeitsaufgaben

**1.** Tragen Sie die in der Karte angeführten Städte, Gewässer usw. in die Tabelle bzw. Kästchen ein.

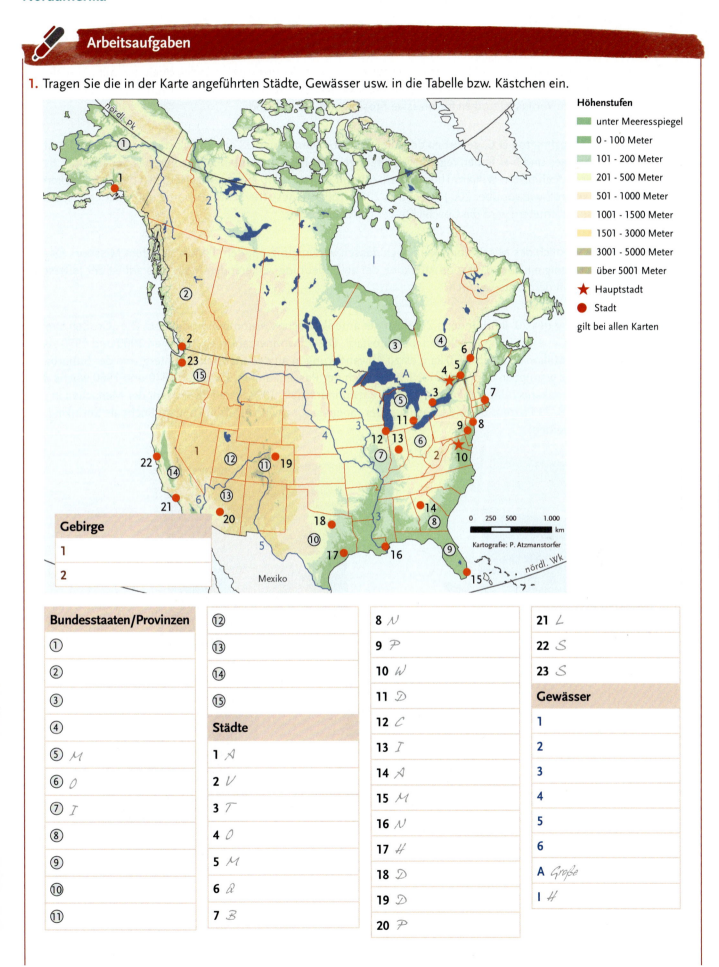

**Höhenstufen**

- unter Meeresspiegel
- 0 - 100 Meter
- 101 - 200 Meter
- 201 - 500 Meter
- 501 - 1000 Meter
- 1001 - 1500 Meter
- 1501 - 3000 Meter
- 3001 - 5000 Meter
- über 5001 Meter
- ★ Hauptstadt
- ● Stadt

gilt bei allen Karten

Kartografie: P. Atzmanstorfer

| Gebirge | |
|---|---|
| 1 | |
| 2 | |

| Bundesstaaten/Provinzen | | ⑫ | | 8 *N* | | 21 *L* | |
|---|---|---|---|---|---|---|---|
| ① | | ⑬ | | 9 *P* | | 22 *S* | |
| ② | | ⑭ | | 10 *W* | | 23 *S* | |
| ③ | | ⑮ | | 11 *D* | | **Gewässer** | |
| ④ | | **Städte** | | 12 *C* | | 1 | |
| ⑤ *M* | | 1 *A* | | 13 *I* | | 2 | |
| ⑥ *O* | | 2 *V* | | 14 *A* | | 3 | |
| ⑦ *I* | | 3 *T* | | 15 *M* | | 4 | |
| ⑧ | | 4 *O* | | 16 *N* | | 5 | |
| ⑨ | | 5 *M* | | 17 *H* | | 6 | |
| ⑩ | | 6 *A* | | 18 *D* | | A *Große* | |
| ⑪ | | 7 *B* | | 19 *D* | | I *H* | |
| | | | | 20 *P* | | | |

**2. Kulturelle und landschaftliche Ziele Nordamerikas:** Ordnen Sie die Texte den Bildern zu:

**❶** South Dakota Badlands

Der Badlands-Nationalpark in Süddakota ist eine durch Erosion in Jahrmillionen geformte Landschaft, die durch ihre bizarren Formen fasziniert. Badlands besitzen steile Hänge, lockere, trockene Böden und tiefen Sand, was die Durchquerung sowie andere Nutzungen erschwert. Badlands formen sich in ariden Regionen mit unregelmäßigen, aber sehr starken Niederschlagsereignissen, karger Vegetation und lockeren Sedimenten – dies sind allesamt sehr gute Voraussetzungen für massive Erosion und Denudation.

**❷** Washington

Das Capitol in Washington D.C. gehört zu den ältesten Gebäuden in der US-amerikanischen Hauptstadt. Es ist Sitz des Kongresses und hier finden regelmäßig Sitzungen des Repräsentantenhauses und des Senats statt. Es wurde 1793 vom Architekten William Thornton erbaut und im Jahr 1800 eingeweiht. Heute ist der Gebäudekomplex dreimal so groß wie vor über 200 Jahren. Das 2008 eröffnete Besucherzentrum wurde unter der Erde erbaut. Auf 54 000 Quadratmetern wird die Geschichte der USA ausgestellt.

**❸** St. Louis

St. Louis liegt westlich des Mississippis kurz nach dessen Vereinigung mit dem Illinois und dem Missouri. Das Stadtgebiet ist wenig einladend, einzige Attraktion der an Bedeutung verlierenden Industriestadt ist der Jefferson Memorial Park mit dem Gateway Arch.

**❹** Detroit

Detroit war Anfang des 20. Jahrhunderts Zentrum der amerikanischen Automobilproduktion. Die „Großen Drei" – Chrysler, Ford, General Motors – schufen die Autostadt. Die Einwohnerzahl stieg zwischen 1900 und 1950 von 285 700 auf 1,85 Millionen. Nach 1950 kam es zu Abwanderungen an den Stadtrand. Hintergrund der Suburbanisierung Detroits war neben dem Automobilismus auch der Rassenkonflikt. Zwischen 1940 und 1960 wuchs der Anteil der Afroamerikaner/innen auf ein Drittel der Einwohnerschaft. 1998 waren 78 Prozent der Menschen in den Vororten weiß, 79 Prozent der Menschen aus der Innenstadt schwarz. Detroit kann zu Recht als Shrinking City bezeichnet werden.

**❺ Mississippi**

Ein 3 778 Kilometer langer Strom, der im nördlichen Minnesota entspringt und südlich von New Orleans in den Golf von Mexiko mündet, nachdem er nahezu das ganze Staatsgebiet der USA durchquert. Er entwässert das Gebiet zwischen den Rocky Mountains im Westen und den Appalachen im Osten. Das Delta bei New Orleans bildet eines der größten Mündungsgebiete der Vereinigten Staaten.

**❻ Monument Valley Arizona**

Das Monument Valley liegt an der Grenze zwischen Arizona und Utah in einer Höhe von fast 1 900 m. Niederschläge, Temperaturunterschiede sowie der Wind haben wesentlich dazu beigetragen, die heutige Landschaft zu formen. Das vor 70 Millionen Jahren gehobene Plateau unterliegt permanenter Erosion, die Härtezonen bilden die markanten Tafelberge.

**❼ Großer Salzsee, Utah**

Der Große Salzsee in Utah hat eine Fläche von etwa 4 400 Quadratkilometern. Die Tiefe des Sees liegt bei etwa durchschnittlich 4,5 Meter. Er ist ein Überrest eines prähistorischen Sees im Großen Becken. Nach ihm wurde die Stadt Salt Lake City benannt, die Stadt und ihre Vororte liegen an der Ostküste des Sees. Im Westen und Südwesten schließt die Große Salzwüste an.

**❽ Banff-Nationalpark**

Der in den Rocky Mountains gelegene älteste kanadische Nationalpark mit seiner großen Tierpopulation von u.a. Schwarz- und Grizzlybären stellt eine große Touristenattraktion dar, was besonders in den Sommermonaten zu Konflikten führt. Massive Beschränkungen sind die Folge.

**❾ Vancouver**

Die Stadt Vancouver mit ihren 611 000 Einwohnern entstand in den 1860er-Jahren als Folge der Einwanderungswelle während eines Goldrauschs und entwickelte sich innerhalb weniger Jahrzehnte zu einer Metropole. Die Wirtschaft basierte zu Beginn auf der Ausbeutung der natürlichen Ressourcen von British Columbia. Der größte Hafen Kanadas exportiert mehr Güter als jeder andere Hafen in Nordamerika. Vancouver wandelte sich mit der Zeit zu einem Dienstleistungszentrum und zu einer Tourismusdestination.

**10** Kalifornien Weinbau

Kalifornien hat sich zum bekanntesten Weinbaugebiet Amerikas entwickelt. Die Gegenden im Einflussbereich der Küste (u. a. Napa Valley) haben relativ niedrige Tagestemperaturen. Dadurch bleibt die Säure in den Trauben, es werden fruchtige Qualitätsweine gekeltert, ideal etwa für Cabernet Sauvignon. Das Central Valley mit heißem sonnigen Klima erstreckt sich von Bakersfield bis nördlich von Sacramento. Dabei spielen die kühlen Ausläufer der Sierra Nevada im Osten für den Weinanbau eine wichtige Rolle.

**11** Pueblo-Indianersiedlung

Das Canyon de Chelly National Monument, „d'sche[i]i" ausgesprochen, umfasst mehr als 2 500 archäologische Stätten, deren Ursprünge auf die Zeit zwischen 1500 v. Chr. und 1350 n. Chr. zurück reichen, und wird als eine der ältesten fortwährend besiedelten Stätten Nordamerikas betrachtet. Unter diesen Stätten befinden sich auch gemauerte Felsenwohnstätten, die in die Höhlen und Vertiefungen der Canyonwände eingelassen sind. In der Mitte des Navajo-Indianerreservats gelegen, ist es auch heute noch das Zuhause vieler Navajo, die im Canyon leben und sich dessen Ressourcen zunutze machen. Als beachtenswerte Stätten gelten White House Ruins, eine der bekanntesten Anasazi-Felsenwohnungen.

**12** Nunavut – Baffin Island: Baffin Island liegt im autonomen kanadischen Territorium von Nunavut und ist mit 507 000 km² die größte Insel Kanadas im arktischen Archipel. Der Mittelpunkt des extrem dünn besiedelten Landes ist Iqaluit. Die Insel bietet Touristen einzigartige Erfahrungen: Eisbären sind ebenso zu sehen wie das Nordlicht und zwischen Eisbergen kann man mit dem Kajak fahren.

**13** Lages Vegas größte Stadt Nevadas, hat 630000 EW und erstreckt sich über 340 km². 40 Millionen Reisende besuchen jährlich die Welthauptstadt des Glücksspiels, das bereits 1931 legalisiert worden ist und zu einem Bauboom für Casinos führte. Erst ab den 1990 Jahren kam es zum Umschwung von einer Stadt des Glücksspiels, der Prostitution und Verbrechen zu einer City of Entertainment.

**14** Everglades Nationalpark wurde 1947 von US-Präsident Harry S. Truman gegründet und wurde 1979 von der UNESCO zum Weltnaturerbe erklärt. Die Indianer nannten das riesige Feuchtgebiet „Pa-hay-okee", „Fluss aus Gras". Tatsächlich sind die Everglades kein Sumpf, sondern ein träge fließender Fluss, dessen Strömung man mit bloßem Auge kaum wahr nimmt. Bei den Everglades handelt es sich um ein Feuchtgebiet mit gigantischen Ausmaßen, das während der Sommermonate überflutet ist und im Winter austrocknet. Der NP erstreckt sich über 6 000 km², der höchste Punkt liegt nur 2,4 m über dem Meeresspiegel.

# Europa und die Europäische Union

Nach der Bearbeitung dieses Kapitels kann ich

- die Gründungsidee, die Entwicklung und die wirtschaftliche Integration der EU wiedergeben;
- die Ziele der Regionalentwicklung und des EU-Haushalts darstellen;
- die politische und wirtschaftliche Entwicklung in den neuen EU-Ländern, den Beitrittskandidaten und den Nicht-EU-Ländern analysieren;
- ökonomische Daten von europäischen Staaten und Regionen vergleichen;
- Vor- und Nachteile der wirtschaftlichen Zusammenarbeit in Europa bewerten;
- die Entwicklung von Europaregionen, der Gemeinsamen Agrarpolitik und der Fortschritte im Beitrittsprozess europäischer Staaten problematisieren.

# 1 Die Europäische Union

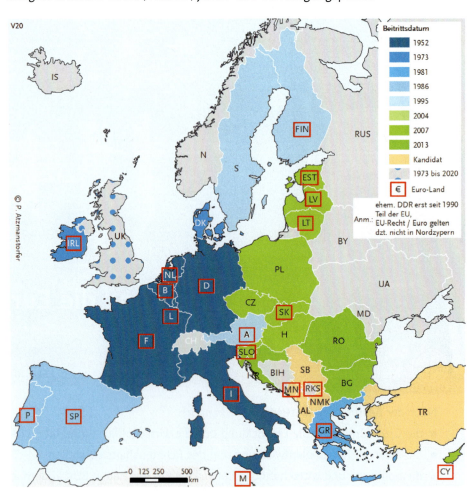

*Der Zweite Weltkrieg forderte Millionen Opfer und verursachte ungeheure wirtschaftliche Zerstörungen. Deshalb schlug 1950 der französische Außenminister Robert Schuman vor, die Kohle- und Stahlindustrie – die Schlüsselindustrien zur Kriegsführung – Frankreichs und Deutschlands gemeinsam zu verwalten. Dadurch sollte künftig eine einseitige Aufrüstung als Voraussetzung für militärische Aggression, wie es in den 1930er-Jahren geschehen war, vermieden werden. Seine Vision „Nie mehr wieder Krieg in Europa" sollte zwischen den Ländern der heutigen EU Realität werden, eine Tatsache, die vor 60 Jahren im „Kontinent des beinahe immerwährenden Krieges" niemand zu träumen wagte.*

TöGEthé®
S I N C E  1 9 5 7

Die EU erhielt 2012 den Friedensnobelpreis.

■ Prüfen Sie, ob sich die Gründungsidee der EU vom „Nie mehr wieder Krieg in Europa" bewahrheitet hat.

## 1.1 Die EU umfasst bis 2018 28 Mitgliedsländer

Aus dem von sechs Gründungsstaaten geschlossenen Vertrag der Europäischen Gemeinschaft für Kohle und Stahl (EGKS) entwickelte sich die Europäische Union (EU) mit 28 Mitgliedsstaaten. Die EU ist heute eine umfassende wirtschaftliche Gemeinschaft von europäischen Staaten mit Ansätzen zu einer politischen Union mit gemeinsamer Innen-, Außen-, Justiz- und Verteidigungspolitik.

■ Stellen Sie mithilfe der Karte das Beitrittsdatum fest. Gruppieren Sie die Staaten nach den Jahreszahlen der Legende.

Die Europäische Union: Mitgliedstaaten, Beitrittskandidaten, Euro – Stand 2020

■ Benennen Sie die Beitrittskandidaten.

Wie sich die EU in den nächsten Jahren entwickeln wird, ist ungewiss. Der soziale, wirtschaftliche und demografische Wandel stellt die EU mit ihren 500 Millionen Bürgern und Bürgerinnen vor große Herausforderungen. Vor allem aber sind die gegenwärtige Coronakrise und die großen wirtschaftlichen Ungleichgewichte zwischen den Staaten keineswegs überwunden.

# 1.2 Beispiele europäischer Verträge

Im Gegensatz etwa zu den USA ist die Europäische Union kein Staat. Die Mitgliedsstaaten sind nach wie vor selbstständig, haben aber durch verschiedenste Verträge Teile ihrer Aufgaben gemeinschaftlich geregelt. Dies trifft besonders auf die Wirtschaft zu. In politischen Angelegenheiten ist die Zusammenarbeit viel weniger ausgeprägt. Zwar existieren auch hier Verträge, die aber meist viel weniger konkret die einzelnen EU-Bürger/innen betreffen, als die Zusammenarbeit in der Wirtschaft. Auch sind diese Übereinkünfte immer wieder umstritten und es ist schwierig, einen Konsens zwischen allen Mitgliedsstaaten für eine weitergehende Zusammenarbeit zu schaffen.

Bei allen Schwächen, die mit dem Zusammenschluss von so unterschiedlichen Staaten verbunden sind, die Idee der Gründungsväter der heute Europäische Union genannten Zusammenarbeit „Nie wieder Krieg", konnte nunmehr seit mehr als 60 Jahren zwischen den teilnehmenden Staaten verwirklicht werden – keine Selbstverständlichkeit, wer die europäische Geschichte nur ansatzweise kennt.

### Europäische Verträge - Auswahl

- 1952: Europäische Gemeinschaft für Kohle und Stahl (EKGS)
- 1957: Europäische Wirtschaftsgemeinschaft (EWG) - Römische Verträge
- 1991: Gründung der Europäischen Union (EU) - Vertrag von Maastricht
- 1993: Inkrafttreten des Europäischen Binnenmarkts
- 2002: Einführung des Euro
- 2009: EU-Reformvertrag - Vertrag von Lissabon

### Beispiel: Vertrag von Lissabon

Der 2009 abgeschlossene Vertrag von Lissabon regelt u. a. das Zusammenspiel der EU-Mitgliedsstaaten, definiert die Aufgabenstellungen von EU-Institutionen und gibt den EU-Bürgern/-bürgerinnen neue Rechte. Auch Schritte eines freiwilligen Austrittes eines EU-Staates sind erstmals geregelt. Durch diesen Vertrag soll die EU v. a. im politischen Bereich sowohl intern als auch in ihrer Außenwirkung als Global Player handlungsfähiger werden.

**Wichtige Neuerungen des Vertrages von Lissabon**

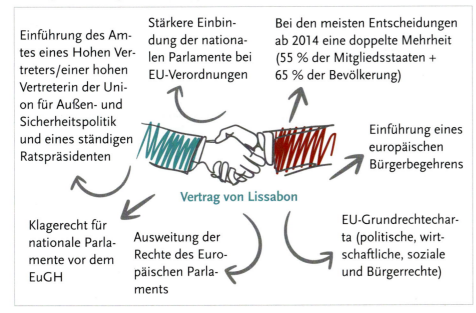

Einführung des Amtes eines Hohen Vertreters/einer hohen Vertreterin der Union für Außen- und Sicherheitspolitik und eines ständigen Ratspräsidenten

Stärkere Einbindung der nationalen Parlamente bei EU-Verordnungen

Bei den meisten Entscheidungen ab 2014 eine doppelte Mehrheit (55 % der Mitgliedsstaaten + 65 % der Bevölkerung)

Einführung eines europäischen Bürgerbegehrens

**Vertrag von Lissabon**

Klagerecht für nationale Parlamente vor dem EuGH

Ausweitung der Rechte des Europäischen Parlaments

EU-Grundrechtecharta (politische, wirtschaftliche, soziale und Bürgerrechte)

Die meisten Verträge der EU werden nach den Städten benannt, in denen sie unterzeichnet wurden. Hier Lissabon, wo entscheidende Weichen für die politische Zusammenarbeit in der EU gestellt wurden.

■ Diskutieren Sie die Vor- und Nachteile der Nichtstaatlichkeit der EU.

■ Erörtern Sie die Bedeutung der angeführten Punkte des Vertrags von Lissabon in Bezug auf die Einbindung der EU-Bürger/innen in Entscheidungsprozesse.

## Das Schengener Abkommen

**Die Staaten des Schengener Abkommens**

- ■ Vollanwenderstaaten
- ■ Nicht-EU-Schengenmitglieder (IS+N+CH)
- ■ Zukünftige Mitglieder (RO+BG+CY+HR)
- ■ Kooperierende Staaten (UK+IRL)

💡 Zwar können die Vertreter/innen der EU-Mitgliedsländer zu außenpolitischen Themen gemeinsame Standpunkte festlegen und diese durch gemeinsame Aktionen wie Sanktionen durchsetzen, die unterschiedlichen Interessen der Mitgliedsländer verhindern vielfach eine **Gemeinsame Außen- und Sicherheitspolitik (GASP).**

## Beispiel Schengener Abkommen

Das Schengener Abkommen (1985) legt fest, die Grenzkontrollen zwischen den teilnehmenden Staaten im Normalfall abzuschaffen. Um im Wettlauf mit den immer professionelleren, international agierenden Kriminellen bestehen zu können, sollten einerseits die Zusammenarbeit der Sicherheitskräfte verstärkt und andererseits die Außengrenzen besser überwacht werden.

Polizeikräfte, die bislang Reisende an den EU-Binnengrenzen mehr oder weniger kontrollierten, sollten viel besser eingesetzt werden. Dazu wurde das datenbankbasierte **Schengen-Informationssystem** (SIS) geschaffen, auf dessen Daten alle nationalen Polizeibehörden zugreifen können und das international ergänzt wird. Es erfasst:

- ■ Personen, die unter Verdacht stehen, eine Straftat begangen zu haben – zum Zweck der Festnahme,
- ■ Angehörige von Drittstaaten – zur Einreiseverweigerung,
- ■ Personen, deren Aufenthalt ermittelt werden soll,
- ■ gestohlene Sachen, insbesondere Waffen und Kraftfahrzeuge.

Die Polizei kontrolliert bei der Einreise ins „Schengen-Land" genau, auch abseits der bisherigen Grenzübergänge. Zusätzlich werden auch Kontrollen, z. B. in Zügen abseits der Grenzen durchgeführt. Ergänzend arbeiten die Polizei- und Zollbehörden im Europäischen Polizeiamt (Europol), die Justizbehörden in der Einheit für justizielle Zusammenarbeit (Eurojust) zusammen und man arbeitet daran, Strafvorschriften anzugleichen.

Die große Flucht- und Migrationsbewegung 2015/2016 stellte auch das Schengen-System vor große Herausforderungen. Ob und wann wieder das Schengener Abkommen voll angewendet werden kann und die wieder aufgenommenen Grenzkontrollen zwischen einzelnen Mitgliedsstaaten aufgehoben werden, ist mit Stand 2019 völlig unklar.

## Beispiele der Zusammenarbeit in der EU

| | |
|---|---|
| **Binnenmarkt** | Förderung von Regionen bzw. des ländlichen Raumes |
| **Struktur- und Agrarpolitik** | Überwachung der Außengrenzen gegen illegale Migration (FRONTEX) |
| **Wirtschafts- und Währungsunion** | Kooperation der Justiz (Eurojust) |
| **Zusammenarbeit in der Innenpolitik** | Euro |
| **Zusammenarbeit in der Rechtspolitik** | Fall der Grenzen in der Wirtschaft |
| **Gemeinsame Außenpolitik** → | Koordination gemeinsamer Standpunkte zu außenpolitischen Themen |
| **Gemeinsame Sicherheitspolitik** | Kooperation der Polizeibehörden (Europol) |

## Arbeitsaufgaben

1. Erörtern Sie die Stärken und Schwächen des Schengener Abkommens.

2. Problematisieren Sie das Fehlen einer wirksamen Gemeinsamen Außen-und Sicherheitspolitik.

3. Ordnen Sie in der Tabelle die Formen der Zusammenarbeit mit Pfeilen den angeführten Beispielen zu.

## 1.3 Großbritanniens Austritt aus der EU („Brexit")

### Von der industriellen zur konservativen Revolution

Die industrielle Revolution begann im England des 18. Jahrhunderts mit einer Konzentration auf die Schwer- und Textilindustrie. Das weltumspannende Kolonialreich schuf einen Überseemarkt für britische Produkte, was dem Land erlaubte, während des 19. Jahrhunderts den internationalen Handel zu kontrollieren. Als sich die Industrialisierung über zahlreiche Staaten auszubreiten begann, erlebte Großbritannien im 20. Jahrhundert den langsamen Niedergang seiner Schwerindustrie. Durch den Zusammenbruch des Kolonialreiches nach dem Zweiten Weltkrieg ging auch der Status einer Weltmacht verloren – das British Empire ging zu Ende, Großbritannien wurde Teil des Commonwealth of Nations.

Premierministerin Margaret Thatcher leitete in den 1980er-Jahren eine konservative Wende ein und schuf mit einer weitgehenden Privatisierung eine Volkswirtschaft, die auf den Prinzipien der Liberalisierung, des freien Marktes, niedriger Besteuerung und geringer staatlicher Regulierung beruht. Diese hat sich später in den USA als beherrschendes Wirtschaftssystem ausgebreitet. Heute dominiert in der fünftstärksten Wirtschaftsmacht der Welt der Dienstleistungssektor im Speziellen der Sektor der Finanzdienstleistungen.

In Dover wird bereits an der Entfernung der EU-Sterne begonnen.

### Großbritannien und das übrige Europa – ein ständiger Machtkampf

Großbritanniens Politik war es seit Jahrhunderten, sich gegen das Entstehen einer Übermacht am europäischen Kontinent zur Wehr zu setzen. Gefahr für das Königreich drohte u. a. von Spanien, Frankreich, Russland, dem Deutschen Reich und später der Sowjetunion. So war es gerade Großbritannien, das in diesem Sinn mitgeholfen hat, Europa von den Nationalsozialisten zu befreien.

### Großbritannien und die EU – ungeliebte Freunde

Als Großbritannien erkannte, dass der in Europa 1957 erfolgte Zusammenschluss von sechs Staaten zur EWG diesen wirtschaftliche Vorteile brachte, strebte GB ebenfalls seinen Beitritt an, der schließlich 1973 erfolgte. Von der EWG (ab 1993 EG) erwarteten sich die Briten wirtschaftliche Vorteile, eine Modernisierung der eigenen Industrie und eine stabile Partnerschaft, ohne jedoch den Euro als gemeinsame Währung übernehmen zu wollen. Im Zuge der Intensivierung der Integration begann in GB die Ablehnung gegen die EU zu wachsen. Unter Premier David Cameron wählten die Briten 2013 in einem Referendum den Austritt aus der EU — der „Brexit" war nun nicht mehr aufzuhalten. In der Folge kam es unter Premierministerin Theresa May zu mehrjährigen Verhandlungen über den Modus des Austritts. Dieser wurde von ihrem Nachfolger Boris Johnson mit 31.1.2020 festgelegt.

Die 52 Staaten des Commonwealth of Nations sind ein Verbund aus Ländern des früheren British Empire. Der Staatenbund wurde 1931 gegründet, als sich die größten und einflussreichsten ehemaligen Kolonien Kanada, Südafrika, Australien und Neuseeland von der Britischen Krone unabhängig machen wollten. Er zählt heute 52 Mitglieder mit 2,49 Mrd. Einwohnern.

London war lange Zeit der größte Finanzplatz der Welt. 2019 wurde London von New York abgelöst. Die Stadt ist Sitz der London Stock Exchange, von Lloyd's of London, der Bank of England und von zahlreichen Banken wie HSBC, Citigroup und Barclays.

*Quelle: global financial centres index 2019*

 Vermögensverwalter wählten Dublin, Luxemburg, Paris, Frankfurt und Amsterdam als künftigen Sitz. Für Frankfurt entschieden sich insbesondere die Banken, für Amsterdam die meisten Handelshäuser.

## Brexit – und was nun?  Verhandeln, verhandeln, verhandeln

Doch nun laufen in einer Übergangsphase Verhandlungen über Freihandelsabkommen, die bis Ende 2020 abgeschlossen sein müssen, sonst gibt es den allseits gefürchteten „Hard Brexit". (Stand März 2020)

Noch ringt das britische Parlament um den Brexit-Vertrag. Die Finanzindustrie handelte bereits und hat einer unabhängigen Studie zufolge bereits 1200 Milliarden Dollar Vermögen aus dem Vereinigten Königreich abgezogen. Die Auswirkungen des Brexit auf die Finanzindustrie in Großbritannien sind größer als angenommen. Der Finanzplatz London ist sehr stark betroffen. Diese Entwicklung werde sich noch verschärfen. Das wird Großbritanniens Einfluss in der europäischen Finanz- und Bankenbranche verringern, die Steuereinnahmen aus dem Wirtschaftszweig reduzieren und die Finanzdienstleistungsausfuhren in die EU verringern. Einer Untersuchung zufolge ziehen mehr als 275 Finanzfirmen Vermögenswerte von insgesamt 1,2 Billionen Dollar aus Großbritannien und hier insbesondere London ab. 5000 Beschäftigte ziehen um oder werden an den neuen Standorten eingestellt.

*Nach: Manager Magazin 24. März 2020*

Verhandlungslösungen werden derzeit noch für folgende Themen gesucht: Einhaltung der Umwelt-, Sozial-, Steuer- oder Warenstandards durch GB, Zölle, Warenkontrolle an den Grenzen, Fischfang in der Nordsee, Reisefreiheiten, Arbeitsrechte für EU-Bürger in GB und umgekehrt, Verbrechensdatenaustausch und die Höhe der britischen Zahlungen an die EU. Eine Lösung gibt es bereits für den Grenzverkehr zwischen Nordirland und der Republik Irland: dort gelten die Binnenmarktregelungen weiter. Sollten die Verhandlungen zwischen GB und der EU scheitern, wäre dies eine besondere Herausforderung für die britische Automobilindustrie, für deren Landwirtschaft sowie für Hunderttausende kleine und mittlere Unternehmen, denn über die Hälfte der Exporte gehen in die EU und diese müssten dann alle gesondert geregelt werden.

Übergangsphase heißt: Großbritannien ist zwar raus und offiziell Drittstaat, hält sich aber bis Ende 2020 an alle EU-Regeln und zahlt in den EU-Haushalt ein.

Alle EU-Programme laufen in Großbritannien weiter. Nur darf das Land in Brüssel nicht mehr mitreden.

*https://orange.handelsblatt.com, 2020*

## Arbeitsaufgaben

1. Wiederholen Sie die regionalen Disparitäten Großbritanniens.

2. Recherchieren Sie im Internet: Welche Staaten gehören zum Commonwealth, welche Außengebiete besitzt Großbritannien?

3. Skizzieren Sie den Weg Großbritanniens von der industriellen Revolution zum mächtigsten Finanzplatz der Welt bis zum Brexit.

4. Verfolgen Sie in den Medien die Auswirkungen des Brexit sowohl auf Großbritannien als auch auf die EU.

5. Stellen Sie Vermutungen an, warum es für Irland so bedeutend ist, dass es gegenüber Nordirland zu keiner Änderung gegenüber dem bisherigen Zustand kommt.

# 2 Die wirtschaftliche Integration Europas

*Kernstück der europäischen Integration ist die wirtschaftliche Zusammenarbeit. Über mehrere Zwischenschritte vereinbarten die EU-Staaten u. a. den EU-Binnenmarkt, der die wirtschaftlichen Grenzen weitgehend verschwinden ließ, ebenso wie die Wirtschafts- und Währungsunion.*

## 2.1 Der europäische Binnenmarkt

Die europäischen Volkswirtschaften sind für die Herausforderungen der Globalisierung, der internationalen Arbeitsteilung und der Ausweitung des Welthandels vergleichsweise klein. Um international bestehen zu können, wurde der europäische Binnenmarkt vereinbart. Daran nehmen alle EU-Staaten, sowie Liechtenstein, Island und Norwegen teil, die den Europäischen Wirtschaftsraum (EWR) bilden. Der Binnenmarkt kennzeichnet sich durch folgende Prinzipien:

Der Energiedrink durfte vor dem Inkrafttreten des Binnenmarktes nicht in allen EU-Staaten verkauft werden.

### Der freie Warenverkehr

bedingt den Abbau aller Zollschranken und technischen Handelshemmnisse. Es bestehen also keine Handelsbarrieren mehr. Jedes Produkt, das in einem EU-Staat produziert wird, muss ungehindert auch in allen anderen EU-Staaten erhältlich sein. Dazu erfolgt eine Vereinheitlichung in den Bereichen Gesundheitsschutz oder technische Sicherheit. Dies erfolgt in Form von Richtlinien. Strengere nationale Gesetze, wie das Lebensmittelgesetz in Österreich, sind für die Produktion eigener Güter nach wie vor erlaubt. Für importierte Waren aus anderen EU-Staaten gelten jedoch die Bestimmungen ihrer Herkunftsländer.

### Der freie Personenverkehr

ermöglicht es EU/EWR-Bürgern und Bürgerinnen, ohne Arbeitsbewilligung in jedem anderen EU/EWR-Staat zu arbeiten. Hier sind sie inländischen Arbeitnehmern und Arbeitnehmerinnen gleichgestellt. Eine weitgehende Anerkennung der Ausbildung, Zeugnisse und Prüfungen erleichtert die grenzüberschreitende, freie Berufsausübung. Die Gleichbehandlungspflicht schützt EU-Bürger/innen in jedem Mitgliedsstaat vor arbeitsrechtlichen Benachteiligungen. Sozialrechtlich wie z. B. bei Arbeitslosigkeit werden diese in jenem EU-Staat unterstützt, in dem sie zuletzt gearbeitet haben.

### Der freie Dienstleistungsverkehr

ermöglicht Unternehmen Dienstleistungen in einem anderen EU-Land anzubieten. Es gelten grundsätzlich die gleichen lohn- und sozialrechtlichen Bedingungen wie im Zielland. Damit soll verhindert werden, dass z. B. ostmitteleuropäische Unternehmen mit ihrem niedrigeren Lohn- und Sozialniveau Unternehmen, die höheren Standards unterliegen, vom Markt verdrängen. Weiters können EU-Bürger/innen ein Gewerbe in jedem anderen EU-Staat als Selbstständige ausüben.

### Durch den freien Kapitalverkehr

unterliegen Kapitalflüsse zwischen den EU-Mitgliedsstaaten keinen nationalen Kontrollen. Die Kapitalmarktgeschäfte müssen zu gleichen Bedingungen zwischen allen EU-Staaten durchgeführt werden können. So dürfen beispielsweise Banken bei Überweisungen ins EU-Ausland nicht mehr höhere Gebühren als bei Inlandsüberweisungen verrechnen.

### Nachteile des Binnenmarktes

Generell profitieren die Wirtschaft und die Konsumenten und Konsumentinnen vom EU-Binnenmarkt. Allerdings gibt es auch einige negative Aspekte, wie z. B.:

- Der Wettbewerb und die härtere Konkurrenz für Unternehmen fördert zwar die Wettbewerbsfähigkeit, allerdings halten nicht alle Unternehmen diesem Druck stand. Sie kündigen Arbeitskräfte oder es kommt zu Betriebsstilllegungen.
- Der Druck auf Löhne, soziale Standards und Arbeitnehmer/innen-Rechte wächst, diese werden tendenziell reduziert.

## Arbeitsaufgabe

- Nehmen Sie zu den folgenden Aussagen zum EU-Binnenmarkt Stellung:
  - Ich habe eine viel größere Warenauswahl.
  - Ich kann im EU-Ausland einmal problemlos arbeiten.
  - Ich kann mir viel Geld ersparen.
  - Für mich wird der Einkauf im Internet günstiger.
  - Die „Erfolgreichen" profitieren, die „weniger Erfolgreichen" haben die Nachteile.

## 2.2 Die Wirtschafts- und Währungsunion (WWU)

Der EU-Binnenmarkt ist der Kern des gemeinsamen Wirtschaftsraums, in dem in wirtschaftlichen Belangen die Grenzen kaum noch eine Rolle spielen. So ist es bspw. egal, in welchem EU-Staat eine Ware produziert und verkauft oder eine Dienstleistung erbracht wird. Beide können ungehindert angeboten und gekauft werden. Als logische Konsequenz wurde von 1999 – 2002 in den meisten EU-Staaten als gemeinsame Währung der Euro eingeführt, der die nationalen Währungen ablöste.

### Arbeitsaufgabe

- Untersuchen Sie mithilfe der Tabelle die Vor- bzw. Nachteile des Euro.

| Vor- und Nachteile des Euro | + | – |
|---|---|---|
| Geringere Abhängigkeit Europas vom US-Dollar | | |
| Teilweise Preissteigerungen bei der Währungsumstellung | | |
| Exportorientierte Unternehmen sparen Kosten, weil sie keine Umrechnungsspesen im Euro-Raum haben | | |
| Spekulation gegen kleine Währungen nicht mehr möglich | | |
| Abhängigkeit der Einzelstaaten von den anderen Euro-Staaten | | |
| Geringerer wirtschaftspolitischer Spielraum der Staaten | | |
| Vergleichbarkeit von Preisen | | |
| Keine Geldumwechslungen von Reisenden | | |

### Die Konvergenzkriterien – Voraussetzungen für die Teilnahme am Euro

Damit der Euro funktioniert, wurden „Spielregeln", die sogenannten Konvergenzkriterien, vereinbart, an die sich alle Staaten halten müssen, die die gemeinsame europäische Währung verwenden oder einführen möchten. Die Kriterien sollen verhindern, dass sich einzelne Staaten auf Kosten der anderen Vorteile verschaffen und diese wirtschaftlich schädigen. Sie lauten vereinfacht:

| Konvergenzkriterien | | | |
|---|---|---|---|
| **Inflationsrate** | **Jährliches Budgetdefizit** | **Öffentliche Schulden** | **Langfristige Zinssätze** |
| Inflationsrate: max. 1,5 % über der Rate der drei preisstabilsten Mitgliedsstaaten des Vorjahres | jährliches Budgetdefizit: max. 3 % des BIP | öffentliche Schulden (Staatsverschuldung): unter 60 % des BIP | langfristige Zinssätze: max. Punkte über den der drei preisstabilsten Länder des Vorjahres |

Allerdings verstoßen die meisten Euro-Staaten gegen die Kriterien „jährliches Budgetdefizit" und „öffentliche Schulden". Schon vor 2007 konnten diese Kriterien von den meisten Euro-Staaten nicht erfüllt werden, die Wirtschaftskrise ab 2007 verschärfte die Situation.

Der Vatikan als Nicht EU-Staat verwendet offiziell den Euro.

 Andorra, Monaco, San Marino, Liechtenstein, Vatikan sind assoziierte EURO Nutzer mit eigenen Münzen.

www.trauner.at/internationale_daten.aspx

## Arbeitsaufgaben

**1.** Erheben Sie für die Tabelle mit Hilfe des angegebenen Links die neuesten Zahlen.

| Auswahl Konvergenzkriterien – ausgewählte Länder | | | | | | |
|---|---|---|---|---|---|---|
| | Budgetdefizit in % des BIP | | | Staatsverschuldungin % des BIP | | |
| Land | 2009 | 2018 | | 2009 | 2018 | |
| Griechenland | -15,6 | +0,6 | | 129,7 | 182,5 | |
| Italien | -5,4 | -1,9 | | 116,4 | 131,1 | |
| Portugal | -10,2 | -0,7 | | 83,7 | 121,5 | |
| Irland | -13,7 | -0,1 | | 64,4 | 63,9 | |
| Belgien | -5,6 | -1,0 | | 95,7 | 101,4 | |
| Euro-Zone | -6,4 | -0,6 | | 80,0 | 86,9 | |
| Deutschland | -3,1 | +1,6 | | 74,5 | 60,1 | |
| Österreich | -4,1 | -0,3 | | 69,2 | 74,5 | |
| Estland | -2,0 | -0,5 | | 7,1 | 8,0 | |

*www.wko.at, 15. März 2019*

**2.** Erörtern Sie die Entwicklung der Zahlen im zeitlichen Verlauf.

**3.** Stellen Sie mithilfe der Karte zu Beginn des Kapitels jene Staaten fest, die zwar:

- EU-Mitglied sind, aber den Euro als Währung nicht verwenden,
- nicht EU-Mitglied sind, aber den Euro als Währung verwenden.

# 3 Reiche Regionen – arme Regionen

*Der Binnenmarkt kann nur funktionieren, wenn die gravierenden wirtschaftlichen Unterschiede zwischen den einzelnen EU-Staaten und Regionen ausgeglichen werden. Dazu verwendet die EU für verschiedene Programme Geldmittel, die über den EU-Haushalt vergeben werden.*

## 3.1 Regionale Disparitäten in der EU

Die Wirtschaftsleistung und der Lebensstandard der einzelnen EU-Staaten unterscheiden sich aus historischen und geografischen Gründen erheblich. Selbst innerhalb der einzelnen Staaten liegt kein einheitliches Bild vor. Ziel der EU ist es, durch verschiedene Programme die Disparitäten, d. h. diese Ungleichheiten abzubauen und die ärmeren Regionen der EU an die reicheren heranzuführen.

*Auch das ist EU-Europa: unsanierter Plattenbau in Bulgarien*

*Luxemburg, die reichste Region der EU*

### Indikator Kaufkraftparitäten

Ein wichtiger Kennfaktor der Wirtschaftskraft der Regionen ist das regionale Bruttoinlandsprodukt bezogen auf Kaufkraftparitäten. Dabei wird das unterschiedliche Preisniveau in die Berechnung einbezogen, da in Regionen mit geringerem Lohnniveau u. A. personenbezogene Dienstleistungen (wie z. B. Friseure/Friseurinnen, die Gastronomie) günstiger sind als in Regionen mit hohem Lohniveau und ohne diese Einberechnung das Bild verzerrt würde.

Das **Bruttoregionalprodukt** ist die regionale Entsprechung zum Bruttoinlandsprodukt (BIP). Es ist sozusagen das BIP einer Region (statt eines Staates).

### Arbeitsaufgabe

- Lokalisieren Sie in der Karte (auf der nächsten Seite) die ...
  - reicheren Regionen der EU,
  - ärmeren Regionen der EU,
  - reicheren Regionen Österreichs,
  - ärmeren Regionen Deutschlands und die
  - reicheren Regionen Italiens.

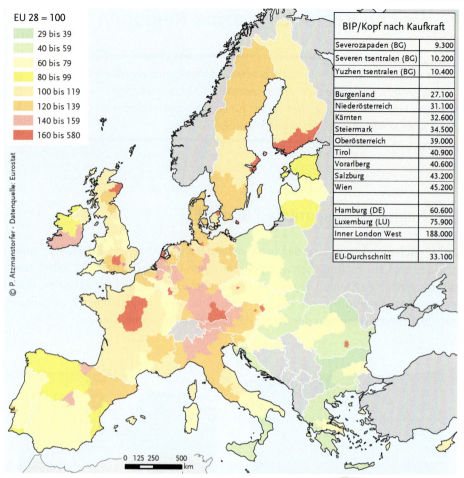

| EU 28 = 100 | |
| --- | --- |
| ![] 29 bis 39 | |
| 40 bis 59 | |
| 60 bis 79 | |
| 80 bis 99 | |
| 100 bis 119 | |
| 120 bis 139 | |
| 140 bis 159 | |
| 160 bis 580 | |

| BIP/Kopf nach Kaufkraft | |
| --- | --- |
| Severozapaden (BG) | 9.300 |
| Severen tsentralen (BG) | 10.200 |
| Yuzhen tsentralen (BG) | 10.400 |
| | |
| Burgenland | 27.100 |
| Niederösterreich | 31.100 |
| Kärnten | 32.600 |
| Steiermark | 34.500 |
| Oberösterreich | 39.000 |
| Tirol | 40.900 |
| Vorarlberg | 40.600 |
| Salzburg | 43.200 |
| Wien | 45.200 |
| | |
| Hamburg (DE) | 60.600 |
| Luxemburg (LU) | 75.900 |
| Inner London West | 188.000 |
| | |
| EU-Durchschnitt | 33.100 |

© P. Atzmanstorfer · Datenquelle: Eurostat

0 125 250 500 km

**NUTS 2:** Dies ist ein Gebiet zwischen 800 000 und 3 Mio EW, das etwa kleineren Verwaltungseinheiten eines Staates entspricht (Originalwortlaut: Nomenclature des unités territoriales statistiques), z. B. in Österreich die Bundesländer, in Deutschland die Regierungsbezirke.

Kaufkraftparitäten in der EU: Bruttoregionalprodukt 2017 nach NUTS 2 – Regionen

## Arbeitsaufgaben

1. Vergleichen Sie die Kaufkraft in Prag, Bratislava und Wien.

2. Stellen Sie die Kaufkraft in den drei ärmsten Regionen denen der drei reichsten gegenüber.

3. Begründen Sie die enormen Unterschiede zwischen den reichen und armen Regionen.

4. Begründen Sie die Unterschiede der Kaufkraft innerhalb Österreichs.

5. Diskutieren Sie über mögliche Gründe für das Ungleichgewicht zwischen …
   - dem „Osten" und dem „Westen",
   - dem „Süden" und dem „Zentrum".

## 3.2 Erfolgreiche Regionen in Europa

In den letzten Jahrzehnten haben sich zahlreiche wirtschaftliche Wachstumspole in Europa herausgebildet. Während früher vor allem die Stahlindustrie im Zentrum der wirtschaftlichen Entwicklung stand, sind es jetzt ganz unterschiedliche Branchen, die von der Hightechindustrie bis zu Finanzdienstleistungen reichen.

Europa hat zahlreiche erfolgreiche Regionen mit weltbekannten Unternehmen und/ oder Kunstschaffenden hervorgebracht. Einige Beispiele sollen durch folgende Fotos dargestellt werden.

## Arbeitsaufgabe

- Ordnen Sie folgende Texte den Fotos bzw. den Städten/Regionen zu.

1. Zürich
2. Barcelona
3. München
4. Stockholm
5. Brüssel
6. Modena
7. Mailand

◯ Wirtschafts- und Kunstmetropole der reichsten spanischen Region. Stadt des weltberühmten Architekten Antoni Gaudi

◯ Sitz der meisten EU-Organe, z. B. der Europäischen Kommission. Metropole an der Grenze zweier Sprachräume

◯ Nach dem Zweiten Weltkrieg aus Berlin nach Süddeutschland übersiedelter Elektrokonzern

◯ Ein u. a. bei der Jugend beliebter Textilkonzern mit europaweiter Verbreitung

◯ Eines der wichtigsten globalen Finanzzentren. Manchmal auch mit Geldwäsche in Verbindung gebracht

◯ Das wirtschaftliche Zentrum Norditaliens und neben Paris das Modezentrum Europas

◯ Exklusives Automobilunternehmen, ursprünglich ein Beispiel für die erfolgreiche italienische mittelständische Industrie

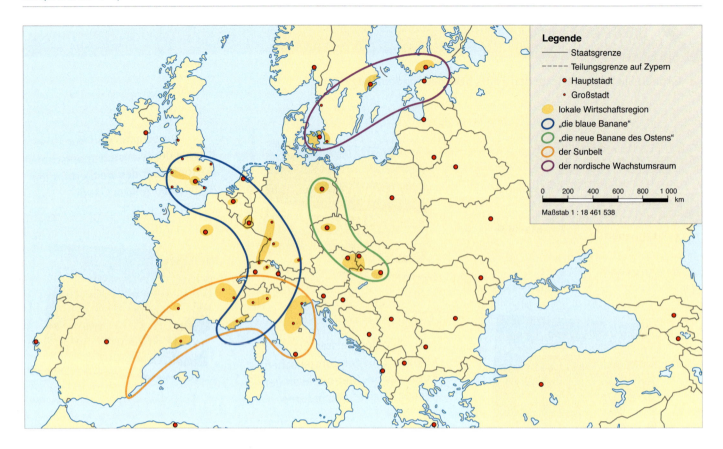

### 1 Öresundregion

Wachstumsregion rund um die Meerenge Öresund (Kopenhagen, Malmö, Lund). Mehrere Hightechparks, v. a. Biotechnologie („Medicon Valley"), Umweltwissenschaft, Informationstechnologie

### 2 Brüssel

„Hauptstadt Europas"; immer mehr Konzernzentralen verlagern ihren Sitz nach Brüssel; Hauptwirtschaftszweig: industrienahe Dienstleistungen; Bau- und Immobilienwirtschaft, mehrere Technologieparks

### 3 East Anglia

Entstehung von kleinen und mittelgroßen Hightechbetrieben in eher ländlicher Umgebung; Zentrum: Cambridge; vorwiegend Forschungs- und Entwicklungsbetriebe, Laboratorien

### 4 London

Bedeutendstes Finanzzentrum Europas; Sitz wichtiger Banken und Versicherungsgesellschaften

### 5 M4-Korridor

Konzentration von Hightechbetrieben, z. T. amerikanischen Konzernen, entlang des Motorway 4 zwischen London und Bristol

### 6 Luxemburg

Bedeutendes Offshore-Bankenzentrum Europas; günstige Steuerpolitik zur Ansiedlung von Finanzgesellschaften

### 7 Paris

Bedeutendes Finanzzentrum; Sitz wichtiger Konzerne; 70 % der französischen Forschung und Entwicklung, Automobilindustrie (Renault)

### 8 Zürich

Bedeutendes Finanzzentrum; Maschinenbauindustrie

### 9 Toulouse

Zentrum der Flugzeug- und Raumfahrtindustrie (Produktion des Airbus)

### 10 Rhône-Alpes

Zentren: Lyon und Grenoble; mehrere erfolgreiche Technologieparks; Großchemie (Rhône-Poulenc); Mikroelektronik; Medizintechnik

### 11 Katalonien

Zentrum Barcelona: ein Drittel der spanischen Industrieproduktion; Bau- und Immobilienboom; Auto- und Maschinenbauindustrie

### 12 Côte d'Azur

Technologiepark Sophia Antipolis; Ansiedlung internationaler und französischer Konzerne im Hightechbereich (IBM, Texas Instruments, Digital Equipment); Forschung und Entwicklung: Laboratorien, Mikroelektronik, Energietechnik

### 13 Lombardei-Piemont

Finanzzentrum Mailand: Modeindustrie und Design; in der Umgebung flexible Klein- und Mittelbetriebe im Maschinenbausektor

Turin: Zentrum der Automobilindustrie (Fiat); in der Umgebung Klein- und Mittelbetriebe im Hightechbereich (v. a. Robotertechnik)
Brescia: Zentrum der Minimills (kleine, flexible Stahlwerke)

## 14 Raum Stockholm

Sitz einiger Großkonzerne, u. a. Ericsson, Ikea. Wichtige Technologiezentren, besonders im Bereich der Informationstechnologie

## 15 Helsinki-Espoo

Zentrum der Telekommunikationsindustrie (u. a. Nokia).
Weitere Schwerpunkte: Multimediaindustrie, Internetwirtschaft

## 16 Berlin-Brandenburg

Seit 1990 ist Berlin nach der Wiedervereinigung Deutschlands wieder Hauptstadt, seitdem boomt die Wirtschaft – 20 000 neue Arbeitsplätze wurden geschaffen. Viele Unternehmen verlagerten ihren Hauptsitz wieder nach Berlin (z. B. Deutsche Bank, Vivendi-Deutschland, Sony Europa, Bertelsmann). Auch die Umgebung von Berlin, Brandenburg, profitiert vom Wirtschaftsboom.

## 17 Rheinschiene-Oberrhein

Mehrere erfolgreiche Industrieregionen in drei Ländern:

**Frankreich** (Elsass: Textil-, Automobil-, Maschinenbau-, Elektroindustrie),
**Schweiz** (Basel: Chemiekonzerne – Ciba-Geigy, La Roche),
**Deutschland** (Karlsruhe: größtes Technologiezentrum Deutschlands; Großchemie in Höchst, Ludwigshafen, Mannheim; Frankfurt: Finanzzentrum, Konzentration der bedeutendsten Banken Deutschlands; Rüsselsheim: Opelwerk)

## 18 Prag

Reichste Region der ehemaligen kommunistischen Länder; Dienstleistungszentrum (Tourismus – Kongresstourismus), Immobilienwirtschaft, Banken und Versicherungen

## 19 Stuttgart – mittlerer Neckarraum

Hauptsächlich flexible Klein- und Mittelbetriebe im Maschinenbaubereich, Automobilindustrie und Zulieferbetriebe (z. B. Daimler Chrysler; Bosch); neuer Wachstumssektor: Umwelttechnologie

## 20 Bratislava

Nach Prag zweitreichste Region der Reformländer; Industriezentrum: Petrochemie, Rüstungsindustrie, Automobilindustrie

## 21 Großraum Wien

Einer der Profiteure der EU-Osterweiterung; zahlreiche Niederlassungen internationaler Konzerne; Brückenkopf für die Reformländer

## 22 Großraum München

Sitz wichtiger Konzerne (Siemens, MAN, BMW); Klein- und Mittelbetriebe im Zulieferbereich der Elektronik- und Automobilindustrie; Forschungs- und Entwicklungszentralen

## 23 Budapest

Wirtschaftszentrum Ungarns; Sitz zahlreicher internationaler Unternehmen; einige Industrieparks in unmittelbarer Nähe (u. a. auch Hightech)

## 24 „Drittes Italien"

Mehrere Industriedistrikte (Ballungen von Industrien um mittelgroße Städte), kaum Großindustrie; Venetien: Bekleidungsindustrie (Benetton und Stefanel); Emilia-Romagna: Maschinenbauindustrie, Autozulieferindustrie

## 25 Westungarn

Zentren Györ und Sopron; Sitz mehrerer internationaler Konzerne in Györ (u. a. Audi, Philips, Danone); Handelszentrum Sopron

---

## Arbeitsaufgaben

1. Schreiben Sie die Nummern der Regionen an die entsprechenden Stellen auf der Karte.

2. Schreiben Sie neben die Textkästchen, zu welchen „Belts" oder Wachstumsräumen die jeweilige Region zählt.
   Verwenden Sie dabei folgende Buchstaben:
   Ⓐ „blaue Banane"  Ⓑ „die neue Banane des Ostens"  Ⓒ der Sunbelt  Ⓓ der nordische Wachstumsraum

3. Klassifizieren Sie die Regionen nach folgenden Kategorien:
   - Finanzzentren
   - Sitz internationaler Konzerne
   - Hightechregionen
   - Standorte der Automobil- bzw. Flugzeugindustrie
   - Sonstige Zentren

## 3.3 Die Regionalförderung in der EU

Zwischen 2014 und 2020 stehen im EU-Budget 325 Mrd. Euro für die Kohäsionspolitik, d. h. für das Zusammenführen der einzelnen Regionen zur Verfügung. Diese werden von den EU-Staaten auf mehr als 500 Mrd. aufgestockt. Die Höhe der Förderung konkreter Projekte durch die EU hängt von der Wirtschaftskraft der Region ab. Dadurch sollen unter anderem die Arbeitslosigkeit und die Abwanderung bekämpft werden.

Die EU-Regionen werden dazu in drei Typen eingeteilt, die sich nach dem BIP des EU-27-Durchschnitts (EU ohne Kroatien) orientieren:
- **weniger entwickelte Regionen:** weniger als 75 %,
- **Übergangsregionen:** zwischen 75 % und 90 %,
- **stärker entwickelte Regionen:** mehr als 90 %.

Durch konkrete Projekte sollen in erster Linie das Wachstum und die Beschäftigung gefördert werden, aber auch der Klimawandel, die Energieabhängigkeit und soziale Ausgrenzung bekämpft werden.

 **Beispiel EU-Förderungen in Österreich**

### EU-Förderungen: Niederösterreich kassiert am meisten

Österreich hat im Jahr 2011 exakt 1,455 Mrd. Euro an EU-Zahlungen aus dem EU-Agrar- und Strukturfonds erhalten. Dabei hat Niederösterreich den Löwenanteil der für Österreich bestimmten Mittel des EU-Agrar- und Strukturfonds erhalten. Insgesamt flossen im Jahr 2011 rund zwei Drittel des Geldes in Höhe von 1,45 Mrd. Euro an Niederösterreich, Oberösterreich und die Steiermark. Die Schlusslichter waren Vorarlberg und Wien. In Summe hat Österreich 1,88 Mrd. Euro an EU-Zahlungen erhalten. Mit 70 Prozent Anteil profitierte vor allem die Landwirtschaft. Alle anderen Bereiche wie die Verwaltung oder die Wettbewerbsfähigkeit verzeichneten Rückgänge im Vergleich zum Jahr 2010.

*Nach: Die Presse, 29. Dezember 2014*

Die mittel- und osteuropäischen Länder (MOEL), die nach 2004 der EU beigetreten sind, werden häufig auch mit dem wirtschaftsenglischen Begriff **CEE** (Central Eastern Europe) bezeichnet.

Regionen mit dynamischer wirtschaftlicher Entwicklung, überdurchschnittlichen Einkommen und geringen Arbeitslosenzahlen sind die Staaten im Zentrum Europas, aber auch Norditalien, das südliche Skandinavien und Katalonien. Ärmere Regionen wie Süditalien, Griechenland, große Teile Spaniens, Portugals und die CEE weisen wirtschaftlichen Rückstand auf. Einige Hauptstadtregionen der CEE wie Pressburg, Prag, Budapest oder Warschau haben zu den erfolgreichen Regionen Europas aufgeschlossen.

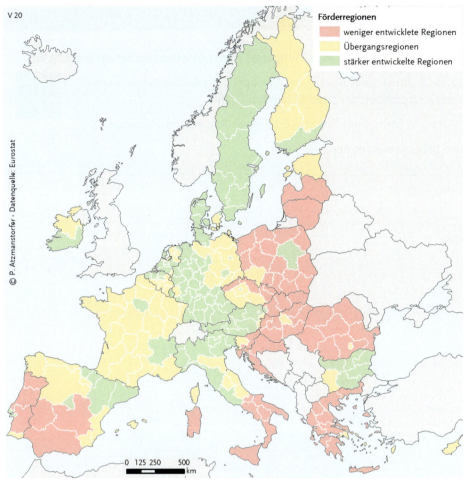

V 20

Förderregionen

- ▨ weniger entwickelte Regionen
- ▨ Übergangsregionen
- ▨ stärker entwickelte Regionen

© P. Atzmanstorfer · Datenquelle: Eurostat

0 125 250 500 km

Förderfähigkeit der EU-Regionen durch Strukturfonds 2014 bis 2020

Eisenbahn in Bulgarien: hoher Investitionsbedarf in die völlig veraltete Verkehrsinfrastruktur

## Arbeitsaufgaben

1. Fassen Sie die Zielsetzungen der EU-Regionalförderung zusammen.

2. Erörtern Sie die Vorteile, die die reicheren Regionen aus der stärkeren Förderung der ärmeren ziehen.

3. Beschreiben Sie mithilfe einer Online-Karte ein Förderprojekt Ihrer Wahl ...
   - in Österreich,
   - in einem anderen EU-Staat.

Link-Tipp – Online-Karte:
www.trauner.at/onlinekarte.aspx

## 3.4 Europaregionen überwinden Grenzen

Eine Europaregion bzw. Euregio umfasst Gebiete aus mindestens zwei EU-Staaten. Sie hat zwar vorrangig das Ziel der grenzüberschreitenden wirtschaftlichen Zusammenarbeit, allerdings soll auch das Zusammenwachsen von Grenzregionen in gesellschaftlicher und kultureller Hinsicht gefördert werden.

So verbindet die **Europaregion Tirol–Südtirol–Trentino** seit 1998 die Länder Nord- und Osttirol (Österreich), Südtirol und Trentino (Italien) mit zusammen knapp 1,6 Millionen Einwohnern/Einwohnerinnen. Zwar haben schon die EU insgesamt, der Euro und das Schengener Abkommen die Staatsgrenze am Brenner weitgehend bedeutungslos gemacht, die Europaregion soll die Zusammenarbeit dieser italienischen und österreichischen Regionen weiter verstärken.

**EUROPAREGION EUREGIO**
**Tirol Südtirol Trentino**
**Tirolo Alto Adige Trentino**

Weitere Infos unter:
http://www.europaregion.info/de/default.asp

Im **Schengener Abkommen** wurde der Abbau der Grenzkontrollen festgelegt.

## Arbeitsaufgaben

1. Googeln Sie eine Liste der Europaregionen und wählen Sie eine Europaregion mit österreichischer Beteiligung aus.

2. Öffnen Sie die URL (https://ec.europa.eu/regional_policy/de/projects/map/) der gewählten Europaregion und gestalten Sie ein Profil nach den Gesichtspunkten der anschließenden Grafik.

3. Präsentieren Sie die Ergebnisse Ihrer Arbeit in Form eines Plakates oder einer Powerpoint-Präsentation.

4. Fassen Sie die Ergebnisse im folgenden Schema zusammen.

**Profil Europaregion: „_____"**

**Teilnehmende Staaten bzw. Regionen**

**Wichtige Kennzahlen**

**Soziale Projekte**

**Wirtschaftliche Projekte**

**Besonderheiten der Europaregion**

## 3.5 Der EU-Haushalt

Die Summe des EU-Budgets in Höhe von 160 Mrd. Euro mag zwar hoch erscheinen, vergleicht man sie aber mit den Ausgaben des österreichischen Bundesbudgets in der Höhe von ca. 77 Mrd. Euro, relativiert sich die Zahl. Allerdings sind die sehr kostenintensiven Bereiche wie Gesundheit, Soziales, Bildung, Inneres oder Landesverteidigung nach wie vor in der alleinigen finanziellen Verantwortung der Mitgliedsstaaten.

### Die Einnahmen 2018

Quelle: ec.europa.eu

- Einnahmen hauptsächlich durch Zölle, die bei der Einfuhr von Produkten aus Nicht-EU-Ländern eingehoben werden.
- Die Umsatzsteuereinnahmen betragen 1 Prozent der in den Mitgliedsländern eingehobenen USt.
- Beiträge der Mitgliedsländer aufgrund der Wirtschaftskraft jedes einzelnen Mitgliedslandes.
- Sonstige Einnahmen durch Steuern auf EU-Beamte, vom Europäischen Gerichtshof eingehobene Geldbußen u. a.

### Die Ausgaben 2018

Quelle: europa.eu

 **Arbeitsaufgaben**

1. Geben Sie die Idee des finanziellen Ausgleiches zwischen den EU-Staaten wieder.
2. Erörtern Sie die gleiche Höhe der Einnahmen und Ausgaben im EU-Haushalt.

### Nettozahler – Nettoempfänger

Auch das EU-Budget spiegelt die wirtschaftlichen Disparitäten zwischen den Mitgliedsstaaten wieder. Während die wohlhabenderen mehr einbezahlen als sie rücküberwiesen bekommen (Nettozahler), ist es bei den ärmeren genau umgekehrt. Sie sind Nettoempfänger.

## Nettozahler und Nettoempfänger in der EU 2018

| Nettozahler | Anteil am BIP in % | Euro pro Kopf | in Mio. Euro | Nettoempfänger | Anteil am BIP in % | Euro pro Kopf | in Mio. Euro |
|---|---|---|---|---|---|---|---|
| Dänemark | -0,39 | -206,4 | -1.198,6 | Luxemburg | 0,04 | 30,1 | 18,5 |
| Deutschland | -0,39 | -161,5 | -13.405,9 | Spanien | 0,15 | 39,6 | 1.856,9 |
| Österreich | -0,35 | -152,0 | -1.346,5 | Zypern | 0,39 | 88,9 | 77,9 |
| Schweden | -0,32 | -149,0 | -1.524,8 | Malta | 0,41 | 93,6 | 46,2 |
| Niederlande | -0,31 | -142,4 | -2.460,5 | Slowenien | 1,17 | 255,8 | 532,2 |
| Vereinigtes Königreich | -0,29 | -104,2 | -6.946,1 | Tschechien | 1,22 | 224,4 | 2.390,0 |
| Italien | -0,29 | -83,8 | -5.059,4 | Kroatien | 1,31 | 162,2 | 661,1 |
| Frankreich | -0,26 | -92,4 | -6.192,6 | Rumänien | 1,61 | 164,6 | 3.194,2 |
| Finnland | -0,25 | -105,2 | -580,3 | Portugal | 1,66 | 318,1 | 3.268,6 |
| Irland | -0,12 | -64,1 | -314,5 | Griechenland | 1,83 | 312,6 | 3.352,0 |
| Belgien | -0,11 | -42,5 | -487,6 | Slowakei | 1,90 | 308,9 | 1.683,4 |
| | | | | Estland | 2,15 | 407,8 | 540,3 |
| | | | | Polen | 2,59 | 325,1 | 12.343,1 |
| | | | | Bulgarien | 3,01 | 238,6 | 1.670,1 |
| | | | | Lettland | 3,31 | 504,7 | 969,1 |
| | | | | Litauen | 3,96 | 610,4 | 1.705,5 |
| | | | | Ungarn | 4,11 | 532,8 | 5.207,4 |

*Quelle: http://www.bpb.de, 2020*

### Juncker präsentierte EU-Investitionsplan

Mit einem 315 Mrd. Euro schweren Investitionsplan will die EU-Kommission von Jean-Claude Juncker in den nächsten drei Jahren das Wachstum in Europa ankurbeln. Juncker rief die EU-Staaten auf, sich an dem neuen EU-Fonds für strategische Investitionen zu beteiligen. In krisengeplagten Ländern wie Italien und Spanien sind hohe Erwartungen mit dem Investitionsplan verbunden. Auch Österreich hat für den Investitionspakt bereits Projekte in der Größenordnung von 28 Mrd. Euro bei der EU-Kommission eingereicht. Juncker zeichnete vor den EU-Abgeordneten eine Vision, nach der es durch die Investitionen moderne Klassenzimmer mit Computern geben soll, hochmoderne Krankenhäuser, Tankstellen für Elektroautos, technischen Fortschritt für die Haushalte, eine Vernetzung von erneuerbaren Energiequellen, bessere Verkehrsleitsysteme, schnelles Breitband-Internet und ein besseres Abwasser- und Abfallmanagement. „Unsere Bedürfnisse sind riesig", dies sei „eine Generationsherausforderung".

*Nach: Salzburger Nachrichten, 26. November 2014*

## Arbeitsaufgaben

1. Ziehen Sie Schlüsse aus der geografischen Lage der Nettozahler bzw. Nettoempfänger.

2. Bewerten Sie die geplanten Investitionen der EU (lt. Zeitungsartikel) nach ihrer Sinnhaftigkeit.

3. Erheben Sie mithilfe des nebenstehenden Links, welches Projekt in der Nähe Ihres Wohnsitzes von der EU gefördert wird. Füllen Sie das Datenblatt der Seite aus.

**Link-Tipp – EU-Förderungen**
http://ec.europa.eu/austria/map/map_de.htm

| Datenblatt EU-Projekt | Name: |
|---|---|
| Ort | |
| Höhe der EU-Förderung | |
| Link | |
| Kurzbeschreibung | |

# 4 Österreich und die Europäische Union

*Durch den EU Beitritt 1995 konnte Österreich, anders als zuvor im EWR, in den europäischen Gremien mitstimmen und kam seither in den Genuss aller Programme, von der Regionalförderung bis zur Bildung. Da die wichtigsten Handelspartner Österreichs ebenfalls innerhalb der Europäischen Union agieren, konnte durch den Binnenmarkt und die damit verbundenen Handelserleichterungen das Handelsvolumen im Export von 32 auf 141 Mrd. Euro und bei den Importen von 38 auf 147 Mrd. Euro gesteigert werden.*

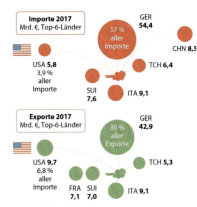

*Quelle: Der Standard, 29. Juni 2018*

## Im Einzelnen brachte die EU folgende Vor- bzw. Nachteile:

**Reisefreiheit:** Die „Personenverkehrs-Freiheit" ist eines der Grundrechte der EU-Bürger. Wer im EU-Ausland arbeitet, darf dort auch wohnen. Bis zu drei Monate darf man sich auch ohne Arbeit in jedem anderen EU-Mitgliedsland aufhalten. Die im Schengen Raum freien Grenzübertritte wurden mittlerweile durch die Flüchtlingssituation teilweise aufgehoben. (Grenzkontrollen in Bayern oder an der italienischen bzw. slowenischen oder ungarischen Grenze.

**EU-Recht:** 80 Prozent der österreichischen Gesetze sind 20 Jahre nach dem Beitritt vom Unionsrecht beeinflusst. Im besonderen sind dies die Verbraucherrechte und die Rechte der Arbeitnehmer

**Verbraucherschutz:** Mehr Rechte für Konsumenten/innen brachte etwa die EU- Verbraucherrechte-Richtlinie, die vor allem im Online Handel Schutz bedeutet.

**Bürokratie:** Die EU-Behörden zeigen gerade im Bereich Energie „Regulierungswut". Nach dem Verbot der „alten" Glühbirnen kam die Wattbeschränkung für Staubsauger.

**Studentenprogramme:** Österreich hat von Beginn an am Programm Erasmus teilgenommen, seither können Studenten über das Programm an ausländischen Universitäten studieren. 74.000 Studenten/innen kamen bereits in den Genuss, im Ausland studieren zu können.

**Ende der Monopole:** Die EU steht für mehr Wettbewerb und Liberalisierung. Dies traf insbesondere den Rundfunk, den Strom- und Gasmarkt, Telefon und die Post.

**Binnenmarkt:** Das Öffnen der Märkte hatte Auswirkungen auf das Angebot und auf das Preisniveau. Die heimischen Produkte unterliegen nun dem vollen Wettbewerb.

**Landwirtschaft:** Den Bauern brachte der EU-Beitritt massive Veränderungen. Sie agieren nun am offenen Markt mit seinen wesentlich niedrigeren Preisen. Die Fläche pro Betrieb hat sich von 29 Hektar (1995) auf 45 Hektar (2018) vergrößert. Die Zahl der landwirtschaftlichen Betriebe sank von 239.000 auf unter 170.000.

**Inflation:** Binnenmarkt und Währungsunion ließen die jährliche Inflationsrate deutlich sinken. Von 1995 bis 2013 betrug sie 1,9 Prozent. In den 1970er- und 1980er-Jahren lagen die jährlichen Preissteigerungen noch bei 6,3 bzw. 3,8 Prozent. Überproportional teurer wurden vor allem Nahrungsmittel, Dienstleistungen und Treibstoffe.

*Quelle: Statista 2019*

Die Personenverkehrsfreiheit der EU ließ besonders die Zahl der Menschen aus Deutschland in Österreich ansteigen. Sie bilden noch vor den Menschen aus Serbien und der Türkei die größte Migranten-Gruppe.

Die **Leistungsbilanz** ist eine Unterbilanz (also Teilbilanz) der Zahlungsbilanz, die die Handelsbilanz, die Dienstleistungsbilanz sowie die Bilanz der unentgeltlichen Übertragungen zusammenfasst (enthält). Die Leistungsbilanz setzt sich aus vier Teilbilanzen zusammen: der Handelsbilanz (mit den Ergänzungen zum Warenverkehr), der Dienstleistungsbilanz, der Bilanz der Erwerbs- und Vermögenseinkommen sowie der Bilanz der laufenden Übertragungen.

*www.wirtschaftslexikon24.com*

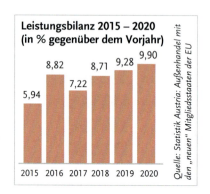

Leistungsbilanz 2015 – 2020
(in % gegenüber dem Vorjahr)

*Quelle: Statistik Austria: Außenhandel mit den „neuen" Mitgliedsstaaten der EU*

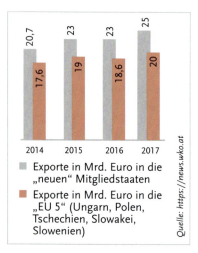

- Exporte in Mrd. Euro in die „neuen" Mitgliedsstaaten
- Exporte in Mrd. Euro in die „EU 5" (Ungarn, Polen, Tschechien, Slowakei, Slowenien)

*Quelle: https://news.wko.at*

„SIE war's!"

© *Rainer Olsinger*

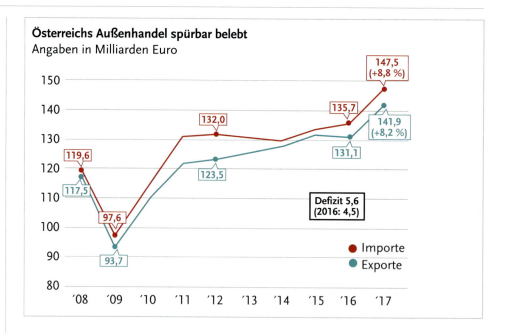

**Österreichs Außenhandel spürbar belebt**
Angaben in Milliarden Euro

Mit Ausnahme des Jahres 2009 stieg Österreichs Handelsvolumen. Das Defizit besteht weiterhin, kann aber durch die Dienstleistungsbilanz ausgeglichen werden, wodurch die Leistungsbilanz insgesamt positiv ist. Besondere Bedeutung kommt hier natürlich dem Tourismus zu, die für Österreich traditionell sehr wichtig ist. Der Rückgang 2009 ist eine Folge der internationalen Finanzkrise 2007/08.

## Österreich und die EU-Osterweiterung

2004 starteten exportorientierte Betriebe nach dem Beitritt ehemals kommunistischer Staaten zur EU den Handel mit großer Euphorie, der Nachholbedarf im Osten war groß, der Markt versprach gute Geschäfte. Das Handelsvolumen stieg, besonders nach Ungarn, Tschechien, Slowenien und Polen sowie der Slowakei um ein Vielfaches. Parallel dazu verlagerten einige arbeitsintensive Betriebe ihre Produktion in die neuen Mitgliedsstaaten, wo die Löhne deutlich niedriger waren. So gingen einige Arbeitsplätze im Niedriglohnbereich in Österreich verloren. Die Erweiterung brachte Österreich unterm Strich einen langfristigen Zuwachs des Bruttoinlandsprodukts um 0,4 % und einen Zuwachs von 9 000 Arbeitsplätzen jährlich.

Der Bestand an österreichischen Direktinvestitionen im Ausland insgesamt beträgt 2017 201 Mrd. Euro, davon 64 Mrd. Euro in Mittel- und Osteuropa (OeNB, Juni 2018).

*https://news.wko.at*

Die im Zuge der Osterweiterung der EU von Österreichern und Österreicherinnen am häufigsten geäußerten Befürchtungen sind: massenhafter Zuzug von Ausländer/innen, die Erhöhung der Kriminalität, Verschlechterung des Sozialsystems und Verteuerung der Produkte. Diese Befürchtungen sind größtenteils nicht eingetreten.

*Quelle: www.diepresse.com, 25. April 2014*

### Arbeitsaufgaben

1. Fassen Sie zusammen: Vorteile und Nachteile des EU Beitritt Österreichs und treffen Sie in der Klasse eine Bewertung von 1 (sehr positiv) bis 10 (sehr negativ) für Sie persönlich und für Österreich im allgemeinen.

2. Interpretieren Sie die Grafik „Sie war's!"

# 5 Raketen, Flugzeuge, Autos – Europa im Kampf um die wirtschaftliche Vormachtstellung

*Europa (v. a. Westeuropa) hat in einigen Bereichen der Hochtechnologie einen Rückstand auf die beiden jüngeren Konkurrenten USA und Japan. Dazu kommt, dass in vielen alten Industriegebieten die Kohle- und Stahlindustrie darniederliegt und eine hohe Arbeitslosigkeit das Budget vieler Länder belastet. Aber bereits seit den 1970er-Jahren bemühen sich die europäischen Staaten, den wirtschaftlichen Wettkampf mit den USA und Japan aufzunehmen.*

In der Antike war Europa die Tochter des phönizischen Königs Agenor und der Telephassa. Sie wurde von Zeus in der Gestalt eines Stiers geraubt.

## Europa im Kampf um die wirtschaftliche Vormacht

USA, China, Indien sind in den letzten 20 Jahren wirtschaftlich enorm gewachsen, Japan hat an Dynamik verloren, doch alle liegen sie mit ihrem BIP noch deutlich vor Deutschland, Europas führender Wirtschaftsmacht. Mit Großbritannien, Frankreich, Italien und Spanien liegen weitere 5 Volkswirtschaften Europas innerhalb der 15 wichtigsten Wirtschaftsmächten der Welt. Russland konnte nicht in gleichem Maß wachsen und liegt hinter Deutschland. Europas Wirtschaft kann nur dann mithalten, wenn sich die Unternehmen zusammenschließen und kooperieren.

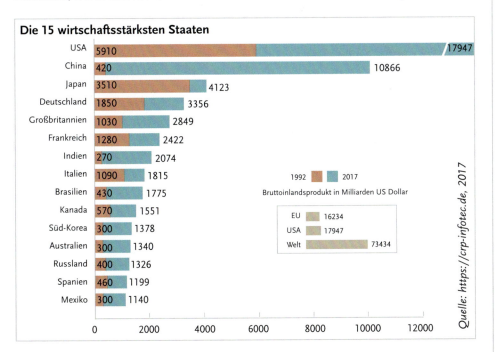

**Die 15 wirtschaftsstärksten Staaten**

| Staat | 1992 | 2017 |
|---|---|---|
| USA | 5910 | 17947 |
| China | 420 | 10866 |
| Japan | 3510 | 4123 |
| Deutschland | 1850 | 3356 |
| Großbritannien | 1030 | 2849 |
| Frankreich | 1280 | 2422 |
| Indien | 270 | 2074 |
| Italien | 1090 | 1815 |
| Brasilien | 430 | 1775 |
| Kanada | 570 | 1551 |
| Süd-Korea | 300 | 1378 |
| Australien | 300 | 1340 |
| Russland | 400 | 1326 |
| Spanien | 460 | 1199 |
| Mexiko | 300 | 1140 |

1992 / 2017
Bruttoinlandsprodukt in Milliarden US Dollar

| | |
|---|---|
| EU | 16234 |
| USA | 17947 |
| Welt | 73434 |

*Quelle: https://crp-infotec.de, 2017*

**Anmerkung:**
In der Grafik wird das absolute BIP dargestellt. Zur Vergleichbarkeit wäre allerdings das BIP/Kopf in Kaufkraftparitäten wesentlich besser, da hier die sehr unterschiedliche Bevölkerungsgröße berücksichtigt werden würde.

### Arbeitsaufgabe

- Berechnen Sie die drei Staaten mit dem stärksten und die drei mit dem schwächsten Wirtschaftswachstum zwischen 1992 – 2017 (in Prozent). Setzen Sie sich mit den Ursachen dafür auseinander.

## Europäische Prestigeprojekte

### Airbus – eine europäische Erfolgsgeschichte

Die Airbusflugzeuge werden seit 1970 gebaut. Vier europäische Länder arbeiten an diesem Projekt. 1970 betrug der Anteil des Airbuskonzerns am internationalen Flugzeugmarkt nur 7 Prozent. Dieser Anteil stieg bis 2016 auf 55 Prozent. Die Teile werden in den einzelnen Ländern selbstständig entwickelt und gebaut. Das Assembling (der Zusammenbau der einzelnen Teile) des Flugzeuges erfolgt in Toulouse oder in Hamburg. Derzeit hat das Unternehmen Airbus ca. 52 000 Mitarbeiter/innen an 17 europäischen Standorten.

### Herkunft der Airbusteile

### Ariane – Europa im Weltraum

Ein zweites erfolgreiches Projekt ist die Entwicklung der Arianeträgerrakete, die als Gegenpol zur amerikanischen Raumfahrtindustrie gedacht ist. Bei der Entwicklung arbeiten in der Zwischenzeit 18 europäische Länder mit. Das Zentrum der Firma Arianespace liegt in Evry, südlich von Paris. Die Raumstation befindet sich in Kourou, einer Stadt im französischen Überseedepartement Guyana.

## Die europäische Automobilindustrie

Die europäische Automobilindustrie war lange Zeit der japanischen Konkurrenz unterlegen. Kleine, billige Modelle mit extrem niedrigem Treibstoffverbrauch machten den alteingesessenen europäischen, aber auch den amerikanischen Firmen zu schaffen. Ähnlich wie in den USA begannen die Japaner, direkt in Europa (v. a. in Großbritannien und Frankreich) Autos zu produzieren, um so direkt auf dem Absatzmarkt anwesend zu sein.

Die europäische Autoindustrie musste also ebenfalls Möglichkeiten zu einer billigeren Produktion suchen. Während die Konzernsitze im europäischen Zentralraum blieben, wanderten viele Produktions- und Montagewerke an die europäische Peripherie – in jene Regionen, die aufgrund relativ billiger Arbeitskräfte niedrige Produktionskosten ermöglichten. In den Zentren gingen so Tausende gut bezahlte Arbeitsplätze verloren, in Spanien, Portugal, in Osteuropa (in der Slowakei, in Tschechien und Polen) und anderen Regionen wurden Tausende relativ billige Arbeitsplätze geschaffen.

Ariane 5-Rakete auf dem Weltraumflughafen in Kourou in Französisch-Guyana

Renault-Fabrik in Flins 40 km östlich von Paris

*VW-Stammwerk in Wolfsburg: die Automo-
bilindustrie ist immer noch eine Schlüssel-
industrie für die europäische Wirtschaft*

*Das riesige Skoda-Werk in Mlada Boleslav
mit über 10 000 Beschäftigten wurde 1991
von VW aufgekauft und die Marke Skoda
erfolgreich in den VW-Konzern integriert*

**Standorte der Automobilindustrie in Ostmitteleuropa**
Auch in Österreich und seinen östlichen Nachbarstaaten entstanden seit
den 1980er-Jahren einige bedeutende Automobil- oder Motorenwerke.

**Arbeitsaufgabe**

- Ordnen Sie Regionen mit Automobilproduktionen „Zentralräumen" und „Peripherien" zu. Arbeiten Sie heraus, ob es Häufungen von bestimmten Marken in Peripherien gibt.

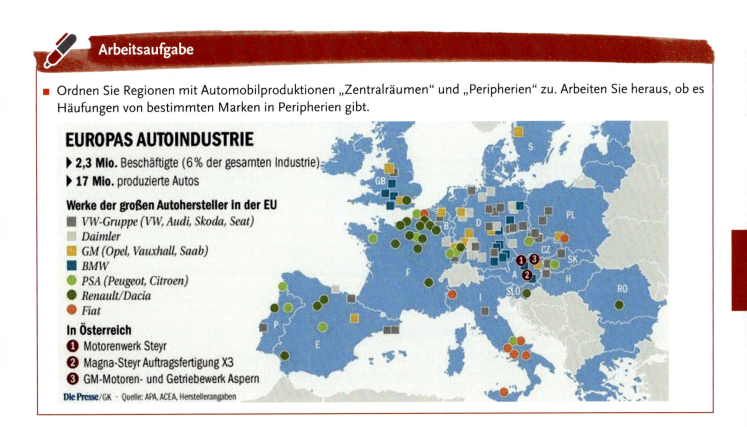

## E-Technologie – eine Chance für Europas Automobilindustrie?

Noch ist die E-Technologie ein Minderheitenprogramm, denn erstens sind die Öl-
preise so niedrig wie schon seit Jahren nicht mehr. Das hilft, weiterhin Autos mit
Verbrennungsmotoren zu verkaufen. Zweitens sind die Anschaffungskosten von
E-Fahrzeugen zu hoch. Auch ist die Batterietechnik nach wie vor zu schwach, die
Reichweiten der Autos sind zu gering. Es scheint so, dass nur steuerliche Maß-
nahmen (Steuerbefreiungen, Wegfall der NOVA etc.), Zufahrtsbeschränkungen für
Benzin/Diesel Pkws oder Imagemaßnahmen (Bsp. Tesla) eine Chance bieten, das
E-Auto vermehrt auf Europas Straßen zu bringen. Das MAN Werk in Steyr arbeitet
sogar derzeit an Prototypen für einen E-Lkw.

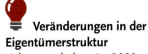 **Veränderungen in der
Eigentümerstruktur**
Volvo wurde bereits 1999 an Ford
verkauft. Ford verkaufte 2009 die
Marke Volvo an das chinesische
Unternehmen Geely.

## Arbeitsaufgaben

1. Erklären Sie, wie die europäische und besonders die deutsche Autoindustrie mit der amerikanischen und japanischen Konkurrenz mithalten konnten.

2. Begründen Sie, warum die Slowakei als Standort der Automobilindustrie in den letzten Jahren sehr wichtig wurde.

3. Finden Sie zu jedem europäischen Automobilkonzern den richtigen Hauptsitz.

| | |
|---|---|
| Fiat | Göteborg |
| VW | Sochaux |
| Volvo | Turin |
| BMW | Paris |
| PSA (Peugeot-Citroen) | Stuttgart |
| Renault | Wolfsburg |
| Daimler (Mercedes-Benz) | München |

# 6 Die Geografie der Industrie – alte und junge Industrieregionen

*In Europa kann man zwischen alten Industrieregionen, deren Ursprünge auf das 19. Jahrhundert zurückgehen, und jungen Industrieregionen, die nach dem Zweiten Weltkrieg entstanden sind, unterscheiden. Während in Ersteren vor allem die Schwer- und Textilindustrie dominiert, ist die Industriestruktur der jungen Industrieregionen vielfältiger und dadurch auch anpassungsfähiger bei wirtschaftlichen Schwankungen.*

Zeche im Ruhrgebiet

### Alte Industrieregionen

Der Typus des „alten Industriegebiets" entwickelte sich im Laufe des 19. Jahrhunderts im Zuge der ersten industriellen Revolution. In der Nähe von Steinkohlelagerstätten und/oder Eisenerzvorkommen, angebunden an das Eisenbahnnetz, entstanden die ersten großen zusammenhängenden, oft aus mehreren Städten bestehenden Agglomerationen (Ballungsgebiete).

Bis in die 1970er- und 1980er-Jahre dominierte der Typus des „alten Industriegebietes" das wirtschaftliche Geschehen Europas. Nach dem Zweiten Weltkrieg, mit dem Wirtschaftsboom der Aufbaujahre, war Stahl der wichtigste Grundstoff und Kohle der billigste Rohstoff. Die Nachfrage explodierte und es entstanden blühende Industriegebiete mit Großbetrieben mit bis zu 20 000 Beschäftigten. Riesige miteinander verwobene Komplexe, in denen von der Rohstoffgewinnung bis zur Endproduktion alles vereint war, waren auf relativ engem Raum konzentriert.

Ab den 1980er- und 1990er-Jahren wurden Regionen, die noch vor dem Zweiten Weltkrieg „rückständige" Agrarregionen ohne nennenswerte Industrie gewesen waren, vielfach zu Erfolgsregionen. Sie hatten den Vorteil, nicht die strukturellen Probleme der alten Industrieregionen mitzuschleppen.

Donbass ist ein großes Steinkohle-
und Industriegebiet beiderseits
der russisch-ukrainischen
Grenze

Eine starke innerbetriebliche Arbeitsteilung, ein streng hierarchisches Manage-
mentmodell und eine starke gewerkschaftliche Vertretung waren die Eckpfeiler
eines über Jahrzehnte funktionierenden Sozial- und Regionalmodells. Dazu kam,
dass viele dieser Großbetriebe in staatlicher Hand waren und von internationalen
Konkurrenzkämpfen durch Subventionen künstlich ferngehalten wurden – so lange, bis das System schließlich kollabierte.

## Junge Industrieregionen

In den Krisenzeiten der Achtzigerjahre erkannte man in Europa, dass dynamische
Klein- und Mittelbetriebe zigtausende Arbeitsplätze schufen und mit ihren zum
Teil hoch spezialisierten Produkten im Hightechbereich (Mikroelektronik, Informa-
tionstechnologie, Biotechnologie) die Wirtschaft ganzer Landstriche prägten. Der
Regionstyp „junges Industriegebiet" war geschaffen.

Neue Standortfaktoren wurden immer wichtiger. Eine intakte Umwelt, das positive
Image einer Region, Kultur- und Freizeitmöglichkeiten, ein angenehmes Klima etc.
sind heute die gefragten „weichen" Standortfaktoren. Eine gute Verkehrsinfrastruktur ist natürlich wesentlich. Aber nicht mehr Eisenbahnanschlüsse für den Transport von Massengütern, sondern gut ausgebaute Autobahnnetze für den Transport
von Bauteilen, die „just in time", also rechtzeitig, beim Abnehmer sein müssen,
sind ausschlaggebend. Auch die Nähe zu internationalen Flughäfen ist heute für
den weltweiten Export unverzichtbar. Die Nähe zu Universitäten, technischen
Hochschulen und Forschungs- und Entwicklungslabors ist nun entscheidender als
die Nähe zu Fertigungsstätten.

München und sein Umland bietet
viele „weiche" Standortfaktoren.

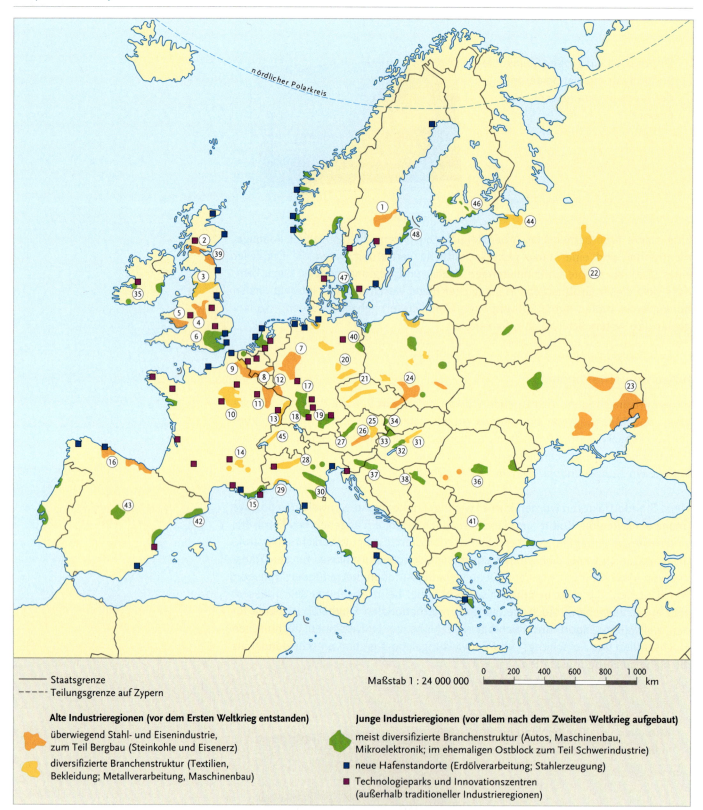

Staatsgrenze
----- Teilungsgrenze auf Zypern

Maßstab 1 : 24 000 000

0   200   400   600   800   1 000
km

**Alte Industrieregionen (vor dem Ersten Weltkrieg entstanden)**

überwiegend Stahl- und Eisenindustrie,
zum Teil Bergbau (Steinkohle und Eisenerz)

diversifizierte Branchenstruktur (Textilien,
Bekleidung; Metallverarbeitung, Maschinenbau)

**Junge Industrieregionen (vor allem nach dem Zweiten Weltkrieg aufgebaut)**

meist diversifizierte Branchenstruktur (Autos, Maschinenbau,
Mikroelektronik; im ehemaligen Ostblock zum Teil Schwerindustrie)

neue Hafenstandorte (Erdölverarbeitung; Stahlerzeugung)

Technologieparks und Innovationszentren
(außerhalb traditioneller Industrieregionen)

## Arbeitsaufgaben

**1.** Fassen Sie die wesentlichen Standortfaktoren der alten und jungen Industriegebiete in einem Schema zusammen.

**2.** Erklären Sie die wichtigsten Unterschiede zwischen alten und jungen Industrieregionen.

**3.** Beurteilen Sie, wie diese Regionstypen auf den Prozess der Globalisierung reagieren.

**4.** Tragen Sie die Nummern aus der Karte in das jeweilige Kästchen der entsprechenden Region ein.

**Alte monostrukturelle Industrieregionen:**
Stahl und Eisen erzeugende Industrie, Kohlebergbau; während der industriellen Revolution entstanden

| | |
|---|---|
| | Lothringen |
| | Maas-Sambre-Furche |
| | Saarland |
| | Ruhrgebiet |
| | Oberschlesien |
| | Donbass |
| | Baskenland – Asturien |
| | Mittelschweden |
| | Schottische Senke |
| | Newcastle – Middlesbrough |
| | Midlands |
| | Südwales |
| | Mur-Mürz-Furche |

**Alte Industrieregionen mit teilweise diversifizierter Branchenstruktur:**
zum Teil bereits aus vorindustrieller Zeit; Textil-, Bekleidungsindustrie und andere Leichtindustrie; Metall verarbeitende Industrie

| | |
|---|---|
| | Nord-Pas-de-Calais |
| | Elsass |
| | Région Parisienne |
| | Région Lyonnaise |
| | Jura |
| | Lancashire – Yorkshire |
| | Sachsen – Thüringen |
| | Nordböhmen |
| | „Russisches Zentrum" (Moskau – Nischnij Nowgorod) |
| | Wiener Becken |
| | Budapest – Nordungarn |
| | Ligurien |
| | St. Petersburg |
| | Oberitalien |

**Junge Industrieregionen:**
zum Großteil nach 1945 auf- oder ausgebaut; diversifizierte Branchenstruktur (Auto-, Maschinenbau, Mikroelektronik); im ehemaligen Ostblock zum Großteil Schwerindustrie

| | | | |
|---|---|---|---|
| | Südostengland (Kent) | | Plovdiv |
| | Côte d'Azur | | Siebenbürgen |
| | Barcelona | | Kisalföld (Kl. Ungar. Tiefland) |
| | Madrid | | Mittel- und Transdanubien (Ungarn) |
| | Neckarregion | | Cottbus (Eisenhüttenstadt) |
| | Rhein-Main-Region | | Bratislava |
| | München – Südbayern | | Cork |
| | „Drittes Italien" | | Helsinki – Espoo |
| | Oö. Zentralraum – Salzburg | | Öresundregion |
| | Slowenien – Nordkroatien | | Stockholm |
| | Belgrad – Novisad | | |

## Ziele erreicht? – „Europa und Europäische Union"

KOMPETENZ-ERWERB

Das Europa der kulturellen Vielfalt und des unterschiedlichen Wohlstandes ist trotz mancher Rückschläge in der Europäischen Union zusammengewachsen, wenngleich (noch) manche Staaten in diesem Projekt fehlen. Gemeinsame Kooperation über die Grenzen hinweg, wie wirtschaftliche Erfolgsprojekte oder grenzüberschreitende Projekte zeigen von der Notwendigkeit der Zusammenarbeit.

**1.** Ordnen Sie mit Pfeilen die richtigen Begriffe zu.

| | |
|---|---|
| **Vier Freiheiten** | Wirtschafts-und Währungsunion |
| **Gründungsmitglieder der EGKS** | einmal erfolgte Zulassungen gelten für alle Mitgliedsstaaten |
| **WWU** | Binnenmarkt |
| **Freier Warenverkehr** | unterschiedliche Preise werden bei der Berechnung berücksichtigt |
| **BREXIT** | Studentenaustauschprogramm |
| **Erasmus** | Deutschland, Frankreich, Niederlande, Belgien, Luxemburg, Italien |
| **Kaufkraftparität** | Austritt Großbritanniens (UK) aus der EU |

**2.** Arbeiten Sie mithilfe der folgenden Tabelle die Bedeutung der EU für Österreich heraus.

| Exporte Österreichs 2018 (Auswahl) | | | |
|---|---|---|---|
| **Region** | **Mrd. EUR** | **Anteil in Prozent** | **Veränderung zum Vorjahr** |
| EU | 118,4 | 79 | + 5,2 |
| Asien | 13,5 | 9 | + 5,5 |
| Nordamerika | 11,8 | 7,9 | + 9,5 |

*http://wko.at, Abfrage April 2019*

**3.** Bewerten Sie die Aussagen mit Schulnoten und überlegen Sie ein Schlagwort als Begründung dazu. Diskutieren Sie die Ergebnisse.

**Eine Blitzumfrage**

„Der EU-Binnenmarkt bietet für Arbeitnehmer/innen große Chancen."

„Ich bin dagegen, dass Österreich als Nettozahler anderen EU-Staaten hilft."

„„Am Aufschwung in den mittel- und osteuropäischen Staaten profitieren auch die Österreicher/innen."

**Aus diesem Kapitel habe ich die nachstehend angeführten Erkenntnisse und/oder Einsichten gewonnen:**

Tourismus in Europa

**Meine Ziele**

Nach der Bearbeitung dieses Kapitels kann ich

- die Push- und Pullfaktoren des Tourismus erkennen und zuordnen;
- das Phänomen Massentourismus und Overtourism erklären;
- die Tourismusformen unterscheiden.

# 1 Urlaub zwischen St. Petersburg und Sizilien

*In den Industriestaaten hat seit dem 19. Jahrhundert eine ungebrochene Entwicklung im Tourismus stattgefunden. Verreisten ursprünglich nur der Adel und das gehobene Bürgertum, so begannen schließlich ab den 1960er-Jahren auch die Angehörigen weniger begüterter Schichten mit dem Reisen. Dies führte zu einem massenhaften Auftreten von Reisenden zu bestimmten Zeiten (insbesondere in den Sommermonaten). Das hat seine Ursachen in der Automatisierung der Industrie, der Verlängerung der Urlaubszeit und den ständig gestiegenen Löhnen.*

## Europa im Welttourismus führend

Internationale Ankünfte in Europa (in Mio.) 2018

| | |
|---|---|
| Frankreich | 89 |
| Spanien | 82 |
| Italien | 62 |
| Deutschland | 38 |
| UK | 36 |
| Österreich | 31 |
| Griechenland | 30 |
| Portugal | 22 |
| Niederlande | 19 |
| Polen | 19 |
| Ungarn | 17 |
| Kroatien | 15 |

*Quelle: UNWTO 2020*

Benidorm 1958

Benidorm heute

Mittlerweile verfügen die Beschäftigten in manchen Betrieben in den reichsten Staaten bereits über genauso viel Freizeit wie Arbeitszeit. Wegen der großen Verfügbarkeit von Freizeit und der starken Inanspruchnahme von Freizeiteinrichtungen spricht man in diesem Zusammenhang auch von der „Freizeitgesellschaft". Das Spektrum reicht dabei von Badeferien über den Erlebnis- bis zum Kultururlaub.

## Massentourismus ...

### ... beherrscht die Sommermonate in Europa

Innerhalb von 50 Jahren – seit dem Auftreten einer massenhaften Urlauberbewegung – hat sich die Zahl der ausländischen Touristen und Touristinnen um das 25-Fache gesteigert, die Einnahmen der bereisten Länder haben dadurch um das 200-Fache zugenommen. Dieses massenhafte Auftreten von Urlaubern und Urlauberinnen, das durch Vorlieben und „In-Ziele" stark gesteuert ist, führt oftmals zu einer hoffnungslosen Überlastung einzelner Regionen und Städte, insbesondere in Europa und hier wieder im Mittelmeerraum.

Das Mittelmeer mit seinen Anrainerstaaten ist eines der wichtigsten Urlaubsgebiete der Welt. Obwohl die Umweltprobleme gewaltig sind (Wasserknappheit, ungeklärte Abwässer, Müll, Verkehrsstaus, Abgase etc.), prognostizieren Fachleute eine weitere Zunahme der Nächtigungen im Mittelmeerraum auf 350 Millionen im Jahr 2025. Ehemals bescheidene Fischerdörfer wurden in wenigen Jahren von Immobilienfirmen in Touristengettos mit den berüchtigten Hochhausburgen verwandelt. Alles Typische, weswegen Touristen und Touristinnen bestimmte Gegenden aussuchen, ist einem Einheitsstil gewichen. Orte wie Mallorca, Ibiza, Benidorm, Marbella, Lignano, Bibione, Saint-Tropez oder Quarteira an der Algarve sind kaum noch voneinander zu unterscheiden.

### ... bevölkert im Winter die alpinen Schneeregionen

1937 ging der erste Skilift in Österreich – in Zürs – in Betrieb. Es dauerte aber dann noch bis in die 1960er-Jahre, bis mit dem verbreiteten Bau von Seilbahnen und Liften zunehmend das Skitourengehen ersetzt wurde. Es war die Geburtsstunde des Wintermassentourismus gekommen. Landwirtschaft und Tourismus machen in den Alpen seit Anfang des 20. Jahrhunderts eine völlig gegensätzliche Entwicklung durch. Bauernhöfe wurden aufgegeben oder zu Hotels umgebaut. Die Tourismusbranche wurde zum wichtigsten Arbeitgeber in den Alpen. Im Konkurrenzkampf um die Skiurlauber/innen verdrängen jedoch die Großunternehmen die kleinen Familienbetriebe immer stärker vom Markt, denn der wirtschaftliche Druck ist groß. Um überleben zu können, muss in vielen Gemeinden in der ökonomisch wichtigsten Jahreszeit – im Winter – ein Großteil des Jahresumsatzes gemacht werden. So ist der Wintersport eine sehr kostspielige Angelegenheit geworden.

## Kostenfaktor Tourismus

Für eine Woche inklusive Skipass zahlen zwei Personen in Deutschland im Hotel durchschnittlich 798 Euro weniger als in der Schweiz, wie aus dem Preisvergleich des ADAC hervorgeht. Am billigsten ist demnach Deutschland mit im Schnitt 929 Euro, gefolgt von Italien (1.296 Euro), Österreich (1.414 Euro) und Frankreich mit 1.702 Euro. Am teuersten ist die Schweiz, wo der Skiurlaub im Schnitt 1.727 Euro kostet.

*http://www.focus.de, 16. Jänner 2017*

**Ausgaben pro Person und Tag im Sommer in Österreich**

Gesamter Urlaub vor Ort: 160 € (exkl. An-/Abreise)

43 € · 78 € · 23 € · 15 €

- Unterkunft
- Mobilität vor Ort
- Essen und Getränke
- Sonstige Ausgaben

**Ausgaben pro Person und Tag im Winter**

Gesamter Urlaub vor Ort: 190 € (exkl. An-/Abreise)

38 € · 27 € · 94 € · 28 €

- Unterkunft
- Mobilität vor Ort
- Essen und Getränke
- Sonstige Ausgaben

*Quelle: Tourismus und Freizeitwirtschaft 2019*

## Push- und Pullfaktoren des Massentourismus

Im Folgenden wird die Entstehung des Massenphänomens Tourismus dargestellt. Unterschieden wird dabei zwischen Pushfaktoren (Faktoren, die aus der gesellschaftlichen Entwicklung hervorgehen) und Pullfaktoren (Faktoren, die vom Tourismus selbst ausgehen). Das Zusammentreffen beider führt zum derzeitigen Boom.

## Arbeitsaufgaben

1. Finden Sie heraus, was die Voraussetzungen für den Wintermassentourismus waren.

2. Ordnen Sie die Faktoren zur Entstehung des Massentourismus den Kategorien Pushfaktor (erklärt jene Beweggründe, die Personen dazu motivieren „auf Urlaub zu fahren", d. h. die Nachfrage) bzw. Pullfaktor (erklärt jene Faktoren, die das Angebot des Massentourismus betreffen) zu.

| | Pushfaktoren | Pullfaktoren |
|---|---|---|
| Einkommenssteigerung | | |
| Last-Minute-Angebote | | |
| Neue, attraktive Reiseziele | | |
| Erhöhung des Angebots | | |
| Verstädterung | | |
| Zunahme an Freizeit | | |
| Ausbau der Infrastruktur | | |
| Motorisierung | | |
| Neue Lebensformen | | |
| Bessere Verkehrsanbindung | | |
| Pauschalreisen | | |
| Persönliche Herausforderung | | |

## Ökologische Probleme durch den Massentourismus

Die ökologischen Folgen der intensiven touristischen Nutzung von sensiblen, im Prinzip oft sehr kleinflächigen Regionen sind gravierend. Zersiedelung, Flächenverbrauch, Abgase, Belastung des Wasserhaushalts und Müllprobleme sind nur ein paar der Schäden, die in manchen besonders intensiv genutzten Regionen schon zu einem Umdenken geführt haben.

Neuer Trend im Tourismus: Skihallen ermöglichen Wintersport abseits von Schnee und Bergen. Die Frage nach dem Energieverbrauch wird dabei selten gestellt.

Billigstangebote helfen den Tourismusbetrieben die Fixkosten in der Nebensaison zu decken.

3. Diskutieren Sie, wo Gefahren für die Betriebe sind, die hauptsächlich auf Wintertouristen setzen.

4. Beurteilen Sie, inwiefern Tourismus eine „Freizeitindustrie" ist. Wo liegen Ihre wirklichen Freizeitbedürfnisse und wo beginnt das Geschäft?

5. Diskutieren Sie die Grenzen des Wintersports. Welche Alternativen zu einem Winter-Massensport fallen Ihnen ein?

6. Analysieren Sie: Welche Gründe können Tourismusbetriebe veranlassen, einen Nächtigungspreis – wie neben abgebildet – derart zu senken.

# 2 Beispiele unterschiedlicher touristischer Nutzung in Europa

**Arbeitsaufgabe**

■ **Vorschlag für eine Gruppenarbeit:**
Beschäftigen Sie sich in mehreren Gruppen mit europäischen Reisedestinationen und stellen Sie diese Ihren Mitschülern und Mitschülerinnen vor:

Zur Auswahl stehen:
■ Erholungsurlaub: Cote d'Azur
■ Städtetourismus in Lissabon, Stockholm oder Prag
■ Kulturreise nach Venedig, Bilbao oder  St. Petersburg
■ Studienreise zu einer Kulturhauptstadt ( aktuelles Jahr )
■ Naturtourismus  in Island
■ Sporturlaub: Schi/Surf in St. Christoph/Arlberg oder Val Thorens/F; MB Transalp oder Via Ferrata in Südtirol
■ Urlaub im „alten" Österreich Lemberg, Czernowitz oder im ukrainischen Odessa
■ Luxusurlaub auf Sardinien, in London oder in Budapest

Berücksichtigen Sie dabei sowohl die Darstellung der Landschaft/Städte, der Sehenswürdigkeiten als auch die positiven und negativen Seiten für die Reisenden und die Bereisten.

## 2.1 Erholungstourismus

### Die Côte d'Azur

Die Côte d'Azur zwischen Marseille im Westen und Menton nahe der italienischen Grenze im Osten ist die bekannteste und am intensivsten genutzte Tourismusregion in Frankreich und eines der attraktivsten und renommiertesten Ferienziele des gesamten Mittelmeerraumes.

Seit dem 19. Jahrhundert genießt die Côte d'Azur diesen Ruf. Durch die Schaffung von Arbeitsplätzen kam es zu starken Wanderungsbewegungen aus dem Hinterland an die Küste. Auch zahlreiche zahlungskräftige Pensionisten aus dem Norden kauften sich Wohnungen an der Côte d'Azur und verbringen ihren Lebensabend im

Gut besuchter Strand bei Cannes

Süden. Wie in anderen intensiv genutzten Tourismusregionen hat der Massentourismus in Südfrankreich auch zu negativen Effekten geführt:

- Verbauung der Küste mit Hotels und Appartementhäusern
- Korruption lokaler Politiker im Zusammenhang mit Bodenspekulationen und prestigeträchtigen Immobilienprojekten (z. B. Bau von Jachthäfen und Hotels ohne Baugenehmigung)
- Steigende Wohnungs- und Grundstückspreise durch Bodenspekulation; hohe Lebenshaltungskosten durch den touristischen Zustrom im Sommer
- Zunehmende soziale Gegensätze; den hohen Wohnungspreisen und Lebenshaltungskosten stehen niedrige Löhne (ca. 50 Prozent des Lohnniveaus in Paris) gegenüber
- Kleinkriminalität aufgrund steigender sozialer Probleme
- Umweltprobleme wie Wasserverschmutzung und Verschmutzung von Stränden durch die hohe Bevölkerungsdichte im Sommer

**Am Mittelmeer wird's eng**

Als vor Jahren die große „Bauwut" an den Küsten des Mittelmeer begann, entstanden zahlreiche „Bausünden". Zahlreiche Hotels wurden billig und hoch gebaut. Wichtig war es, viele Menschen unterzubringen, an archtiektonische Gestaltung und Schönheit dachten die Geldgeber weniger als an ihren Profit. Zahlreiche „Altlasten" zerstören heute noch ehemals schöne Küstendörfer. Längst wetteifern die Stadtväter von Saint-Raphaël mit dem Nachbarn Fréjus aber mehr „in die Breite" – die zwischen Saint-Tropez und Cannes gelegenen Ortschaften wuchern zu einer „Agglomeration" für bald 100 000 Menschen. So ist die Verstädterung der Côte d'Azur beispielhaft für die immer stärkere Belastung des Mittelmeerraumes. Urbanisierung und Wassermangel, Umweltprobleme und Überfischung. Immer eindringlicher warnen Fachleute, die Mittelmeerküste werde nach und nach zubetoniert. Die Belastung durch die Touristenflut nimmt – vor allem beim Autoverkehr und den Abfallbergen – überhand.

**Cannes – eine Stadt der Gegensätze**

Seinen Weltruf verdankt Cannes unter anderem dem weltberühmten Filmfestival, das jedes Jahr im Mai stattfindet. Cannes ist nicht nur einer der bekanntesten Badeorte an der Côte d'Azur, es ist nach Paris auch der zweitwichtigste Standort des Kongresstourismus in Frankreich. Hinter dem Boulevard de la Croisette, einer Prachtstraße mit zahlreichen Luxushotels, in denen neben der Prominenz aus Film und Fernsehen vor allem reiche amerikanische Touristen und Touristinnen ihre Ferien verbringen, befinden sich weitläufige HLM-Viertel (HLM: habitations à loyer modéré = Sozialwohnungen) mit ihren typischen Problemen: hohe Arbeitslosigkeit, hoher Anteil an immigrés (Gastarbeitern), Kleinkriminalität und Drogenhandel. Ein Großteil der Bevölkerung von Cannes hat keinen Anteil am touristischen „Highlife" der Côte d'Azur.

Cannes an der Côte d'Azur – Massentourismus verändert die Zielregionen

## 2.2 Städtetourismus

Dank billiger Flüge und neuer, billiger Übernachtungsmöglichkeiten durch Dienste wie Airbnb erfreuen sich besonders Städtetrips seit einigen Jahren steigender Beliebtheit, mit der Konsequenz, dass Städte wie Barcelona oder Venedig der Touristenmassen kaum noch Herr werden.

**Nächtigungen pro
1 000 Einwohner 2017**

| | |
|---|---|
| Barcelona | 19 880 |
| London | 15 760 |
| Paris | 14 432 |
| München | 9 586 |
| Berlin | 8 826 |
| Rom | 8 617 ★★★★★ |
| Hamburg | 7 458 |
| Lissabon | 5 842 |

*Quelle: https://static1.hamburg-tourism.de/*

**Übernachtungen in 2017 in Mio.**

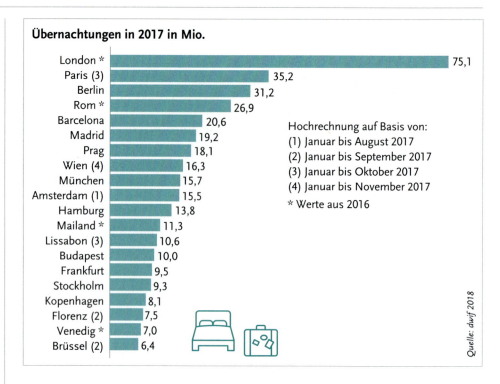

| | |
|---|---|
| London * | 75,1 |
| Paris (3) | 35,2 |
| Berlin | 31,2 |
| Rom * | 26,9 |
| Barcelona | 20,6 |
| Madrid | 19,2 |
| Prag | 18,1 |
| Wien (4) | 16,3 |
| München | 15,7 |
| Amsterdam (1) | 15,5 |
| Hamburg | 13,8 |
| Mailand * | 11,3 |
| Lissabon (3) | 10,6 |
| Budapest | 10,0 |
| Frankfurt | 9,5 |
| Stockholm | 9,3 |
| Kopenhagen | 8,1 |
| Florenz (2) | 7,5 |
| Venedig * | 7,0 |
| Brüssel (2) | 6,4 |

Hochrechnung auf Basis von:
(1) Januar bis August 2017
(2) Januar bis September 2017
(3) Januar bis Oktober 2017
(4) Januar bis November 2017
* Werte aus 2016

*Quelle: dwif 2018*

💡 Konsequenzen wegen des überbordenden Städtetourismus gehen nun von teils strenger Regulierung der Vermietung privater Wohnungen über Eintrittsgeld für besonders begehrte Orte bis hin zur Ankündigung von Tagesobergrenzen für Besucher. Die Städte haben außerdem viel mehr zu bieten als das überlaufene historische Zentrum. So könnte etwa der Besuch weniger zentraler Sehenswürdigkeiten durch verbesserte Infrastruktur erleichtert werden. Dies ist auch im Sinne der Gäste, die im Gedränge Gleichgesinnter kaum mehr etwas von den „mustsee" erkennen können.

Gruppenreisende sowie Individualtouristen versuchen mithilfe eines der vielen bunten Reiseführer den Kulturstädten die letzten Geheimtipps zu entlocken und die bedeutenden Sehenswürdigkeiten auf ihrer „Urlaubscheckliste" abzuhaken.

### Arbeitsaufgaben

1. Vergleichen Sie die beiden Grafiken und formulieren Sie daraus eine Aussage betreffend dem „Zuviel" an Touristen und Touristinnen.

2. Ordnen Sie die Sehenswürdigkeiten den europäischen Städten zu und sehen Sie sich diese dann im Internet an.

| | |
|---|---|
| Jardin du Luxembourg | |
| Anne-Frank-Haus | |
| Museo del Prado | |
| Torre de Belém | |
| Pantheon | |
| Karlsbrücke | |
| Pergamonmuseum | |
| Djurgarden | |
| Schwarzhäupter-Haus | |
| Grand Place | |
| Königsschloss Wawel | |
| Fischerbastei | |
| Trinity College | |
| Borough Market | |
| Parthenon | |
| Peggy Guggenheim Collection | |
| Alte Pinakothek | |
| Temppeliaukio Kirkko (Felsenkirche) | |

## Das Baltikum

### Der Tourismus zeigt im Baltikum erneut Höchstwerte:

2017 hatten die baltischen Staaten offiziell 18,6 Mio. Nächtigungen. Spitzenreiter ist Litauen mit 7,2 Mio. In Estland nächtigten 6,5 Mio., in Lettland 4,9 Mio. Gäste. Erst seit 1990 sind die baltischen Staaten von der damaligen Sowjetunion unabhängig und seit 2004 EU-Mitglieder. Erst ab diesem Zeitpunkt begann der Tourismus sich für diesen so lange abgeschnittenen Teil Europas zu interessieren.

Historisch sind die Städte Tallinn und Riga in Verbindung mit dem Hanse-Städtebund. Der nordöstlichste Punkt des mächtigen Hansebundes war die alte Handelsstadt Reval, die heutige estnische Hauptstadt Tallinn. Reval hatte eine Schlüsselstellung für den Handel des Westens mit dem Russischen Reich und weiter Richtung Osten inne, Riga wurde von gotländischen Handelskaufleuten gegründet und galt als Stützpunkt für die Eroberung des Hinterlandes.

Die Republik **Estland,** die nördlichste und kleinste der drei Baltenrepubliken, profitiert touristisch von der Anziehungskraft seiner Hauptstadt Tallinn. Die Stadt ist ein wichtiger Ostsee-Fährhafen, liegt am Finnischen Meerbusen, etwa 80 Kilometer südlich von Helsinki. Die Altstadt genießt Weltkulturerbe-Status und gilt als am besten erhaltene mittelalterliche Stadt Nordeuropas. Sie ist fast vollständig umschlossen mit einer mächtigen Stadtmauer, gliedert sich in die Oberstadt (Domberg) und die Unterstadt mit dem zentralen Rathausplatz. Das ehemalige Industriegebiet Rotermanni gefällt wegen seines Gegensatzes von alter Industriearchitektur und modernster skandinavischer Architektur. Es gilt als trendiges Ausgehviertel.

Die alte Hansestadt **Riga** ist mit 820 000 Einwohner die größte baltische Stadt und Hauptstadt von **Lettland.** Sie hat sich vor allem mit wunderbar renovierter Jugendstilarchitektur im Kulturtourismus einen Namen gemacht. Mit dem Rathaus und dem Schwarzhäupter-Haus befinden sich in der inzwischen ebenso zum Weltkulturerbe erhoben Altstadt zwei der bekanntesten Gebäude der Stadt. Der Dom aus dem 13. Jahrhundert und das Schloss, das im Stile eines florentinischen Palastes errichtet wurde, zählen ebenso zu den Attraktionen wie die renovierte Holzhausarchitektur.

Die Hauptstadt **Litauens, Vilnius,** erhielt ebenso den Status des Unesco-Weltkulturerbes. Bis zum 2. Weltkrieg galt sie bis zu dessen brutaler Auslöschung als Zentrum des Judentums. So gab es damals 105 Synagogen. Heute dominieren 50 Kirchen die Altstadt. Der stark ausgeprägte Katholizismus geht auf die lange Zugehörigkeit zu Polen zurück. Vilnius wird sogar als „Rom des Ostens" bezeichnet.

Die Ruine der legendären Burg von Gediminas, dem Herrscher, der im 14. Jh. das litauische Großfürstentum schuf, gilt noch heute als das Wahrzeichen der Stadt Zu den bekanntesten Zielen der Altstadt gehört die St.-Annen-Kirche, aber auch die Bernhardiner-Kirche und die barocke Universitätsanlage, die zu den ältesten Europas zählt, sind touristische Attraktionen. Außerhalb der Altstadt trifft man auf eine weitere alte Kirche von Vilnius. Die St.-Peter-und-Paul-Kirche gilt als Meisterwerk des Barock und ist eine bedeutende Wallfahrtskirche.

Altstadt von Tallin (Domberg)

Rigaer Jugendstil

Glockenturm und Belfry-Kathedrale in der Altstadt von Vilnius

💡 Benannt ist das Baltikum nach der lateinischen Bezeichnung für die Ostsee als mare balticum, dem „Baltischen Meer".

### Arbeitsaufgaben

1. Präsentieren Sie weitere Sehenswürdigkeiten der baltischen Staaten außerhalb der drei Hauptstädte.
2. Erklären Sie, warum der Tourismus im Baltikum erst so spät einsetzte.

**Bilbao-Effekt**

Das, was vor 20 Jahren im baskischen Bilbao so toll funktioniert hat, versucht man seither rund um die Welt nachzuahmen. Man nehme einen Star-Architekten, lasse ihn ein hypermodernes Gebäude (Museum, Sportstätte) errichten und schon kommen Millionen von Touristen.
Nur das funktioniert leider nur in den seltensten Fällen, denn es braucht auch eine weitgehende Änderung des gesamten Stadtbildes, eine Modernisierung seiner Infrastruktur und eine mentale Veränderung seiner Bewohner/innen. Bilbao hat dies alles geschafft und ist von der Arbeiterstadt zur Kulturstadt geworden.

## 2.3 Kulturtourismus

Moderne Kunst findet sich heute in zahlreichen Städten Europas ebenso wie klassische Museen. Dies kann die Gulbenkian-Stiftung in Lissabon, das Franz-Hals-Museum in Haarlem, das Musée National Pablo Picasso im Château Grimaldi in Antibes, die Eremitage in St. Petersburg, der Louvre, das Centre Pompidou oder das Musee du monde arabe in Paris, das Museumsquartier, das Belvedere oder die Albertina in Wien, die Tate Gallery, das British Museum oder die National Gallery in London bzw das Jüdische Museum, die Museumsinsel oder das Pergamon-Museum in Berlin sein. Zahlreiche Menschen sind bereit, viel Geld für den Besuch bekannter Kultureinrichtungen auszugeben. Wochenendangebote vieler Reiseanbieter machen dies das ganze Jahr über möglich.

### Bilbao – von der Stahlstadt zur Kulturstadt

Nachdem die Schiffs- und Metallindustrie immer weniger Arbeitsplätze bieten konnte, suchte die Stadtregierung von Bilbao nach einem neuen wirtschaftlichen Impuls. Man entschied sich, die Kultur in den Mittelpunkt der Wirtschaft zu stellen. Die Stadt gab einem der berühmtesten amerikanischen Architekten, Frank Gehry, den Auftrag zum Bau des Guggenheim-Museums. Dieser 24 000 m² große futuristisch anmutende Bau zieht seither mehr als eine Million Touristen pro Jahr an. Das Guggenheim-Museum am Nervion gelegen. Eine Glanzleistung des kanadischen Architekten Frank O. Gehry.

Das Guggenheim-Museum am Nervion gelegen. Eine Glanzleistung des kanadischen Architekten Frank O. Gehry.

### Die Eremitage ist St. Petersburgs Kulturmagnet

Die Eremitage in St. Petersburg – von Zarin Katharina II 1764 als Sommerpalast errichtet – ist Ziel des weltweiten Kulturtourismus. Mit mehr als 2,7 Millionen Kunstobjekten, von denen nur ein kleiner Teil in den vielen hundert Räumen der staatlichen Galerie gezeigt werden kann, ist die Sammlung der Eremitage fast zehnmal so groß wie die des Louvre in Paris. Des Weiteren sind in der Eremitage auch die prunkvollen Säle der damaligen Zarenzeit, Schmuckstücke, Kleider der Zarenfamilien, Vasen, antike Möbelstücke und Waffen zu besichtigen.

Das Eremitage-Theater ist berühmt für seine Opern, Ballettaufführungen und Konzerte.

Die Eremitage in St. Petersburg ist eines der größten und bedeutendsten Kunstmuseen der Welt. In über 350 Sälen sind über 60 000 Kunstweke ausgestellt. Im Archiv befinden sich weitere drei Millionen. Unter ihnen so bekannte Künstler wie Rembrandt, Rubens, Matisse oder Paul Gauguin. Die Eremitage ist der zentrale Bau der zum Weltkulturerbe erklärten Innenstadt von St. Petersburg.

*Quelle Wikipedia*

## Arbeitsaufgaben

1. Nennen Sie bedeutende Kulturgüter in Granada, Madrid, Barcelona, Lissabon, Mailand, Athen, Straßburg, Paris, Köln, Berlin, Stockholm, Uppsala, Budapest oder Krakau.

2. Finden Sie heraus, was Kultur- und Städtetourismus gegenüber Erholungstourismus für die Wirtschaft der Gastländer attraktiver macht.

3. Stellen Sie die Unterschiede der beiden Kulturstädte dar.

### Die Europäische Kulturhauptstadt belebt den Tourismus

Die jährliche Benennung einer Kulturhauptstadt Europas durch die Europäische Union geht zurück auf einen 1985 eingereichten Vorschlag der griechischen Künstlerin und Kulturministerin Melina Mercouri. Ab 2007 tragen jeweils 2 Städte den Titel der Kulturhauptstadt, 2010 mit Istanbul sogar eine dritte Nicht-EU-Stadt. Für die Veranstaltungen, wie Konferenzen, Ausstellungen, Konzerte, Lesungen und Festivals, erhält die ernannte Stadt im Rahmen des Kulturhauptstadt-Programms einen finanziellen Zuschuss von der EU. EU-Staaten wählen dazu Städte aus, die in besonderer Weise eine Bedeutung für die Kultur, die Geschichte oder die Wirtschaft des Landes haben. Österreich war bereits zweimal, nämlich 2003 mit Graz und 2009 mit Linz, als Kulturhauptstadt Europas vertreten. Eine weitere Bewerbung von St. Pölten für 2024 ist im Anlaufen.

**Kulturtourismus der anderen Art** Rock-, Pop-, Jazz- oder Volksmusikkonzerte ziehen Hunderttausende begeisterte Fans an.

**Europäische Kulturhauptstädte**
2018 Leeuwarden (Niederlanden), Valletta (Malta)
2019 Matera (Italien), Plowdiw (Bulgarien)
2020 Galway (Irland), Rijeka (Kroatien)
2021 Timisoara (Rumänien), Eleusis (Griechenland), Novi Sad (Serbien)
2022 Kaunas (Litauen), Esch an der Alzette (Luxemburg)
2023: Vesprém
2024: Bad Ischl (Salzkammergut), Tartu, Bodo

Matera ist 2019 europäische Kulturhauptstadt. Die süditalienische Stadt ist berühmt für seine „Sassi", in den Felsen gehauene Wohnungen oder Geschäfte, die

Matera

Menschen schon vor Tausenden Jahren bis in die 1950er-Jahre bewohnten. Mit der Bewerbung Materas wollten Italiens Kulturverantwortliche auch die weniger bekannten Aspekte der italienischen Kultur zeigen. Im Jahr der Kulturhauptstadt wird mit 800 000 Übernachtungen gerechnet, doppelt so viel wie noch vor einem Jahr. Die Themen des Kulturhauptstadt-Programms reichen von Abwanderung und Vernachlässigung ländlicher Regionen bis zu realen Beziehungen in einer immer digitaler werdenden Welt.

## Arbeitsaufgaben

1. Vergleichen Sie die Aktivitäten der jeweiligen Kulturhauptstädte des laufenden Jahres. Welches Profil versuchen sich die Städte zu geben?

2. Überlegen Sie, warum so viele Steuergelder in große Kulturevents investiert werden.

3. Vergleichen Sie in der Klasse, wie viel Geld Sie bei Ihrem letzten Konzertbesuch ausgegeben haben und was davon möglicherweise dem Veranstaltungsort zugeflossen sein könnte.

## Exkurs

### Overtourism – ein Phänomen des Wohlstands

Ein großer Traum: Wenigstens einmal im Leben einen Blick auf Jahrtausende alte Kulturschätze oder eine besondere Architektur zu werfen. Doch Hunderttausende Besucher/innen zerstören oft das, was sie vorzufinden hoffen. Waren Denkmäler früher ein zu schützendes Erbe der kulturellen Vergangenheit, so sind sie heutzutage oft zu einem volkswirtschaftlichen Faktor verkommen. Je mehr Menschen ihretwegen ins Land/in die Stadt kommen, desto besser für die Wirtschaft des Landes und für die Tourismusbilanz als Teil der Handelsbilanz.

Besucherzahlen haben oftmals ein kritisches Maß erreicht – so in den baltischen Städten (Riga, Tallin), in Prag oder an Orten im Mittelmeerraum (Venedig, Rom, Florenz, Barcelona, Dubrovnik, Mallorca) oder Hallstatt in Österreich. Ebenso sind auch Trails längst zu einer Outdoor-Attraktion verkommen, die man einfach gemacht haben muss, so der Jakobspilgerweg in Spanien. Die obligate Mittelmeerkreuzfahrt wird ebenso zum Overtourism, wenn 5 000 Gäste den Hafen zur gleichen Zeit verlassen.

### Nachteile durch Overtourism

Die Beeinträchtigungen für die Wohnbevölkerung sind oft gewaltig: Menschen, die zu Tausenden durch die Städte ziehen, Enge, Lärm, „Touristifizierung" des Alltagslebens, Müll, unangemessenes Verhalten von Reisenden sowie Preissteigerungen, unter denen besonders die Einheimischen leiden. Längst hat sich eine Souvenirladen-Monokultur breit gemacht, die zahlreiche Nahversorger verschwinden lässt. Weltweit kommt es an den touristischen „Hotspots" immer wieder zu Protesten gegen die Touristenmassen wie in Venedig oder Barcelona. Da eine touristische Wohnungsvermietung (über Airbnb) lukrativ ist, stehen oft keine Wohnungen in Miete für Einheimische zur Verfügung. Aufgrund oft horrend gestiegener Mietpreise kann eine massive Abwanderung der Bevölkerung besonders unterer Einkommensgruppen aus den touristischen Ballungszentren, die Folge sein.

Täglich befahren Kreuzfahrtschiffe die Kanäle Venedigs

Diskutieren Sie das Phänomen der Massentourismus-Ziele. Was macht es aus, dass manche Orte zum Wunschreiseziel nahezu aller Reisenden werden?

### Keine Touristen und Touristinnen sind auch keine Lösung

Keine Destination will Gäste verlieren. Deshalb sind selbst so genannte "de-tourism"-Initiativen wie in Venedig nicht darauf ausgerichtet, Besucher/innen fernzuhalten. Vielmehr will man Touristenströme „kanalisieren". Gäste sollen veranlasst werden, auch weniger überlaufene Orte im Umland zu besuchen, statt sich nur im Stadtzentrum aufzuhalten. Amsterdam arbeitet daran, die Stadt in der Wahrnehmung der Besucher „auszudehnen" und Besucherströme auf ein größeres Gebiet zu verteilen.

*Quelle: Tourism Watch Nr 91, Mai 2018*

Der Tourismus hat sich zum drittgrößten Wirtschaftsbereich der EU entwickelt. 10 Prozent der gesamten Wirtschaftsleistung werden durch den Tourismus erwirtschaftet. 25 Millionen Menschen arbeiten in Europa in diesem Sektor.

Tourismus erregt Widerstand

Da eine hohe Besucherzahl für viele Berufsgruppen (z. B. Gastronomie, Hotellerie, Handel, Führungen) ja auch Einkommen und oft hohe Gewinne sichert, gilt es, die Touristenströme nicht durch Zugangsbeschränkungen zu behindern, sondern diese Ströme zu lenken. In Zusammenarbeit von Tour Operators, Reisebüros und lokalen Tourismusorganisationen könnten die Ströme zeitlich und räumlich gelenkt und somit auf ein erträgliches Maß reduziert werden, ohne gleich auf die Einnahmen verzichten zu müssen.

## Arbeitsaufgaben

1. Finden Sie einige konkrete Maßnahmen, Touristenströme zu lenken.

2. Erklären Sie den Begriff „Musealisierung" von Städten

3. Stellen Sie einander die Plus- und Minuspunkte des Städtetourismus gegenüber.

## 2.4 Naturtourismus

### Island

In Island wuchs der Tourismus seit dem Vulkanausbruch des Eyjafjallajökulls 2010 enorm an. Während davor die Einwohnerzahl Islands (330 000) und touristische Ankünfte etwa gleich hoch waren, gehen Prognosen für das Jahr 2019 von etwa 2,7 Mio. Touristen aus und damit dem Achtfachen der Landesbevölkerung. Das heißt aber auch, dass die Marken „Naturtourismus" und „einsame, urtümliche Landschaften" den Touristenbussen, Händlern, Souvenirshops und neu errichteten Hotels zum Opfer fallen könnten.

Das Klima ist aufgrund des warmen Golfstroms milder als in anderen Regionen dieser Breitengrade, so hatte die Landwirtschaft lange eine zentrale Stellung. Mittlerweile spielen die Höfe eine wichtige Rolle als über das Land verstreute Quartiergeber für Touristen und Touristinnen, die zumeist die Insel umrunden oder in Allradfahrzeugen das Landesinnere um Landmannalaugar durchqueren.

Anziehungspunkte waren und sind 130 aktive Vulkane und imposante Gletscher, die mehr als ein Zehntel der Landfläche bedecken. Zahllose Wasserfälle, imposante Fjordküsten, rauchende Landschaften und ein trockenes, fast wüstenhaftes Landesinneres. Die vulkanische Aktivität bringt auch Geysire, warme Quellen und Bäche mit sich, die einerseits für die Energiegewinnung und Beheizung, andererseits, wie etwa in der „Blauen Lagune" oder in mehr als 200 kleinen Thermalbädern über Land, auch zum Baden genutzt werden.

### Tourismus boomt in Island

Laut WTTC (The World Travel & Tourism Council) trug die isländische Tourismusbranche im Jahr 2017 insgesamt über 218 Milliarden Isländische Kronen, das sind 10,4 %, zum Bruttoin-landsprodukt bei. 2028 werden es 351 Mrd ISK sein.

Eine Vorschau für 2028 des WTTC zeigt, dass der Tourismus 93 000 jobs (46.9 % der Gesamtbeschäftigten) verantwortlich sein wird. 2018 waren es noch 70 000.

*https://www.wttc.org, 2018*

Reykjavik ist das zentrale „Einfallstor" nach Island, da die meisten Gäste mit dem Flugzeug kommen. Sehenswürdigkeiten sind die Hallgrimskirkja, die mit ihren Betonpfeilern an die Basaltsäulen des Landes erinnern soll, und das Konzerthaus Harpa, das wie ein an Land gespülter Eisklotz auf einer Landzunge im Hafen von Reykjavik liegt. Neben der Hauptstadt spielen auch noch Akureyri und Siglufjördur als Kreuzfahrthäfen, Egilsstadir als Handelszentrum, Borgarnes als das historische Zentrum Islands und Höfn als Fischereihafen eine bedeutende Rolle.

Nationalpark Þingvellir, wo 930 auf einem von Spalten und Schluchten durchzogenen Lavafeld das älteste noch bestehende Parlament der Erde gegründet wurde

Der auf seiner Kappe vergletscherte Vulkan Snæfellsjökull

Camping bei Landmannalaugar

Mineralreiches Thermalwasser wird vom nahegelegenen Kraftwerk nach Nutzung (Erwärmung des Wassers für Heizungen) in ein Lavafeld eingeleitet, das mittlerweile als Blue Lagoon eine große Attraktion darstellt.

Rejkjavik – das städtische Zentrum mit beachtlichem Kulturangebot und intensivem Nachtleben

## Arbeitsaufgaben

1. Vergleichen Sie mehrere Reiseanbieter: Wo setzen diese den Schwerpunkt, welche Routen benutzen sie?

2. Diskutieren Sie die Problematik eines so rasanten Anstiegs der Touristen. Sehen Sie Möglichkeiten eines geordneten Wachstums?

## 2.5 Sporttourismus in den europäischen Alpen

Gestiegene Mobilität, ein höheres Einkommen und sportliches Bewusstsein ermöglichen es Millionen Europäern, sich im alpinen Raum zu bewegen, sei es beim Klettern, Canyoning, Rafting, Wandern oder Paragliden, im Winter beim Schifahren, Snowboarden, Eisklettern oder Schitourengehen. Diese Sportausübungen reichen von euphorischer Zustimmung – die Alpenräume seien kaum anderweitig nutzbare Räume – über stille Akzeptanz und Duldung bis zu vehementer Ablehnung.

Auf einer Fläche von knapp über 180 000 Quadratkilometer leben 11–12 Millionen Menschen, die in unterschiedlicher Intenstität vom Tourismus betroffen sind.

Klar ist, dass dort, wo in alpinen Tälern die Sportausübung konzentriert ist, die Bewohner/innen auch – unterschiedlich intensiv – ökonomisch vom Tourismus profitieren und so eher vor Ort bleiben, während in zahlreichen anderen Gegenden der Alpen die Abwanderung bereits extreme Ausmaße angenommen hat. Besonders intensiv ist die Abwanderung in den italienischen und französischen Westalpen. Tourismus gilt aber auch als ein Faktor, der die Lebenshaltungskosten der Bewohner/innen entscheidend erhöht und u. a. zur Steigerung der Bodenpreise führt (Nachfrage nach Zweitwohnsitzen), wodurch es einerseits zu sozialen Spannungen und letztendlich wieder zur Abwanderung mit saisonaler Pendeltätigkeit kommen kann.

Die ökologische Thematik des Alpinsports wurde an anderer Stelle bereits behandelt.

### Regionale Beispiele alpinen Sporttourismus'

#### Weitwandern am Beispiel der Via Alpina
Die Via Alpina ist ein Weitwanderweg, der bestehende Wege auf mehr als 5 000 km zusammengeschlossen hat. Er führt durch acht Staaten mit Beginn in Triest bis zum Ziel in Monaco und ist in 342 Tagesetappen zu bewältigen.

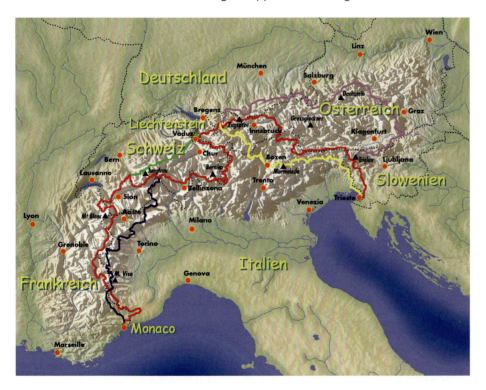

Triglav – höchster Berg Sloweniens

Die Zugspitze – Deutschlands Nr. 1

Mont Blanc – 4 810 m Europas Nr. 1

■ Nehmen Sie einen Teil der Via Alpina und präsentieren Sie die Wegführung, die Region, die Anforderungen sowie An- und Abreise für den gewählten Abschnitt.

Via ferrata Fausto Susatti –
Cima Capi

Brücke am Klettersteig Leukerbad,
dem längsten in der Schweiz

 ■ Präsentieren Sie Klettersteige bzw. Biketouren in den Alpen unter Einbeziehung des touristischen Aspekts (wer profitiert, wer hat Nachteile davon, welche sozialen und ökologischen Bedenken gibt es?)

Transalp: Sesvennapass nach Santa Maria auf der 243 km langen Tour Tag 2 von 5

## Klettersteige

In den Alpen gibt es 1 213 Klettersteige. Die Region Gardasee ist für ihre vielfältigen, landschaftlich außerordentlich schönen Vie ferrate bekannt. Die steil direkt vom See aufragenden Kalkfelsen haben bei Kletterern eine hohe Attraktivität.

Klettersteige werden in präziser Seilführung angelegt und je nach Schwierigkeitsgrad sind sie mit Metallfußtritten, Leitern oder Brücken über Felsspalten ausgestattet. Der Rückweg findet meist auf einem normalen Fußweg statt.

Eine Begehung ist nur mit komplettem Kletterset (Sitzgurt mit Doppelseilsicherung und Helm) möglich. Die Schwierigkeitsgrade reichen von A bis E. Sie orientieren sich an Kraftanstrengung, Trittabstand, Ausgesetztheit, Überhang, Länge.

**Schwierigkeitsgrad A/B: (die leichten):** Ettaler Manndl, Widauersteig, Mittenwaldklettersteig ...
**Schwierigkeitsgrad E: (die schwierigsten):** Martinswand, Seewandklettersteig, Via ferrata Costantini, Via attrezzata Rino Pisetta, Lehner Wasserfall ...

## Biketour

Es ist möglich, auf knapp 900 verschiedenen Routen über die Alpen zu fahren. Die Routen unterscheiden sich vor allem in den zurückgelegten Höhenmetern. Leichte Einsteigertouren beginnen bei 3 000 Höhenmetern pro Tour, geübte Mountainbiker schaffen bis zu 20 000 Höhenmeter. Die durchschnittliche Transalp-Dauer liegt unabhängig von den Höhenmetern bei etwa sieben Tagen. Neben der Schwierigkeit unterscheiden sich die Transalp-Routen in ihrer Überquerungsrichtung. Sie können die Alpen entweder auf einer Route von Ost nach West oder von Nord nach Süd überqueren.

### Transalp von Ischgl zum Comersee

❶ Maloja Pass
❷ Santa Maria im Münstertal
❸ Scuol
❹ Sesvennapass
❺ Livigno
❻ Colico
❼ Döss Radond
❽ Fimberpass
❾ Bernina Pass
❿ Sils Maria

### Arbeitsaufgaben

**1.** Ordnen Sie die Pässe und Orte mit Nummern richtig zu.

**2.** Diskutieren Sie die Problematik der technischen Erschließung sonst oft unüberwindlicher Felsen.

## 2.6 Reisen in Europas Randgebiete

### 2.6.1 Die Ukraine – ein touristisches Neuland

Mit über 600 000 km² ist die Ukraine das flächenmäßig größte Land Europas, mit seinen 43,7 Mio. Einwohnern immerhin noch das sechsgrößte Land des Kontinents. Und doch existiert die Ukraine in der Vorstellung der meisten Menschen nur als „Kornkammer" Europas und taucht dann in der Wahrnehmung auf, wenn es um die Gebietskonflikte mit Russland im Osten des Landes und auf der Halbinsel Krim geht. Letztere war der touristische Hotspot des Landes, ist aber seit März 2014 von den Russen besetzt und wird, so die politische Lage, in absehbarer Zeit nicht mehr zur Ukraine zurückkehren. Sewastopol oder Jalta – am Schwarzen Meer gelegen – werden in Zukunft eher von Gästen aus Russland besucht.

Wo bzw. worin liegt nun das touristische Potenzial des ukrainischen Staatsgebietes ohne seine traditionellen Urlaubszentren?

- Die Maidan-Revolution im Jahr 2014 war eine Initialzündung für den Tourismus in Verbindung mit der Einbindung ukrainischer Flughäfen durch die internationalen Billigairlines Ryanair, Easyjet und Germanwings. Statt noch 10,3 Mio. Russen, die 2013 die Ukraine besuchten, sind es nun weniger als 2 Millionen. Die Herkunft der Gäste hat sich völlig geändert. Kiew alleine wurde 2018 von 1,5 Mio. Gästen besucht, die wegen der Architektur, der Revolutionsgeschichte, aber auch wegen des Eurovisions-Songcontests in die Hauptstadt gekommen sind.
- Die Städte Lviv (früher Lemberg) und Cernivci (früher Cernowitz) sind weitere Zielpunkte des Tourismus geworden. Noch immer sind es 70 % Ukrainer/innen und etwa 20 % Polen/Polinnen, die als Gäste kommen, Deutsche und Österreicher/innen sind ebenso eine verschwindende Minderheit wie Gäste aus Japan oder China und den USA. Und doch bieten diese beiden Städte ein großes Potenzial, das vor allem im kulturellen Bereich liegt.

Zahlreiche Bauten aus der Zeit der Monarchie, wie hier das Opernhaus von Lemberg, sind ebenso unversehrt erhalten wie wertvolle Beispiele eines ukrainisch geprägten Jugendstils. Eindrucksvoll ist es, sich auf die Spuren des vor dem 2. Weltkrieg lebendigen Judentums zu begeben. 160 000 Juden lebten vor dem Krieg in Cernivci, durch die Shoa sind bis auf 600 alle von ihnen vernichtet worden oder ausgewandert. Nahezu alle Synagogen sind zerstört worden, nur noch jeweils eine – hier die zentrale Synagoge Lvivs – blieb erhalten.

 **Ein kurzer Blick zurück**

Das Staatsgebiet der Ukraine erlebte eine bewegte Geschichte, die einmal das Kiever Reich, dann wieder die Polen, die Mongolen, diverse Fürstentümer, neuerdings die Polen und Litauer als Herrscher auswies, bevor 1774 die Österreich-Ungarische Monarchie unter Maria Theresia die südwestlichen Landesteile (Königreich Galizien) bis 1918 in das Kaiserreich eingliederte.

Direkt im Anschluss wurde mit der „westukrainischen Volksrepublik" erstmals die Unabhängigkeit proklamiert. 1921 schon wurde Ostgalizien Polen angegliedert. Mit dem Einmarsch Hitlers 1939 in Polen kam Sowjetrussland in den Besitz des Landes, bevor 1941 die deutschen Truppen einmarschierten und mit dem Pogrom an der jüdischen Bevölkerung begannen. Diese wurde bis zum Einmarsch der Roten Armee 1944 völlig vernichtet. 1991 stimmte die Bevölkerung für die Unabhängigkeit und durch die „Orangene Revolution" am Maidan 2004 für eine neue, prowestliche Präsidentschaft.

Jugendstilgebäude in Cernivci

---

### ✎ Arbeitsaufgaben

1. Fassen Sie die Schwierigkeiten kurz zusammen, denen sich der Ukraine bei der Entwicklung ihres Tourismus entgegenstellen.

2. Entwickeln Sie ein Szenario für die weitere touristische Entwicklung der Ukraine und präsentieren Sie Ihre Ideen.

Zwischen dem 36. und dem 40. nördl. Breitengrad gelegen sind die Azoren durch ein ozeanisch-subtropisches Klima geprägt. Die Lage inmitten des Atlantischen Ozeans sorgt dafür, dass Jahreszeiten und Temperaturextreme sehr ausgeglichen sind. Die Inseln befinden sich die meiste Zeit des Jahres unter dem Einfluss der subtropischen Hochdruckzone (Rossbreiten), geraten in den Wintermonaten aber in den Bereich heftiger Regenfälle, die Temperaturen bleiben aber mild.

 ■ Vergleichen Sie die Lage der Azoren mit Europa. Welche Region entspricht dieser Breitenlage?

## 2.6.2 Die Inselwelt der Azoren – Tourismus mitten im Atlantik

250 000 Einwohner/innen bewohnen 9 Inseln mit einer Gesamtfläche von 2 330 km². Die Inseln der Azoren bilden die „Região Autónoma dos Açores", sind also eine autonome Region und unterstehen Portugal und gehören damit zur EU, von wo sie aufgrund ihrer lange Zeit vernachlässigten wirtschaftlichen Entwicklung hohe Fördergelder im Rahmen der Regionalentwicklung erhalten. Der Tourismus ist ein Teil des Entwicklungsprogramms, der bereits große Erfolge zeigt. Waren es in den 1980er Jahren noch 30 000 Gäste pro Jahr, so ist diese Zahl mittlerweile auf 100 000 angestiegen. Doch immer noch sind es zahlreiche ehemalige in die USA oder nach Kanada ausgewanderte Azoreaner/innen, die den Urlaub zu Hause verbringen. Wegen ihrer meist felsigen Steilküsten sind die Azoren keine Badedestination. Sie bieten für den Wander- und Naturliebhaber ein ideales Reiseziel.

2 100 Kilometer liegt der Archipel von Europa entfernt. Von Amerika trennen sie rund 3 600 Kilometer. Flores und die Nachbarinsel Corvo markieren die westlichsten Außenstellen Europas, sie werden auch als die „Westgruppe" bezeichnet, die etwa eine Flugstunde von der „Zentralgruppe" mit den Inseln Faial, Pico, Sao Jorge, Graciosa und Terceira entfernt liegen. Zur südöstlich gelegenen „Ostgruppe" zählen die größte Azoreninsel, Sao Miguel, und Santa Maria. Letztere war bis in die 1980er-Jahre wichtige Zwischenstation bei den Transatlantikflügen, heute hat jede der Inseln einen internationalen Flughafen.

Die Inselgruppe der Azoren liegt auf dem mittelatlantischen Rücken und ist somit vulkanischen Ursprungs, was am linken Bild noch deutlich zu sehen ist. Thermalquellen, ebenfalls vulkanisch – wie hier am Lago de Furnas auf Sao Miguel, sind ein touristischer Hotspot.

Europas einzige Teeplantage ist eher eine Tourismusattraktion als ein wirtschaftlich erfolgreiches Projekt. Whalewatching, das nun statt des bis in die 1990-Jahre praktizierten Walfangs angeboten wird, gehört zum Programm nahezu jeder Azorenreise.

### Arbeitsaufgaben

1. Fassen Sie zusammen, was einer intensiven touristischen Erschließung der Azoren entgegen steht.
2. Präsentieren Sie touristische Highlights der einzelnen Inseln.

## 2.7 Flussreisen mit dem Hausboot

Das Mieten eines Hausboots ist zumeist sehr einfach, noch dazu wo man dafür keinen Bootsführerschein benötigt. Träge fließende Flüsse, Kanäle oder Seen sind die Reviere, auf denen man zu zweit oder ebenso zu zehnt mit unterschiedlich großen Booten – meist für eine Woche - unterwegs sein kann. Die Boote sind leicht zu steuern, gut manövrierfähig, langsam, bieten sehr guten Komfort und können für kurze Ausflüge, Einkäufe oder Besichtigungen leicht anlegen. Urlaub wie im Wohnmobil, nur eben am Wasser. Das besondere Abenteuer sind zumeist zu überwindende Schleusenanlagen.

Hausboot „Frisian Star" für 4 Personen

**Die wichtigsten Hausbootreviere in Europa sind:**
1. Masurische Seenplatte
2. Mecklenburg- Vorpommern
3. Schottische Highlands
4. Shannon
5. Themse
6. Burgund
7. Canal du midi
8. Flandern
9. Friesland
10. Venetien

Die Polderlandschaft Frieslands

### Revier Westfriesland

Die im NO der Niederlande gelegene Provinz Fryslan liegt sowohl am Ijsselmeer als auch an der Nordsee und erstreckt sich in einer großen sandigen Ebene Richtung Osten. Viele Kanäle entwässern die Polderlandschaft, die vor Jahrzehnten dem Meer abgerungen wurde, so gibt es für Hausbootfahrer gerade hier eine Unzahl von Möglichkeiten, das Land kennenzulernen. Wesentlich für die Eindeichung war die Errichtung des 32 Kilometer langen Afsluitdijks, der im Zeitraum 1927 bis 1933 erbaut wurde und die Provinzen Friesland und Noord-Holland verbindet. Da 26 % des Landes unter dem Meeresspiegel liegen, sind Entwässerungskanäle mit Pumpanlagen, Schleusen und Dämmen unentbehrlich.

Die Kulturhauptstadt von 2018 Leeuwarden ist von zahlreichen Kanälen durchzogen

Morgenstimmung im Nationalpark „de Alde Feanen"

**Arbeitsaufgaben**

1. Informieren Sie sich über die Lage der Hausbootreviere mit dem QR Code.

2. Informieren Sie sich über die Besonderheiten anderer Wasserstraßen in Europa, die mit Hausbooten befahren werden können und präsentieren Sie diese.

3. Stellen Sie die Problematik eines Landes dar, das zu einem beachtlichen Teil unter dem Meeresspiegel liegt.

## 2.8 Luxusreisen in Europa

Ob es im Sommer das Luxury Hotel mit Privatstrand, eigenem Yachthafen und eigenem Golfressort ist oder im Winter das Hotel mit allen Wellness-Raffinessen und eigenem Helikopter fürs Heliskiing, oder das exquisite Stadthotel mit der Luxussuite und dem angeschlossenen Gourmetrestaurant, die Zahl dieser Quartiere steigt und sie werden immer öfter nachgefragt.

Hotel Capri Palace

### Wer fährt ...

62 % der Befragten (Anm. Veranstalter von Luxusreisen) gaben an, dass vor allem die Generation X (36 bis 55 Jahre) diese Art von Reisen bucht, während 37 % die Babyboomer (über 55 Jahre) als Kernmarkt identifizieren. 73 % der Kunden reisen hauptsächlich als Paar. Die durchschnittliche Aufenthaltsdauer beträgt sieben bis zehn Tage.

*Quelle: http://tourism-insider.com*

Hotel Four Seasons George V
Paris

### Wohin ...

Das beliebteste Ziel für Luxusreisen ist Paris
Das teuerste Reiseland der Welt ist die Schweiz
Der teuerste Schiort (Tageskosten) ist Lech
Die Stadt mit den meisten 5-Sterne-Hotels ist London

*Quelle: https://de.statista.com*

Grand Hotel des Bains Kempinski
St. Moritz

### Top of Luxury-Hotels Europas sind u. a.:

| | |
|---|---|
| Capri Palace | Regent in Berlin |
| Four Seasons George V in Paris | Hotel Imperial in Wien |
| Hotel Bauer Il Palazzo in Venedig | The Berkely in London |
| Hotel Mandarin Oriental in Paris | |

*Quelle: Martin N. Kunz: Luxury Hotels*

Heliskiing am Arlberg

### Was es kostet ...

Das durchschnittliche Budget für eine einzelne Luxusreise variiert von Markt zu Markt. Die meisten Befragten gaben an, dass die durchschnittlichen Ausgaben zwischen 5.000 und 9.999 Euro pro Reise liegen. Reisende aus Deutschland (41 %), Großbritannien (38 %) und Frankreich (36 %) geben zwischen 10.000 und 14.999 Euro aus pro Urlaub aus.

### Trends ...

Diese Reisenden sind auf der Suche nach einem kostbaren Gut: der Zeit. Sie wollen sowohl Zeit gewinnen als auch Zeit haben. Sie wünschen Weite, Natur, Zeit zum Durchatmen, und dies alles weit von den Menschenmassen entfernt.
Der andere Trend ist der Urlaub auf einer großen Yacht, die einsame Buchten ansteuert, oder der Trip around the world im Privatjet.

*Quelle: https://www.fuw.ch*

Astra Suite Hotel in Santorin

## Arbeitsaufgaben

1. Diskutieren Sie die Bedeutung von Luxushotels für den Tourismus einer Region.

2. Stellen Sie für potenzielle Kunden und Kundinnen weitere Luxusziele in Europa zusammen.

## Ziele erreicht? – „Tourismus in Europa"

KOMPETENZ-ERWERB ✓

Europa ist im Welttourismus immer noch die Nummer 1. Die vielfältige Landschaft, das übergroße Kulturangebot und die hohe Dienstleistungsqualität lassen den Tourismus zu einem immer bedeutenderen Wirtschaftsfaktor werden.

1. Bewerten Sie die Aussagen mit Schulnoten und überlegen Sie ein Schlagwort als Begründung dazu. Diskutieren Sie die Ergebnisse.

**Eine Blitzumfrage**

„Ohne die Billigangebote gäbe es für viele Menschen in Europa keinen Urlaub."

„Der Tourismus sorgt auch in Europa für ein besseres kulturelles Verständnis."

„Gerade im Tourismus reden wir gerne von Nachhaltigkeit, unser eigenes Verhalten ist aber noch keineswegs nachhaltig."

„Die Wahl zur Kulturhauptstadt lässt die touristische Bedeutung einer Stadt für Jahre aufleben."

„Wander- oder Hausboot-Tourismus lässt auch entlegene Regionen ein wenig am „Tourismuskuchen" eilhaben.

„Billig-Airlines wie Ryan Air, Wizz Air, private Taxidienste wie Uber oder private Zimmervermieter wie Airbnb haben ihre fixe Position im touristischen Angebot und beleben das Geschäft."

„Teile der Alpen sind mittlerweile zu einem gigantischen Sportgerät geworden."

**2.** Treffen Sie zu den folgenden Spotlights Aussagen. Diskutieren Sie die Ergebnisse.

**Spotlights zum Beruf**

Ich möchte dort arbeiten, wo andere Urlaub machen.

Als Guide hat man es im Tourismus immer mit gut gelaunten Menschen zu tun.

**Aus diesem Kapitel habe ich die nachstehend angeführten Erkenntnisse und/oder Einsichten gewonnen:**

# Natur- und Wirtschaftsräume Österreichs

**Meine Ziele**

Nach der Bearbeitung dieses Kapitels kann ich

- die Großlandschaften Österreichs beschreiben;
- die Nationalparkkriterien nennen;
- die Entstehung der Großlandschaften erklären;
- das Klima Österreichs in seiner Unterschiedlichkeit beschreiben und Klimadiagramme den verschiedenen Klimaprovinzen zuordnen.

# 1 Naturraum Österreichs

*Österreich wird oft als „Alpenstaat" bezeichnet, da die Alpen sicherlich die charakteristischste Landschaft Österreichs bilden. Unser Land hat aber Anteil an mehreren europäischen Großlandschaften. Der Großteil der österreichischen Bevölkerung lebt in den Siedlungsgebieten der Flach- und Hügelländer.*

## 1.1 Österreichs naturräumliche Lage in Europa

💡 Nur 28 Prozent der gesamten Landesfläche fallen auf Flach- und Hügelländer. Etwa ein Drittel liegt unter 500 m Seehöhe.

Österreich hat an mehreren europäischen Großlandschaften Anteil. Ungefähr zwei Drittel der Staatsfläche werden von den Alpen eingenommen. Sie liegen wie ein Riegel in der Mitte Europas und bilden eine bedeutende Verkehrsbarriere zwischen den Wirtschaftsräumen Süddeutschlands und Norditaliens. Die Überquerung der **Alpen** ist eine der größten verkehrspolitischen Herausforderungen der Gegenwart. Österreich liegt im Bereich der Ostalpen. Das Rheintal bildet einen Teil der Grenze zu den höheren Westalpen und gleichzeitig die österreichisch-schweizerische Grenze. Nördlich der Alpen – im nördlichen **Alpenvorland** und im **Karpatenvorland** – liegen die wichtigsten Siedlungs- und Wirtschaftsräume Österreichs.

Die Donau durchfließt Österreich von Westen nach Osten und bildet größtenteils (bis auf einige Ausnahmen wie z. B. Wachau) die Grenze zwischen dem Alpenvorland und dem Böhmischen Massiv im Norden. Die Donau gibt somit die West-Ost-Achse als einen der Hauptverkehrskorridore naturräumlich vor. Mühl- und Waldviertel sind nur ein kleiner Teil des Böhmischen Massivs, das wiederum einen Teil des gewaltigen deutschen Mittelgebirgssystems bildet, das von der Donau bis zum Norddeutschen Tiefland reicht.

⚠️ **Anmerkung:** Die Höhenangaben in der Karte beziehen sich nicht immer auf Bergspitzen, die im Atlas klar erkennbar sind, sondern sollen nur die Höhen der jeweiligen Großlandschaft illustrieren.

Auch die östlichen Flach- und Hügelländer Österreichs sind Teile größerer Landschaften. Das Wiener Becken reicht bis nach Südmähren und in die Slowakei und ist ein Einbruchsbecken (an der Stelle der früheren Gebirgsbrücke zwischen Alpen und Karpaten). Die Vorländer im Osten sind Teil des Pannonischen oder Ungarischen Tieflandes, eines Einbruchsbeckens zwischen Alpen, Karpaten und Dinarischem Gebirge.

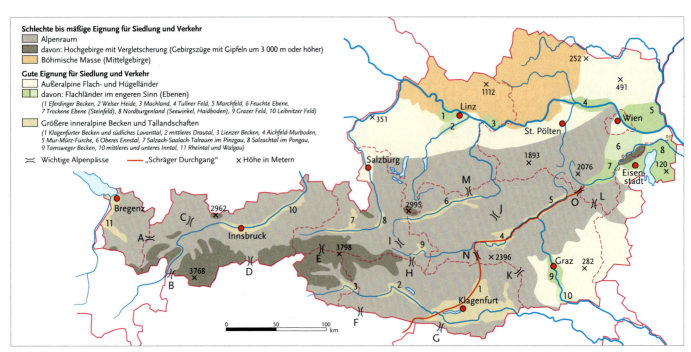

Schlechte bis mäßige Eignung für Siedlung und Verkehr
- ▨ Alpenraum
- ▨ davon: Hochgebirge mit Vergletscherung (Gebirgszüge mit Gipfeln um 3 000 m oder höher)
- ▨ Böhmische Masse (Mittelgebirge)

Gute Eignung für Siedlung und Verkehr
- ▨ Außeralpine Flach- und Hügelländer
- ▨ davon: Flachländer im engeren Sinn (Ebenen)
  *(1 Eferdinger Becken, 2 Welser Heide, 3 Machland, 4 Tullner Feld, 5 Marchfeld, 6 Feuchte Ebene, 7 Trockene Ebene (Steinfeld), 8 Nordburgenland (Seewinkel, Haidboden), 9 Grazer Feld, 10 Leibnitzer Feld)*
- ▨ Größere inneralpine Becken und Tallandschaften
  *(1 Klagenfurter Becken und südliches Lavanttal, 2 mittleres Drautal, 3 Lienzer Becken, 4 Aichfeld-Murboden, 5 Mur-Mürz-Furche, 6 Oberes Ennstal, 7 Salzach-Saalach-Talraum im Pinzgau, 8 Salzachtal im Pongau, 9 Tamsweger Becken, 10 mittleres und unteres Inntal, 11 Rheintal und Walgau)*

⤨ Wichtige Alpenpässe  ― „Schräger Durchgang"  × Höhe in Metern

## 1.2 Großlandschaften Österreichs

Die Alpen, die Hügelländer, Beckenlandschaften und die Böhmische Masse weisen ein äußerst vielfältiges Landschaftsbild auf. Die fünf Großlandschaften unterscheiden sich voneinander nicht nur durch die Oberflächenform, sondern auch durch ihr Klima und ihre Vegetation.

### 1.2.1 Granit- und Gneishochland (Böhmische Masse)

Dieses Gebiet im Norden Österreichs gehört zum Mittelgebirge der Böhmischen Masse. Es ist das geologisch älteste Gebiet Österreichs. Das Landschaftsbild weist Hochflächen mit Kuppen, Rücken und Mulden auf. Zur Donau hin gibt es wegen der Steilstufe tief eingeschnittene Kerbtäler, im Osten mäandrieren Thaya und Kamp in breiten Muldentälern. An Gesteinen überwiegen Granite, Gneise und Glimmerschiefer. Klimatische Einflüsse haben Mühl- und Waldviertel zu einer Rumpflandschaft eingeebnet. Deshalb sind die Höhenunterschiede und Hangneigungen relativ gering.

❶ Wackelstein bei Königswiesen, OÖ. Die Vorarbeit dazu leistete die voreiszeitliche Verwitterung, da im tropischen Klima vor mehr als 1,4 Mio. Jahren die gesamte Felskuppe durch horizontale und vertikale Risse gespalten wurde.

### 1.2.2 Alpenvorland und Karpatenvorland

Südlich der Böhmischen Masse schließt das von sandigen, tonigen und mergeligen Ablagerungen bedeckte Alpenvorland an. Geologisch wird dieser Raum als Molassezone bezeichnet. Das Relief wird hier zum Großteil von der Donau und deren Zubringern geprägt. Schotterablagerungen und ein komplexes Muster von unterschiedlich hohen Flussterrassen bestimmen das Landschaftsbild. In den Eiszeiten drangen der Salzach- und der Traungletscher weit in das Vorland hinaus und hinterließen eine flachwellige Moränenlandschaft im Salzburger Flachgau und im Bereich der Salzkammergutseen. Sie entstanden, als sich nach der Eiszeit Wasser in den Vertiefungen der ehemaligen Gletscherzungen ansammelte (Zungenbeckenseen).

Nördlich der Moränenwälle bildeten sich flache Seen, die im Laufe der Zeit verlandeten und zu Mooren wurden. In den warmen Perioden überformten die Flüsse das Gelände, indem sie sich in das vorhandene Material eingruben und Terrassen bildeten.

Die älteren, höher gelegenen Terrassen sind für die Landwirtschaft sehr günstig: Es bildeten sich Braunerden auf dem eiszeitlichen Löss. Die jüngeren, tiefer gelegenen Terrassen haben mit Schottern und Sanden ungünstigere Ausgangsmaterialien und sind daher Siedlungsland oder Auwaldgebiete.

Als **Mäander** bezeichnet man Schlingen, die sich in Flussabschnitten mit geringem Gefälle und gleichzeitig transportiertem Sand, Steinen oder Kiesel bilden. Das Wort stammt von den Flüssen Menderes in der westlichen Türkei.

**Sandboden** ist wasserdurchlässig und trocknet daher schnell aus.

**Tonboden** ist zäh und fest, lässt wenig Wasser durch.

**Mergelboden** besteht aus einem Gemisch von Ton, Kalk und Sand. Eine besondere Form ist der Löss.

**Molasse** ist die Bezeichnung für Sedimente, die bei der Abtragung eines Faltengebirges bis zu seiner weitgehenden Einebnung entstehen.

**Löss** oder Löß ist ein vom Wind transportiertes und Wind abgelagertes Sediment (gelbbraun, locker, mehlfein), das aus Feinmaterial – dem sogenannten Schluff – besteht.

**2** Im Flachgau finden sich zahlreiche Seen, die eine Folge der Bedeckung durch den Salzachgletscher sind.

**3** Das Alpenvorland ist Hauptverkehrsweg und zugleich intensiv landwirtschaftlich genutzte Fläche (hier auf der Hochterrasse der Enns)

### Karpatenvorland

Das Karpatenvorland umfasst das westliche Weinviertel und entstand ebenfalls durch Meeresablagerungen. Es weist auf den Höhen Schotterplatten auf, während die Hügel und Mulden von mächtigen Lössplatten bedeckt sind. Die sich nach Nordosten ziehende Waschbergzone aus Kalk (Leiser Berge, Staatzer Klippe) bildet den Übergang von den Alpen zu den Karpaten und teilt das Weinviertel in einen westlichen und einen östlichen Teil.

**4** Auf einem isolierten Kalkfelsen im Karpatenvorland thront die Ruine Falkenstein

### 1.2.3 Wiener Becken

Die Ostalpen brechen treppenförmig nach Osten ein. Das Wiener Becken ist daher ein Senkungsraum, der mit mächtigen Meeresablagerungen (Sanden und Mergeln) bedeckt ist. Donau und March haben im östlichen Teil (Marchfeld) Schotter und Schwemmsande abgelagert. Im südlichen Wiener Becken (zwischen Thermenlinie im Westen und Leithagebirge im Osten) haben die Flüsse aus den Kalkalpen große Schotterflächen aufgeschwemmt (z. B. Steinfeld). In der sogenannten Feuchten Ebene tritt der Grundwasserspiegel nahe an die Oberfläche und bildet in der Mitterndorfer Senke einen riesigen unterirdischen Süßwassersee. Die Thermenlinie mit den Thermalquellen ist ein Teil einer geologischen Störungszone.

Die Wiener Thermenlinie begrenzt das Wiener Becken gegenüber den Alpen und ist mit den Thermalquellen Teil einer geologischen Störungszone. Hier reihen sich die bekannten Thermalquellen von Baden, Bad Vöslau und Bad Fischau. Auch die Therme Oberlaa gehört hier dazu.

**5** Blick über das Wiener Becken nach Wiener Neustadt

## 1.2.4 Vorland im Osten und Südosten

Das Vorland im Osten und Südosten ist ein Randgebiet der Pannonischen Tiefebene. Die Pannonische Tiefebene ist eine ausgedehnte Tiefebene in Ostmitteleuropa, die vom Mittellauf der Donau und vom Unterlauf der Theiß durchquert wird. Sie liegt großteils in Ungarn. Geologisch hängt sie mit dem Wiener Becken und dem Karpatenbogen zusammen. Eine Besonderheit im Nordburgenland ist der Seewinkel. Er gehört zusammen mit der Parndorfer Platte bereits zur Kleinen Ungarischen Tiefebene, die den westlichen Teil der Pannonischen Tiefebene bildet. Die Landschaft östlich des Neusiedler Sees wird geprägt durch die vielen typischen Lacken, die es in Europa eigentlich nur hier gibt. Dazu gehören auch das Sumpfgebiet im Süden, der sogenannte Hansag, und der Heideboden. Das ganze Gebiet im Norden wird auch Neusiedler Bucht genannt.

Südlich des Ödenburger Gebirges (ein letzter Ausläufer der Ostalpen) liegt das Mittelburgenland oder die Bucht von Oberpullendorf mit einem hügeligen Relief. Im Südosten schließt die Grazer Bucht und das steirische und südburgenländische Hügelland an. Eine Besonderheit ist das Riedelland. Zahlreiche Flüsse und Bäche zerteilen diese Landschaft in Höhenrücken und in Täler, die nach Südosten hin verlaufen. Im Hügelland gibt es Reste vulkanischer Erscheinungen in Form von Vulkankuppen und Thermalquellen. Diese waren ausschlaggebend dafür, dass sich um Bad Gleichenberg, Güssing, Bad Loipersdorf und andere Ortschaften ein reger Gesundheitstourismus entwickelt hat.

**6** In der Ebene des Seewinkels finden sich einige Salzseen, die den Kern des Nationalparks bilden

## 1.2.5 Alpen

Durch den Druck der Afrikanischen Platte auf die Eurasische Platte wurden im Tertiär die Meeresablagerungen, bestehend aus verschiedenen Gesteinsformationen, zusammengepresst und aufgefaltet. Dabei entstand eine Reihe westöstlich verlaufender Zonen von Gesteinen mit jeweils typischen Oberflächenformen. In der Eiszeit verformten Gletscher diese Oberfläche und bildeten Kare und Trogtäler. Diese Zonen sind durch Längstäler voneinander getrennt. Dazu zählen das Inn-, Salzach- und Ennstal sowie die Mur-Mürz-Furche. Es gibt aber auch eine Reihe von Senkungsräumen wie das Klagenfurter Becken und das Rheintal, die durch Ablagerungen der Gletscher und Flüsse aufgefüllt wurden.

### Flyschzone

Die Flyschzone mit ihrem sanften Relief begrenzt die Alpen nach Norden und besteht aus Sandsteinen, Mergeln, Tonen und Tonschiefern. Letztere bewirken bei stärkeren Regenfällen Massenbewegungen (Rutschungen). Nur im Wiener und Bregenzer Wald erreicht diese Zone eine größere Ausdehnung.

### Nördliche Kalkalpen

Die Nördlichen Kalkalpen erstrecken sich über 450 km vom Vorarlberger Rheintal bis zum Wiener Becken. Sie gliedern sich zonal in die Kalkhochalpen (2 000–3 000 m über dem Meeresspiegel) im Süden und die nördlich anschließenden Kalkvoralpen (1 500–2 000 m über dem Meeresspiegel).

 **7** Dachsteinmassiv

Von der Schesaplana bis zum Hohen Kaiser herrschen Grat- und Kettengebirge mit wenig ausgedehnten Hochflächen vor; von den Loferer Steinbergen ostwärts dominieren wellig-kuppige Hochflächen, die oft von steilen Wandflanken begrenzt sind. Die Hochflächen zeichnen sich durch geringe Zertalung und starke Verkarstung in riesigen Höhlensystemen aus. Verkarstung und eiszeitliche Vergletscherung haben die Überformung der Gebirgsstöcke vollendet (zahlreiche Kare). Die von Dolinen übersäten Hochflächen mit Karrenbildung an den bodenfreien Hängen machen die Hochflächen schwer begehbar.

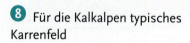 **8** Für die Kalkalpen typisches Karrenfeld

**Kare:** sind durch Gletschererosion und Frostverwitterung am Fuß von Steilhängen entstanden. In den Mulden haben sich Seen gebildet. Manche davon wurden zu Stauseen für alpine Speicherkraftwerke ausgebaut.

**Dolinen** sind runde Einsturztrichter im Karstgestein, wobei Hohlräume knapp unter der Oberfläche zu einem Deckeneinsturz geführt haben. Mehrere ineinander übergehende Dolinen werden als Uvalas bezeichnet.

**Karren** sind Kleinstformen im Karst. Lochkarren sind zentimetergroße runde Vertiefungen, Rillenkarren längsgerichtete Vertiefungen im Karstgestein, durch die Oberflächenwasser abfließt, was zur weiteren Erodierung des Kalkgesteins beiträgt.

## Grauwackenzone (nördliche und südliche Schieferalpen)

Zwischen Nördlichen Kalkalpen und Zentralalpen erstreckt sich eine nicht durchgehende Schieferzone. Die Kitzbüheler Alpen haben sanfte Höhenrücken mit Almen und „Grasbergen", ideal für den alpinen Skilauf. Die Grauwackenzone reicht von den Tuxer Alpen über den Kitzbüheler Raum, die Region Schladming und Eisenerz bis nach Gloggnitz. Die südliche Zone umfasst die Karnischen Alpen. Diese Zone ist reich an Bodenschätzen.

**9** Erzberg – einst bedeutende Bergbauregion

## Zentralalpen

Die aus harten, undurchlässigen Gneisen, Graniten und Glimmerschiefern bestehenden Zentralalpen zeigen im Westen stark zerschnittene oder massige Gebirgszüge wie die Silvrettagruppe, die Ötztaler Alpen oder die Stubaier Alpen. Östlich des Wipptals finden sich lang gestreckte, fiederförmige Ketten wie die Zillertaler Alpen oder die Hohen Tauern mit dem 3 798 m hohen Großglockner. Trogtäler, bis in Talnähe reichende Gletscher und Kare mit Karseen sind den westlichen Gebirgszügen der Zentralalpen eigen. Die Niederen Tauern zeigen von den Radstädter Tauern bis zu den Seckauer Alpen pyramidenförmige Spitzen, zahlreiche Karseen und Grate. Südlich der Mur-Mürz-Furche liegen die Gurktaler Alpen und das Steirische Randgebirge, die nur mehr Höhen bis 2 000 m erreichen; sie werden als Mittelgebirge bezeichnet. Weite tektonische Senkungsfelder ermöglichen im Steirischen Randgebirge bereits ausgedehnte landwirtschaftliche Nutzung. Die letzten Ausläufer der Zentralalpen sind die Bucklige Welt und das Rosaliengebirge.

**10** Hohe Tauern – Pasterze

**11** Karsee in den Niederen Tauern

## Südliche Kalkalpen

Die geografischen südlichen Kalkalpen erstrecken sich vom Comer See bis kurz vor der Mündung der Mieß in die Drau. Lediglich die Gailtaler Alpen, die Karnischen Alpen und die Karawanken liegen z. T. auf österreichischem Gebiet. Die übrigen Gebirge liegen in Italien und Slowenien. Nach Süden fallen die Südlichen Kalkalpen meist hoch und steil ab (stärkere Niederschläge); die wasser- und gefällereichen Flüsse werden in vielen Tälern zur Energiegewinnung genutzt. Bedingt durch den alten Bergbau sind die südlichen Täler dicht besiedelt und weisen stärkere Industrialisierung auf als im Norden. In der Hügelstufe und an geschützten Stellen wird intensiver Obst- und Weinbau (u. a. Südtirol, oberitalienische Seen) betrieben.

**12 Lienzer Dolomiten**
Sie gehören nicht, wie der Name vermuten lässt, zu den Dolomiten, sondern lehnen lediglich ihren Namen an das westlich gelegene Weltnaturerbe an. Sie bestehen auch nicht aus Dolomit, sondern sind als westlicher Teil der Gailtaler Alpen ein Kalkgebirge.

## Arbeitsaufgaben

1. Ordnen Sie die Standorte der Landschaften (siehe Nummern auf den Fotos von Seite 9–12) in der nachstehenden Karte der Großlandschaften richtig zu.

2. Erklären Sie anhand der einzelnen Fotos, was das Typische der einzelnen Landschaften ist.

| | |
|---|---|
| Granit- und Gneishochland (Böhmische Masse) | ▪▪▪▪ Längstäler |
| Alpen- und Karpatenvorland | ⋈ Pässe in der Längstalzone |
| Wiener Becken | — Staatsgrenze |
| Vorland im Osten und Südosten | – – Grenzen der Bundesländer |
| Flyschzone (Sandsteinzone) | ● Landeshauptstadt |
| Nördliche Kalkalpen | Flüsse, Seen |
| Schieferzone (Grauwackenzone) | |
| Zentralalpen | ⎱ Alpen |
| Südliche Kalkalpen | |
| Klagenfurter Becken | |
| Klippenzone (Waschbergzone, Ausläufer der Karpaten) | |

0    50    100 km

## 1.3 Klima und natürliche Vegetation im Überblick

Österreichs Klima wird von drei großräumigen Luftströmungen unterschiedlicher Herkunft beeinflusst. Sie kommen vom Atlantik, vom Mittelmeer oder von Osteuropa.

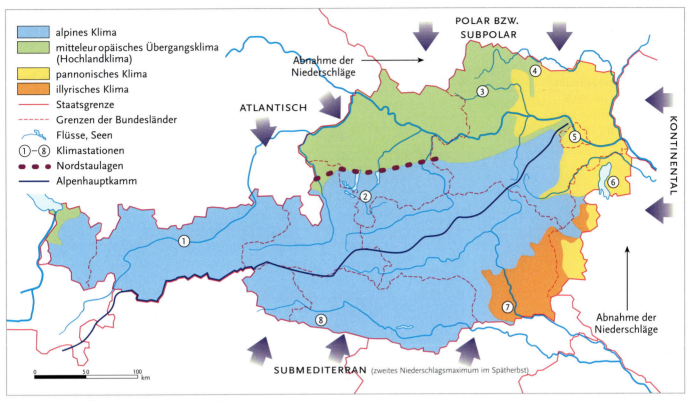

Klimatypen in Österreich (schematisch)

### Arbeitsaufgabe

- Ordnen Sie die Klimadiagramme den Klimaprovinzen zu.

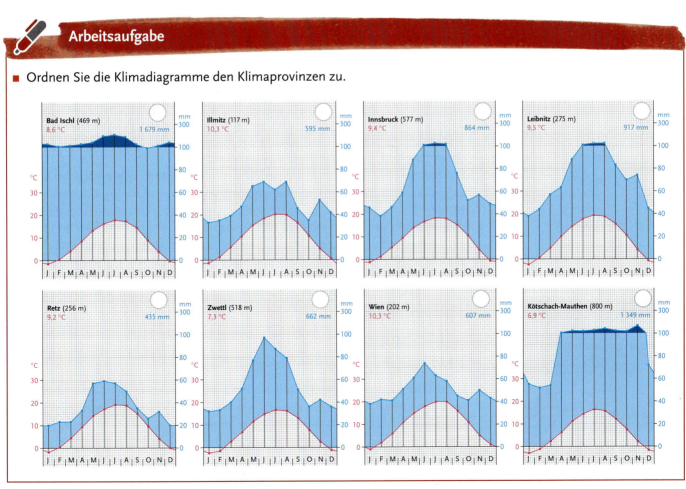

**Temperaturmaximum:**
8.8.2013 Bad Deutsch Altenburg 40,5 °

**Temperaturminimum:**
12.2.1929 Zwettl/NÖ – 36,6°

**Innsbruck:**
Niederschlagsmaximum:
1247 mm im Jahr 1966
Niederschlagsminimum :
649 mm im Jahr 1938

## 1.3.1 Alpines Klima

Die Nord- und Zentralalpen bilden für die Nordwestströmungen vom Atlantik eine Wetterscheide. Die Niederschläge mit Maximum im Juni und Juli erreichen 2 500 mm. Sie nehmen nach Osten hin ab. Sehr häufig treten am Alpennordrand Föhnwetterlagen auf. Auf der Sonnenseite der alpinen Täler reichen die Almen bis zur Felsregion, während auf der Schattenseite Bergwälder do-minieren. Im Lee liegende inneralpine Täler wie das Inn- und Ötztal weisen hingegen nur 600 mm mittleren Jahresniederschlag auf. Das Absinken kalter Luftschichten bewirkt sehr tiefe Temperaturen in den alpinen Becken wie dem Lungau oder dem Klagenfurter Becken.

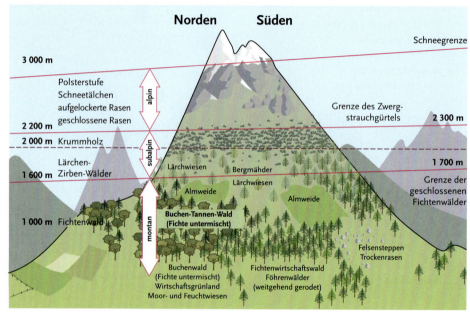

Vegetationsgrenzen (Nord- und Südseite der Hohen Tauern)

### Vegetationsgrenzen in den Alpen

In den Alpen gibt es bis ca. 1 000 m einen Mischwald aus Fichten und Buchen, der als Wirtschaftswald genutzt wird. In der **Montanstufe** zwischen 1 000 und 1 600 bis 1 700 m (wegen der intensiveren und längeren Sonneneinstrahlung und der daraus resultierenden günstigeren Verhältnisse reicht der geschlossene Wald auf Südhängen bis auf 1 700 m!) wächst ein Buchen-Tannen-Mischwald, der mit Fichten untermischt ist.

Darüber schließt sich die **subalpine Stufe** mit Zirben und nadelwerfenden Lärchen an. Bergmähder sind jene Grasflächen, die früher in mühsamer Handarbeit gemäht wurden. Da sie wegen zu hoher Personalkosten heute oft nicht mehr gemäht werden, müssen sie kostenintensiv mit Lawinenverbauungen gesichert werden, da der Schnee auf den umgebogenen langen Gräsern abgleitet. Im **Krummholzgürtel** zwischen 2 000 und 2 200 bis 2 300 m wachsen Legföhren (Latschen) und Zwergsträucher. In der **Alpinstufe** reduziert sich die zunächst vollständige Grasbedeckung mit zunehmender Höhe, bis nur mehr einzelne Vegetationspolster das Ende der günstigen Wachstumsbedingungen anzeigen.

## 1.3.2 Mitteleuropäisches Übergangsklima

Unter dem Einfluss der Westwinde nimmt die Niederschlagshöhe vom ober-österreichischen Alpenvorland bis zum Tullner Feld ab. Zwischen Niederung, Hügelland und der Hochfläche bestehen Temperaturunterschiede. Das Hochflächenklima ist wegen der Höhenlage rau und kühl und wird durch kühle Winde aus Norden und Nordwesten stark beeinflusst. Unter 500 m Seehöhe gibt es Eichen-Hainbuchen-Wälder, darüber findet man Rotbuchen und Fichten.

Bergwald an der oberen Waldgrenze in Sportgastein. Der Talboden befindet sich in 1 600 m Seehöhe.

### 1.3.3 Pannonisches Klima

Der Name stammt von der pannonischen Provinz des Römischen Reiches, deren Ausdehnung ungefähr dieser Klimaprovinz entsprach. Die Merkmale des pannonischen Klimas sind sehr geringe Niederschläge und starke Temperaturunterschiede zwischen Jänner und Juli. Ostwinde sorgen für Trockenheit und vermindern den Einfluss der Westwinde in diesem Teil Österreichs. Im Winter bringt kontinentale Kaltluft relativ niedrige Temperaturen. Unter 500 m gibt es Eichen und Hainbuchen, darüber Rotföhren.

### 1.3.4 Illyrisches Klima

Klimatologen und Klimatologinnen haben diese Klimaprovinz im Südosten Österreichs nach dem Stamm der Illyrer benannt. Dieser Raum erhält im Sommer durch Ausläufer von Mittelmeertiefs mehr Niederschläge als der Osten Österreichs. Häufiger als sonst in Österreich treten Gewitter und Hagel auf. Diese Klimaprovinz weist überdurchschnittliche Werte bei der Sonnenscheindauer auf. Im Winter verursacht die Inversionslage der Täler und Becken relativ niedrige Temperaturen. Submediterraner Wald mit Buchen, Eschen, Eichen reicht bis 500 m. Oberhalb von 500 m findet man Rotbuchen, bis zur oberen Waldgrenze mit Fichten und Tannen gemischt.

 **Arbeitsaufgaben**

1. Wenden Sie Ihr Wissen in einem konkreten Fall an: Als Reisebüroassistentin werden Sie gebeten, Gästen aus den USA das Klima in Österreich zu beschreiben. Welche Empfehlung geben Sie, wenn diese gerne Gebiete mit höheren Temperaturen und wenig Niederschlag aufsuchen wollen.

2. Begründen Sie, warum längerfristige Wetterprognosen in Österreich so schwierig sind.

# 2 Wirtschaftsstandort Österreich

*Österreich gilt als einer der besten Wirtschaftsstandorte der Welt. Trotzdem ist die Konkurrenz sehr groß. Die Billiglohnländer Asiens und die kostengünstigeren östlichen Nachbarn auf der einen Seite, die hoch entwickelten westeuropäischen Staaten auf der anderen Seite zwingen Österreich, seine Struktur immer wieder an neue Gegebenheiten anzupassen. So entwickelt sich die Wirtschaft Österreichs immer weiter. Österreich zählt seit vielen Jahren zu den reichsten Ländern der EU und der Welt.*

## Vor- und Nachteile des Wirtschaftsstandortes

 **Arbeitsaufgabe**

- Auf dem folgenden Schema sind einige Vor- und Nachteile des Wirtschaftsstandorts Österreich dargestellt. Finden Sie bei den folgenden Aussagen heraus, ob es sich um einen Vor- oder einen Nachteil für den Wirtschaftsstandort handelt. Handelt es sich offensichtlich um einen Vorteil, so schreiben Sie in das entsprechende Feld ein +, bei einem Nachteil ein –. Manchmal ist es nicht klar, ob es sich um einen Vor- oder einen Nachteil handelt; schreiben Sie in dieses Feld ein ±.

| Behauptungen | + | – | ± |
|---|---|---|---|
| Österreichs politische Lage ist sehr stabil. So hat Österreich z. B. eine der geringsten Streikraten der Welt. | | | |
| Im Vergleich zu anderen Staaten gibt es in Österreich wenig Korruption. | | | |
| Die Löhne und vor allem die Lohnnebenkosten sind in Österreich sehr hoch, besonders im Vergleich zu seinen östlichen Nachbarstaaten. | | | |
| Die Arbeitskräfte in Österreich sind sehr gut ausgebildet. Besonders das Facharbeiterniveau ist sehr hoch. | | | |
| Österreich hat eine sehr gut ausgebaute Infrastruktur. Die Wasser- und Stromversorgung funktioniert auf einem hohen Niveau und ist im internationalen Vergleich preisgünstig. | | | |
| Die Staatsschulden Österreichs und auch die Arbeitslosigkeit nehmen seit einigen Jahren stetig zu. Damit sinkt die internationale Standortattraktivität. | | | |
| Österreich gilt als sehr bürokratisch. Um ein Unternehmen zu gründen, braucht es viele Behördenwege. | | | |
| Im Vergleich zu vielen westeuropäischen Ländern ist der Kapitalmarkt noch nicht voll entwickelt. Unternehmensfinanzierungen, v. a. im Hightechbereich sind nach wie vor vergleichsweise schwierig. | | | |
| Die Körperschaftsteuer ist in Österreich relativ niedrig (25 %), allerdings nicht so niedrig wie etwa in der Slowakei (19 %) oder in Tschechien (16 %). Im Vergleich zu vielen westeuropäischen Staaten ist sie jedoch günstiger. | | | |
| Die Lage Österreichs im Zentrum Europas ist ein idealer Standort für Geschäfte mit den neuen EU-Staaten im Osten. Österreich, v. a. Wien gilt als Brückenkopf für Osteuropa. | | | |
| Früher waren die Ausgaben für Forschung und Entwicklung sehr niedrig. Jetzt liegen sie bei ca. 3 % des BIP. Österreich hat dadurch international stark aufgeholt und zählt in der Zwischenzeit zu den forschungsintensivsten Standorten Europas. | | | |

## Die Industrieregionen Österreichs

Die Industrie ist nach wie vor der Motor der Wirtschaftsentwicklung. Zwar werden nur mehr ein Drittel aller Arbeitsplätze von der Industrie geschaffen, aber viele Dienstleistungen wie Finanzdienstleistungen oder Consulting-Dienste, sind mehr oder weniger von Industrieunternehmen abhängig.

**Consulting =** Beratung als Dienstleistung für andere Unternehmen.

### Arbeitsaufgabe

- Schreiben Sie die Nummern der folgenden Industrieregionen in den entsprechenden Kreis auf der Karte.

| | | |
|---|---|---|
| 1 Wien und südliches Wiener Becken | 2 Vorarlberger Rheintal | 3 Salzburg-Hallein |
| 4 Grazer Becken | 5 Mur-Mürz-Furche | 6 Traun-Ager-Furche (OÖ-Zentralraum) |
| 7 Unterinntal | 8 Oberes Waldviertel | 9 Oststeiermark |
| 10 Kärntner Zentralraum | 11 Steyr und die Eisenwurzen | 12 Traisental |

**Österreichische Industrieregionen**

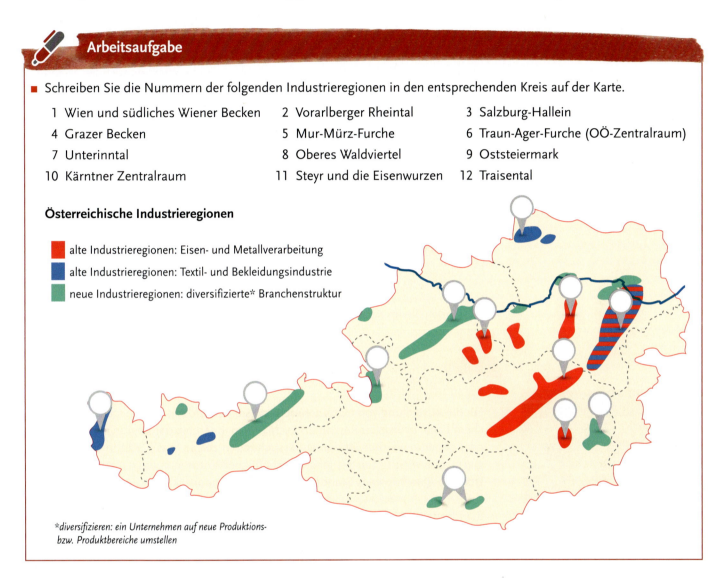

■ alte Industrieregionen: Eisen- und Metallverarbeitung

■ alte Industrieregionen: Textil- und Bekleidungsindustrie

■ neue Industrieregionen: diversifizierte* Branchenstruktur

*diversifizieren: ein Unternehmen auf neue Produktions-
bzw. Produktbereiche umstellen

Generell kann man nach der Entstehungsgeschichte zwei Typen von Industrieregionen unterscheiden:

## Alte Industrieregionen

Diese entstanden während der ersten industriellen Revolution im 19. Jahrhundert. Sie liegen im Osten Österreichs und im Vorarlberger Rheintal. Ihre industrielle Basis ist entweder die Textil- und Bekleidungsindustrie (oberes Waldviertel, Rheintal) oder die Eisen verarbeitende Industrie (Eisenwurzen, Mur-Mürz-Furche, Traisental). Diese Regionen mussten wegen der verschärften weltwirtschaftlichen Konkurrenz weitgehend umstrukturiert werden. In vielen Fällen, wie im südlichen Wiener Becken oder im Rheintal, ist dies auch gelungen. Heute liegen dort moderne Industriestandorte.

## Junge Industrieregionen

Diese sind vor allem nach 1945 aufgebaut worden. Sie liegen entlang der Westautobahn und Westbahn, v. a. in Oberösterreich, Salzburg und Tirol. Schon während der nationalsozialistischen Herrschaft wurden in Linz (Stahl- und Chemieindustrie), Ranshofen bei Braunau (Aluminiumwerk) und Lenzing (Zellstofferzeugung) Großbetriebe gegründet.

Durch Klein- und Mittelbetriebe, die z. B. erfolgreich als Zulieferer der Autoindustrie oder als industrienahe Dienstleister arbeiten, ist die Branchenstruktur der neueren Industrieregionen heute diversifiziert. Einige Betriebe arbeiten auch im Hightechsektor.

Die Autozulieferindustrie war der Motor großer Betriebsansiedlungen: General Motors in Wien, Chrysler in Graz, BMW in Steyr, Magna an mehreren Standorten. Durch Zulieferverflechtungen profitierten auch andere Regionen von diesen Großbetrieben.

### Arbeitsaufgaben

1. Fassen Sie die Unterschiede zwischen alten und jungen Industriegebieten in einem Schema zusammen.
2. Finden Sie im Atlas die wichtigsten Industrieorte in den einzelnen Regionen.

**Exkurs**

## Standortfaktoren

Für die Ansiedlung von Unternehmen ist es entscheidend, wo sie stattfindet, in welchem Land, in welcher Region und schließlich innerhalb der Region in welchem Ort oder sogar in welcher Straße. Untersuchungen zeigen, dass Standortentscheidungen zu den wichtigsten betriebswirtschaftlichen Entscheidungen überhaupt zählen. Über die Qualität eines Standorts geben die Standortfaktoren Bescheid.

Standortfaktoren sind Eigenschaften, die die Attraktivität eines Ortes bzw. einer Region für ein Unternehmen bestimmen. Die Standortqualität beeinflusst sowohl die Standortwahl bereits angesiedelter Unternehmen als auch potenzieller Investoren, die einen neuen Standort suchen. Die Verbesserung der Standortqualität ist daher eine wirtschaftspolitische Maßnahme, um bereits angesiedelte Unternehmen nicht durch Abwanderung etwa an billigere Standorte zu verlieren und auch um die Ansiedlung neuer Unternehmen zu fördern.

Autobahnkreuz – eine gute Verkehrsanbindung ist ein „harter" Standortfaktor

Weiche Standortfaktoren werden immer wichtiger. Die Nähe von hochwertigen Freizeiteinrichtungen wie Golfplätzen ist z. B. für Manager ein wichtiger Standortfaktor.

Bei Standortfaktoren unterscheidet man zwischen harten und weichen Faktoren. Harte Standortfaktoren beziehen sich auf objektiv messbare Zusammenhänge wie die Infrastruktur, das Kommunikationsnetz an einem Standort, die Energieversorgung an einem Standort, Transport- und Umschlagsmöglichkeiten, Lohnkosten oder die Nähe und den Zugang zu Rohstoffen, Arbeitskräften und Grundstücken. Weiche Standortfaktoren werden für Unternehmen immer wichtiger. Sie sind teilweise schwer messbar, da im mitteleuropäischen Raum die harten Standortfaktoren im Großen und Ganzen ähnlich verteilt sind, nimmt die Bedeutung der weichen Faktoren immer mehr zu und wird von Unternehmen verstärkt unter die Lupe genommen. Auch sind es meist die weichen Standortfaktoren, die Regionen oder Städte konkret bewerben.

*http://www.gevestor.de, 16. März 2014*

## Arbeitsaufgabe

■ Klassifizieren Sie untenstehende Standortfaktoren nach den Kategorien „hart" oder „weich".

Image einer Region ■ Lohnkosten ■ Grundstückskosten ■ Freizeitqualität ■ Kulturelle Angebote ■ Förderungen ■ Arbeitsmentalität ■ Verhalten der politischen Entscheidungsträger ■ Umweltschutzauflagen ■ Wohnqualität ■ Allgemeines Wirtschaftsklima ■ Transportkosten ■ Lage und Verkehrsinfrastruktur ■ Steuern ■ Attraktivität der Stadt/des Ortes ■ Forschungs- und Entwicklungseinrichtungen ■ Angebot an qualifizierten Arbeitskräften

| Harte Standortfaktoren | Weiche Standortfaktoren |
| --- | --- |
|  |  |

# 3   Tourismus in Österreich

*Tourismus in größerem Stil gibt es in Österreich erst seit den 1950er-Jahren. Zuvor waren Reisen und Kuraufenthalte eine Sache der Reichen, Adeligen und der bürgerlichen Oberschicht. Wandern kam gegen Ende des 19. Jahrhunderts in Mode. Erst die sich ausbreitende Industrialisierung mit entsprechendem Verdienst, die Ausweitung der Urlaubszeit auf vorerst zwei, dann auf bis zu sechs Wochen sowie der Ausbau der Verkehrsnetze und der Hotellerie ermöglichten einer breiteren Bevölkerungsschicht Urlaubsreisen.*

Serfaus um 1935, ein Bergdorf ohne jeden Tourismus, 70 Jahre später eines der Zentren des Wintersports in Tirol.

### Entwicklung des Tourismus in Österreich

Zu Beginn des 19. Jahrhunderts beschränkte sich der Tourismus auf einzelne Orte, meist Reiseziele der Aristokratie. Wohlhabende Bürger reisten zur stadtnahen Sommerfrische, mit dem Ausbau des Eisenbahnnetzes zum Semmering, ins Salzkammergut oder zu den Kurorten Bad Ischl oder Bad Gastein. Die Erschließung der österreichischen Alpen für den Wandertourismus begann Mitte des 19. Jahrhunderts. Die Entwicklung des Eisenbahnnetzes ermöglichte eine schnelle Ausweitung der Reisedestinationen. Die beiden Weltkriege ließen den Tourismus jeweils komplett einbrechen. Wirtschaftsaufschwung und Massenmotorisierung und breiter Ausbau des Straßennetzes ließen den Tourismus ab den 1960er Jahren stark ansteigen. Badeurlaub, der Städte- und der Gesundheitstourismus setzten neue Akzente, der Kulturtourismus erschloss weitere, zahlungskräftige Zielgruppen.

Der Schitourismus begann kurz vor dem Ersten Weltkrieg. 1908 wurde der erste Skilift in Österreich am Bödele bei Dornbirn in Betrieb genommen. Damit der Wintersport einer größeren Gruppe zugänglich wurde, war der Ausbau der Infrastruktur wie Liftanlagen, Lawinenschutzbauten, im Winter befahrbare Zufahrtsstraßen und winterfeste

💡 In 15 200 Hotels, Gasthöfen und Pensionen stehen in Österreich 580 000 Gästebetten zur Verfügung. Die Auslastung beträgt im Sommer 35,6 %, im Winter 37,3 % (Werte für 2018).

## Herkunft der Gäste (nach Ankünften) 2018

- Deutschland 45,7 %
- Niederlande 6,5 %
- Schweiz 4,7 %
- Italien 3,6 %
- Vereinigtes Königreich 3,2 %
- Tschechien 3,1 %
- USA 2,6 %
- Belgien 2,0 %
- Ungarn 1,9 %
- Frankreich 1,8 %
- Polen 1,8 %

*Quelle: Tourismus und Freizeitwirtschaft in Zahlen 2019*

Durchschnittliche Aufenthaltsdauer eines Gastes in Österreich: 2,8 Tage

### Verhältnis Inländer- Ausländernächtigung:

2018 nächtigten 39,4 Millionen Inländer/innen und 110,4 Millionen Ausländer/innen in Österreich.

Quartiere nötig. Diese kostspieligen Investitionen kamen erst in den 1960er-Jahren in Gang. Mittlerweile wurden alle Liftanlagen modernisiert, Beschneiungsanlagen installiert und die Gemeinden haben sich zu großen Schiregionen zusammengeschlossen, um für den Wintertourismus attraktiv zu bleiben. Ein weiterer Ausbau scheitert allerdings am Naturschutz und Widerstand der Bevölkerung.

Im 21. Jahrhundert hat sich Österreich erfolgreich im internationalen Qualitätstourismus mit den Schwerpunkten Erholung, Gesundheit, Sport und Kultur etabliert. Die Nächtigungszahlen steigen seit dem Jahr 2000 kontinuierlich an und die Erlöse aus dem Tourismus tragen über 5 % zum BNE bei.

### Nächtigungsstärkste Gemeinden

| Winter 2017/18: | Sommer 2018 |
| --- | --- |
| Wien | Wien |
| Sölden | Salzburg |
| Saalbach-Hinterglemm, | Innsbruck |
| Ischgl | Mittelberg |
| Salzburg | St. Kanzian |
| St. Anton | Zell a See |
| Obertauern | Saalbach-Hinterglemm |
| Flachau | Villach |
| Mayrhofen | Eben am Achensee |
| | Graz |

*Tourismus und Freizeitwirtschaft in Zahlen 2019*

### Nächtigungsentwicklung (Sommer- und Winterhalbjahr)
Nächtigungen in Millionen

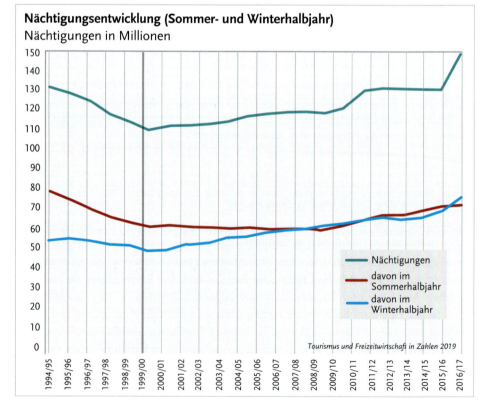

- Nächtigungen
- davon im Sommerhalbjahr
- davon im Winterhalbjahr

*Tourismus und Freizeitwirtschaft in Zahlen 2019*

**Arbeitsaufgaben**

1. Suchen Sie die besten und die schlechtesten Nächtigungsjahre seit 1993/94 und begründen Sie mithilfe einer Internetrecherche oder Befragungen von Tourismusfachleuten, warum diese Jahre so gut/schlecht waren.

2. Tragen Sie die jeweils nächtigungsstärksten Gemeinden in die Karte mit Pfeilen ein.

3. Suchen Sie Begründungen für eine sehr gute touristische Performance (dkl grün) der Tourismusregionen und listen Sie diese auf.

4. Benennen Sie die Regionen mit schwächerer touristischer Performance und suchen Sie auch hierzu mögliche Begründungen.

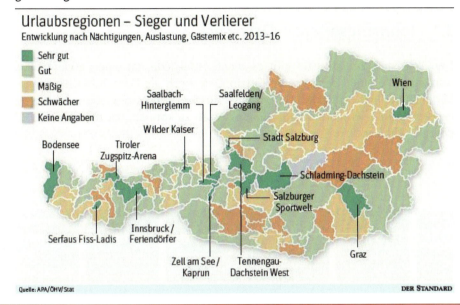

## Deviseneinnahmen aus dem Tourismus

Die Deviseneinnahmen aus dem Tourismus betrugen 2017: 20,4 Mrd. Euro. Zieht man davon die Ausgaben der Österreicher/innen im Auslandsurlaub in der Höhe von 10,6 Mrd. Euro ab, zeigt sich ein deutliches Plus für die heimische Zahlungsbilanz.

Bei den Deviseneinnahmen liegt Österreich europaweit an 7. Stelle (hinter Spanien, Frankreich, GB, Italien, Deutschland und der Türkei).

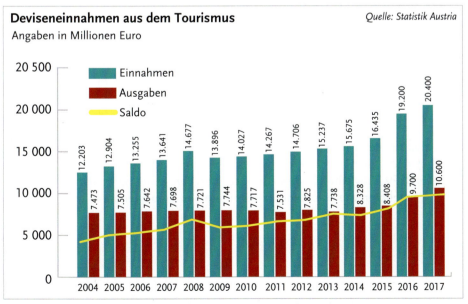

Mit Deviseneinnahmen von 20,4 Mio. Euro und -ausgaben von 10,6 Mio. Euro nimmt Österreich weltweit einen Spitzenplatz ein.

### Arbeitsaufgabe

■ Ergänzen Sie folgenden Lückentext.

Der Devisensaldo (Differenz aus Zu- und Abflüssen) aus dem Tourismus betrug 2017 _____ . Er betrug 2010: _____

Mrd Euro. Die Steigerung betrug somit _____ Mrd Euro.

Das ist eine Steigerung um _____ Prozent.

■ Suchen Sie Beispiele zu den einzelnen Tourismusarten aus dem Internet oder aus Prospekten von Reisebüros und stellen Sie diese Ihren Mitschülern und -schülerinnen in einer Präsentation vor.

## 3.1 Tourismusarten in Österreich

Den Touristen/die Touristin gibt es nicht. Jeder/jede hat einen anderen Grund, warum er/sie einen bestimmten Ort in Österreich als Gast aufsucht. Dies kann beruflich bedingt sein oder aus Urlaubsgründen. Um es den Tourismusbetrieben leichter zu machen, ihre Schwerpunkte setzen zu können, hat man eine „Gästetypologie" entwickelt.

Tourismusarten

| Erholungs-tourismus | Erlebnis- und Neigungs-tourismus | Gesund-heitstouris-mus | Sport-tourismus | Kultur- und Bildungs-tourismus | Gourmet-tourismus | Städte-tourismus | Kongress- und Geschäfts-tourismus |

Linzer Pflasterspektakel – eine jährlich stattfindende Kulturattraktion

Goldwaschen im Rauristal

### 3.1.1 Erholungstourismus

Jeder Mensch braucht in bestimmten Abständen Erholung, dabei geht es im Grunde um die Wiederherstellung seiner Arbeitskraft. Je nach Interesse und finanziellen Mitteln erholt man sich zu Hause oder an einem „Urlaubsort". Lange Zeit war der Erholungstourismus (baden, spazieren gehen, in einem Gasthof sitzen, Rad fahren etc.) die wichtigste Form des Tourismus.

### 3.1.2 Erlebnis- und Neigungstourismus

Der Erlebnistourismus zielt nicht auf die Natur und landschaftliche Sehenswürdigkeiten, sondern in erster Linie auf Aktivitäten in künstlichen Erlebniswelten. Als Massenphänomen tritt er in Form von Erlebnismeilen in Erscheinung. Erlebnishotels und Erlebnisgastronomie, Freizeit- und Erlebnisparks, Erlebnisbadelandschaften, Erlebnismuseen und Erlebniszoos setzen ebenso wie Sporterlebnisparks auf diese Tourismusform.

Der Urlaub bietet aber auch Zeit zum Erlernen oder Ausüben von Hobbies. Das Angebot reicht hier vom Erlernen eines Musikinstruments über Fremdsprachen, handwerkliche Tätigkeiten bis hin zum Goldwaschen. Esoterische Seminare werden ebenso angeboten wie Fotokurse, IT-Seminare und Sprachferien.

### 3.1.3 Gesundheitstourismus – von der Gesundheitsvorsorge zur Kur

Gesteigertes Körperbewusstsein und das Fitnessstreben der Menschen haben die Urlaubsgewohnheiten nachhaltig verändert. Der Trend geht hin zur vorbeugenden, aktiven Gesundheitsbildung. Gesundheits- und Wellnesshotels bieten ein abwechslungsreiches Spektrum an Kurzurlauben, die teilweise unter bestimmten Schwerpunkten stehen (wie zum Beispiel „Aktives Entspannen für Manager", „Vom Joggen zum Marathonlauf", „Fit bis ins hohe Alter"). Insgesamt stieg die Gästezahl in Österreichs Thermen mittlerweile auf 9,5 Millionen (2019). Konkurrenz erwächst Österreich durch die Thermen in Ungarn oder Slowenien.

Yogakurs

Das ganzjährig beheizte Seebad mit einer Wassertemperatur von 30 Grad liegt direkt am Wolfgangsee und ist die Attraktion des berühmten Hotels „Weißes Rössl" in St. Wolfgang.

**Thermen in Österreich (2020)**

Thermen im Burgenland (5)
Thermen in der Steiermark (11)
Thermen in Wien (1)
Thermen in Tirol (4)
Thermen in Salzburg (5)
Thermen in Kärnten (3)
Thermen in Oberösterreich (4)
Thermen in Niederösterreich (7)

**Unterschied zwischen Kur- und Gesundheitstourismus**

| Kurtourismus | Gesundheitstourismus |
|---|---|
| 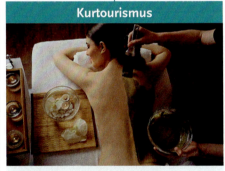 |  |
| ■ Mindestaufenthaltsdauer<br>■ Gebrauch von Kurmitteln laut Verordnung des Arztes<br>■ Linderung von Beschwerden<br>■ Regeneration<br>■ Heilbäder, Luftkurorte | ■ Alle Aktivitäten, die zum Wohlbefinden und zur Fitness beitragen, gesunde Ernährung, Diät, Erholung, bestimmte Sportarten etc.<br>■ Vorbeugung und Vorsorge<br>■ Jede Form von Therapie ohne ärztliche Verordnung (Maltherapie, Sporttherapie …) |

**Kurorte** sind Gebiete, in denen behördlich anerkannte Heilvorkommen ortsgebunden genutzt werden und in denen die dafür erforderlichen Kureinrichtungen vorhanden sind.

### 3.1.4 Sporttourismus

Da sich der Sport zusehends als Instrument zur Gesunderhaltung, aber auch als Mittel zur Kontaktpflege erweist, wurde er zu einem idealen Bestandteil fast jeden Urlaubs. Zahlreiche Sportarten tauchen auch immer öfter in der Österreichwerbung auf: Paragliding, Mountainbiken, Rafting, Canyoning, Inlineskaten, Golfen, Joggen, Yacht Racing, Diving, Free Climbing, Kitesurfen etc.

The Cube – Nassfeld Kärnten, eine Innovation im Bereich Quartier

Laut einer Studie des SpEA Instituts hängt ca. jeder zehnte Arbeitsplatz in Österreich vom Sport ab. Sport im weiteren Sinn (alle Güter und Dienstleistungen mit Sportbezug) haben ca. 312 000 Beschäftigte (7,67 %). Diese erwirtschaften ca. 16.014 Mio. Euro Jahresbruttoumsatz

*Sportberufe in Österreich 2013,*
*SpEA Institut für Sportökonomie*

---

**Das coole Konzept am Nassfeld**

Switch dich durch den Tag! Ganz neue Dinge erleben. Erfahrungen machen, die sonst kaum möglich sind. Fun & Sport am Berg mit dem NTC Blue Day. All in one – je 9 Funsportarten Sommer & Winter – switchen von einem Sportgerät zum anderen – Happy Entertainment – Megaspaß – Après Sports Party – Faszination „Bergwelt" – Topequipment inkl. Betreuung und Einschulung wird vom NTC-Team direkt am Berg zur Verfügung gestellt.

NTC Blue Day für alle mit oder ohne Schneeerfahrung, für Singles genauso wie für Familien und Cliquen. Beim Switchen lernt man neben witzigen Sportgeräten auch neue Freunde kennen. Für Leute ohne Schneeerfahrung der beliebteste Platz, um den Einstieg ins Wintervergnügen smart zu gestalten.

Summer Activities: Volleyball, Tube, Stride, Soccer, Skateboard, Inlineskater, Hike, Climb, Bike

Winter Activities: Tube, Sled, Snowblades, Skifox, Carver, Snowcycle, Snowboard, Snowscooter, Airboard

*Nach: WKO*

---

### Arbeitsaufgabe

■ Begründen Sie die regionale Häufung von Thermenhotels in Ostösterreich.

---

## 3.1.5 Kultur- und Bildungstourismus

54 Prozent der Österreichurlauber/innen behaupten, dass Kultur das Hauptmotiv für ihre Reise war. Für die Tourismuswirtschaft nicht uninteressant, denn Kulturreisende sind im Allgemeinen besser ausgebildet und verdienen mehr. Sie sind jünger als der durchschnittliche Österreichurlauber, reisen häufiger in Gruppen, steigen öfter in Vier- und Fünfsternehotels ab und haben höhere Tagesausgaben. Die Aufenthaltsdauer ist kürzer.

Nicht nur Schloss Schönbrunn, Belvedere, Staatsoper, Spanische Hofreitschule, das Kunsthistorische Museum oder die Salzburger Festspiele sind die kulturellen Attraktionen Österreichs. In den Bundesländern konnten sich in den letzten Jahren eine Fülle von Festivals etablieren, wie z. B. der Carinthische Sommer in Ossiach, der Steirische Herbst in Graz, das Brucknerfest in Linz, die Ambraser Schlosskonzerte, das Jazzfest in Wiesen und in Saalfelden oder das Festival Glatt & Verkehrt in Krems.

Ausstellungen weltbekannter Künstler/innen wirken als weitere Attraktionen. Nahezu in allen Landeshauptstädten wird in neue Ausstellungshallen oder in neue Musiktheater investiert. Ein Zeichen, welch hoher Stellenwert dem Kulturtourismus zugemessen wird. Trotz zahlreicher Subventionen ist der Rückfluss von Steuergeldern beträchtlich, sodass die Regionen durchwegs einen Gewinn aus ihren Kulturevents ziehen.

Bund, Länder und Gemeinden ziehen sich in letzter Zeit stark aus der Kulturförderung zurück, immer mehr sind die „Private-Public-Partnerships" im Vormarsch, damit auch der Einfluss von Industrie und Wirtschaft auf die Kultur (gefördert wird, was gefällt).

---

Museum „Lentos", ein architektonisch bemerkenswertes Museum moderner Kunst in Linz

**Events** sind speziell inszenierte Ereignisse bzw. Veranstaltungen von begrenzter Dauer mit touristischer Ausstrahlung.

**Beispiele:** Kulturevent (Popkonzert), Sportevent (Olympische Spiele), Wirtschaftsevent (Messe), politisches Event (Besuch eines hohen Politikers), natürliches Event (Sonnenfinsternis).

## Kulturveranstaltungen schaffen „Mehrwert"

Größere Kulturveranstaltungen, vor allem populäre Konzerte oder Festspiele, schaffen beachtliche „Umwegrentabilität". Das heißt, die Kulturbesucher/innen bezahlen Eintritt, sie konsumieren Nahrung und Getränke, sie kaufen meist in der Region Geschenke ein und sie übernachten auch manchmal in der Stadt, in der die Kulturveranstaltung stattfindet. Das alles sind Einnahmen, die die Wirtschaftskraft der besuchten Region stärken.

> Am Beispiel der **Salzburger Festspiele** zeigt sich die enorme Umwegrentabilität solcher Großveranstaltungen. Gesamtwirtschaftliche Effekte von 225 Millionen Euro im Jahr teilen sich in Primäreffekte, wie Ausgaben für Beherbergung, Verpflegung, Einkäufe, Verkehrsmittel usw., Ausgaben der Festspiele selbst, d. h. für bezogene Güter und Leistungen von Künstlern sowie die Aufwendungen für Personal. Die Ausgaben führen zu einem Umsatzvolumen von insgesamt rund 92 Millionen Euro, davon entfallen alleine auf den touristischen Bereich der Hotellerie und Gastronomie nach Herausrechnen der Umsatzsteuer 63 Millionen Euro und Umsatzsteuereinnahmen in Höhe von 10 Millionen Euro. Aus dem Betrieb der Festspiele selbst ergeben sich weitere nachfragewirksame Effekte in Höhe von insgesamt rund 29 Millionen Euro. Dazu kommen weitere indirekte Wirkungen von etwa 113 Millionen Euro, die in zahlreichen Branchen des Dienstleistungs- und Produktionssektors der regionalen bzw. österreichischen Wirtschaft ausgelöst werden.
>
> *Nach: http://www.kulturtouristik.com, 25. April 2020*

Zahlreiche Bildungshäuser bieten während des Jahres an den Wochenenden oder in den Sommermonaten Kurse an, in denen man bestimmte Techniken kennenlernen oder verbessern kann. Die Bandbreite reicht dabei von Zeichnen, Malen über Fotografie, spezielle Musikinstrumente bis zum Chorsingen. Auch Bewegungs- und Körpertechniken, IT-Kurse, Kochkurse bis zu Textilverarbeitungskursen werden meist als Wochenkurse angeboten.

**Ausgaben pro Gast in Salzburg**

Die Besucher/innen der Salzburger Festspiele haben eine überdurchschnittliche Ausgabensumme von Euro 283 Euro pro Tag. Dazu kommt der Kauf von Festspielkarten in der Höhe von durchschnittlich Euro 573 Euro pro Besucher/in. Ein „normaler" Sommergast gibt Euro 96 Euro pro Tag aus.

**Exkurs**

## Landesausstellungen – Belebung des Tourismus oder nur Denkmalpflege?

Seit Jahrzehnten gibt es in nahezu allen Bundesländern in gewisser Regelmäßigkeit Landesausstellungen, die sich im Wesentlichen mit historischen Themen („Schauplatz Mittelalter" in Friesach/Kärnten), berühmten Persönlichkeiten („Maximilian I." in Wiener Neustadt), der Religionsgeschichte („Renaissance und Reformation" im Schloss Parz /Oberösterreich), speziellen Wirtschaftsthemen („Brot und Wein" in Asparn und Poysdorf/Niederösterreich) oder Gesundheitsthemen („Wege zur Gesundheit" in Bruck a. d. Mur) beschäftigen. In großer Regelmäßigkeit bieten nur die Bundesländer Oberösterreich und Niederösterreich und mit Einschränkung auch Salzburg ihre Landesausstellungen an.

Die Steiermark beendete ihre Ausstellungen 2006. Tirol, das zuletzt gemeinsam mit Südtirol und Trentino diese Ausstellungen inszeniert hatte, 2009. In Vorarlberg gabs überhaupt nur 1991 eine Landesausstellung. Burgenland stieg neu ein und präsentierte 2018 die „Seidenstraße" und 2019 „Schicksalsjahr 1938 NS-Herrschaft im Burgenland". Kärnten wird nach längerer Pause 2020 wieder einsteigen und „Carinthija 2020 – Zeitreisen und Perspektiven" präsentieren.

Der Kostendruck, aber auch bestimmte konzeptionelle Überlegungen führten dazu, dass manche Ausstellungen an mehreren Standorten zugleich gezeigt wurden. So geschehen in Salzburg, wo man das Thema „200 Jahre Stille Nacht – Heilige Nacht" auf neun verschiedene Orte – inklusive Tirol und OÖ – ausgebreitet hat.

Schloss Halbturn – Schauplatz der Landesausstellung 2018 im Burgenland

„Erobern-Entdecken-Erleben" in Carnuntum war mit 550 000 Besuchern/innen eine der erfolgreichsten Ausstellungen Österreichs.

Burganlage in Friesach/Kärnten: Ort der Landesausstellung „Schauplatz Mittelalter"

## Landesausstellungen und Tourismus

Häufig erfolgt im Zuge der Vorbereitung einer Landesausstellung eine Generalsanierung von Schlössern, Kirchen, Museen oder historischen Plätzen, aber auch die Anlage von (Rad-)wanderwegen, womit für die Folgezeit oftmals ein Mehrwert geschaffen wird, der sich touristisch niederschlägt.

270 000 Besucher und Besucherinnen kam 2018 zur OÖ Landesausstellung „Die Rückkehr der Legion", davon 79 % aus Oberösterreich und 3,4 % aus Deutschland. Das zeigt die vor allem regionale Herkunft der Ausstellungsgäste. Die finanzielle Umwegrentabilität bezieht sich somit eher nur auf Gaststätten denn auf die Hotellerie.

Das Museum Arbeitswelt in Steyr, ursprünglich eine Messerfabrik von Josef Werndl, wurde anlässlich der Landesausstellung von 1987 mit dem Titel „Der Weg in die Industriegesellschaft" generalsaniert. Seither ist es als Ausstellungshalle, Veranstaltungszentrum und Lernort im Einsatz. 2021 wird es wieder Schauplatz der nächsten Landesausstellung „Adel, Bürger, Arbeiter".

 **Arbeitsaufgaben**

1. Verschaffen Sie sich im Internet einen Überblick über weitere Landesausstellungen in Ihrem Bundesland. Welchen Themen haben sie sich gewidmet, wie viele Besucher/innen haben sie woher angezogen?

2. Erörtern Sie in der Klasse die Frage, ob Landesausstellungen noch zeitgemäß sind, vor allem, um junges Publikum anzusprechen.

## 3.1.6 Gourmettourismus

Exquisites Speisen in besonders guten Lokalen, die dafür von unabhängigen Testern mit bis zu vier Hauben ausgezeichnet werden, hat sich zu einem beliebten Freizeitvergnügen entwickelt. Eine eigene Bewegung mit dem Namen „Slow Food" vermarktet Restaurants, die besonderen Wert auf Esskultur legen. Das Symbol „KultiWirte" zeichnet die Betriebe aus, die sich bemühen, speziell regionale Produkte zu verarbeiten, und ihren Gästen besonders gemütliches Ambiente bieten. Touren durch die besten Weinkeller und die bekanntesten Weingüter sind ein weiteres Angebot für die Gäste unseres Landes.

Österreichs Restaurant Nr. 1: Das Steirereck in Wien

**4 Hauben**
- Obauer, Werfen,
- Silvio Nickol, Wien
- Simon Taxacher, Kirchberg in Tirol
- Steirereck im Stadtpark, Wien

*Quelle: Gault&Millau 2017*

### 3.1.7 Städtetourismus

Städte liegen im Tourismustrend. Durch das geänderte Reiseverhalten – immer häufiger werden Kurzurlaube unternommen – haben die großen Städte einen Vorteil. Ein Fünftel aller Auslandsreisen von Europäern sind Städtereisen. Ziele der im Durchschnitt reiseerfahreneren, reicheren, gebildeteren und kulturinteressierteren Touristen und Touristinnen sind die historischen Sehenswürdigkeiten einer Stadt, die Kulturprogramme der Museen, Theater und Konzerthäuser.

Der Unterschied zum reinen Kulturtourismus besteht darin, dass beim Städtetourismus Sightseeing häufig in Verbindung mit dem Shoppingerlebnis steht. Die Städtetouristen und -touristinnen haben höhere Tagesausgaben als der Durchschnitt aller Touristen. Städte profitieren aber auch von den Tagesgästen – geschätzt sind es etwa dreimal so viele wie die Anzahl der nächtigenden Gäste. Im Städtetourismus werden Bahn und Flugzeug überdurchschnittlich oft als Verkehrsmittel verwendet.

Schloss Schönbrunn

**Die meistbesuchten Attraktionen Österreichs**

1. Stephansdom Turm
2. Schloss Schönbrunn
3. Tiergarten Schönbrunn
4. Hundertwasserhaus
5. Festung Hohensalzburg
6. Grazer Schlossberg
7. Oberes Belvedere
8. Basilika Mariazell
9. Großglockner Hochalpenstraße
10. Naturhistorisches Museum
11. Albertina
12. Hofburg
13. Pöstlingbergbahn
14. Swarovski Kristallwelten
15. Alpenzoo Innsbruck
16. Eisriesenwelt
17. Werfen
18. Krimmler Wasserfälle
19. Hallstatt

## Arbeitsaufgaben

1. Begründen Sie, warum Städtetourismus üblicherweise kostspieliger ist.

2. Recherchieren Sie im Internet oder in anderen Medien, mit welcher Attraktion sich „Ihre" Landeshauptstadt touristisch präsentiert und besprechen Sie die Wirkung dieser Sehenswürdigkeit.

3. Erstellen Sie in Gruppen eine Stadtführung durch eine österreichische Stadt Ihrer Wahl. Präsentieren Sie die Führung mit PowerPoint.

### 3.1.8 Kongress- und Geschäftstourismus

Weltweit besonders umkämpft ist der finanziell einträgliche Markt der Kongress- und Seminartouristen. Österreich schneidet dabei hervorragend ab und kann mit rund 383 Kongressen 2018 weltweit den 10. Platz belegen. Dabei werden 3,5 Millionen Nächtigungen verzeichnet und 1,3 Milliarden Euro pro Jahr umgesetzt. Wien liegt im Städteranking mit 172 internationalen Kongressen auf dem zweiten Platz hinter Paris und noch vor Madrid und Barcelona. Außerdem treffen einander die internationalen Kongressgäste in Österreich vor allem in Salzburg, Linz, Innsbruck, Feldkirch, Baden, Graz oder Villach. Der Kongresstourist unterscheidet sich in folgenden Merkmalen von den übrigen Touristen:

- Er besucht hauptsächlich Städte.
- Er reist vor allem im Frühling und im Herbst.
- Er gibt pro Tag mit 380 Euro dreimal so viel aus wie der Durchschnittstourist.

**Umwegrentabilität:** Dies ist eine Maßzahl, die angibt, in welchem Ausmaß eingesetzte Steuergelder wieder in die Veranstalterregion zurückfließen. Dieses Geld kann in Form von Eintrittsgeldern, Übernachtungen, Aufwendungen für Essen oder sonstigen Einkäufen zurückkommen.

| Veranstaltungen im Geschäftsbereich | | |
|---|---|---|
| **Kongresse** | **Seminare** | **Incentives** |
| Kongresse sind auf einen Tag oder mehrere Tage begrenzte Zusammenkünfte von ortsansässigen und ortsfremden Personen zum Zweck des fachlichen Informationsaustausches zu vorgegebenen Themen und nach vorausbestimmtem Ablauf. | Seminare sind Veranstaltungen zur Fortbildung oder innerbetrieblichen Organisation mit maximal 30 Teilnehmern/Teilnehmerinnen und einer durchschnittlichen Dauer von ein bis drei Tagen. | Incentives sind Reisen oder besondere Events, die von Firmen an besonders verdiente Mitarbeiter/innen als Dank und zur weiteren Motivation vergeben werden. |

Das Tagungsangebot für Kongressgäste reicht in Österreich von Schlössern (Schloss Fuschl) über große Kongresszentren (Austria Center in Wien, Congress-Casino in Baden, Montforthaus in Feldkirch), Spitzenhotels (Grand Hotel Wiesler in Graz oder Hotel Österreichischer Hof in Salzburg), Messeeinrichtungen (Welser Messe) bis zu Schiffen oder Zügen und Universitäten. Der Kongressveranstalter wählt den Ort vor allem nach dem Image, dem Ambiente (der Umgebung des Tagungshauses), der leichten Erreichbarkeit (Flughafen, Autobahnanschluss), den Shoppingmöglichkeiten, dem Service und der technischen Ausstattung des Hauses. Das Steueraufkommen des österreichischen Kongresstourismus beträgt rund 180 Millionen Euro. Alleine in diesem Wirtschaftsbereich wurden 25 000 ganzjährige Arbeitsplätze geschaffen.

#### Wo finden Kongresse statt?

Das Kongressangebot reicht in Österreich von Kongresshäusern (ACV Wien, Congress Innsbruck, Kongresshaus Salzburg u. a.) über Schlösser (z. B. Schlosshotel Fuschl), Hotels großer Ketten (Hilton, Intercontinental) oder andere exquisite Hotels (Österreichischer Hof in Salzburg, Wiesler in Graz), Messeeinrichtungen (Messe Wien, Ried Messe Wels u. a.) bis zu Universitäten oder Fachhochschulen.

## Wonach sucht der Gast den Kongressort?

In der Reihenfolge der Wichtigkeit steht zuerst das Image des Ortes, dann die leichte Erreichbarkeit, das Service des Kongresshauses und auch die Sicherheit des Landes, in dem der Kongress stattfindet.

## Seminare und Fortbildungseinrichtungen

Seminare sind von der Teilnehmeranzahl her kleinere Fortbildungsveranstaltungen (bis etwa 30 Personen), die häufig in speziell dafür gebauten Hotels in zumeist landschaftlich schöner, ruhiger Umgebung abgehalten werden und selten länger als drei Tage dauern. Weitere Veranstaltungseinrichtungen sind das Wirtschaftsförderungsinstitut (WIFI) oder Berufsförderungsinstitut (BFI) bzw. spezielle Tagungshäuser der Kirchen oder der Landwirtschaftskammern, in denen auch regelmäßige Kurse stattfinden. Auch der Seminartourist gibt mehr Geld als der Durchschnittstourist aus und belegt zumeist in den Nebensaisonen die Zimmer guter Hotels, die eine geeignete Infrastruktur bieten. Dazu gehören bequem und großzügig ausgestattete Seminarräume, moderne Technik-, Sport- und Wellnesseinrichtungen und spezielle Verpflegung.

## Geschäftstourismus

Neben Kongress- und Seminarteilbesuchern und -besucherinnen beherbergen zahlreiche Hotels und Gasthöfe Personen, die beruflich außerhalb ihres Wohnortes tätig sind, wie Außendienstmitarbeiter/innen, Vertreter/innen oder Monteure/Monteurinnen etc. Allen gemeinsam ist, dass sie ihre Hotelaufenthalte über Diäten mit ihrer Firma verrechnen können.

Das Austria Center in Wien – eines der größten Kongresszentren in Österreich und Europa

### Arbeitsaufgabe

- Recherchieren Sie im Internet über Seminarhotels/Kongresshäuer in Ihrer Umgebung. Informieren Sie sich im Internet und stellen Sie diese in Kurzreferaten vor.

## Ziele erreicht? – „Natur- und Wirtschaftsräume Österreichs"

Österreich ist einer der erfolgreichsten Wirtschaftsstandorte Europas. Insbesondere der Tourismus trägt einen bedeutenden Anteil zur Volkswirtschaft bei. Dies wiederum ist der wunderbaren, abwechslungsreichen Landschaft und dem günstigen Klima zu verdanken, die die Basis für einen Ganzjahrestourismus bilden.

1. Bewerten Sie die Aussagen mit Schulnoten und überlegen Sie ein Schlagwort als Begründung dazu. Diskutieren Sie die Ergebnisse.

**Eine Blitzumfrage**

„Österreichs Naturraum ist so vielfältig wie kaum ein anderer."

„Das gemäßigte Klima mit den ausgeprägten 4 Jahreszeiten ist die Basis für einen erfolgreichen Tourismus."

„Das österreichische Tourismusangebot muss im Bereich für Jugendliche noch „nachgebessert" werden."

„Österreichs Wirtschaft ist bei den weichen Standortfaktoren besser dran als bei den harten. "

„Die Zukunft des österreichischen Tourismus liegt im Wellnesstourismus."

„Die erfolgreichsten Wirtschaftsstandorte Österreichs liegen im Westen."

2. Treffen Sie zu den folgenden Spotlights Aussagen. Diskutieren Sie die Ergebnisse.

**Spotlights zum Beruf**

„Ich kann mir einen qualifizierten Job im Tourismus vorstellen."

**Aus diesem Kapitel habe ich die nachstehend angeführten Erkenntnisse und/oder Einsichten gewonnen:**

# Ordnung in das Chaos – Raumordnung, Raumplanung, Nachhaltigkeit und andere Bemühungen

KOMPETENZ-ERWERB

**Meine Ziele**

Nach der Bearbeitung dieses Kapitels kann ich

- die Notwendigkeit von Raumordnung und Raumplanung begründen;
- die Begriffe Grundbuch, Bebauungsplan und Flächenwidmungsplan erklären;
- einen Flächenwidmungsplan interpretieren;
- wichtige Tendenzen in der Stadtentwicklung von Wien erklären;
- die Instrumente der örtlichen Raumplanung aus verschiedenen Blickwinkeln kritisch bewerten;
- einen Stadtentwicklungsplan und seine Intentionen erklären;
- die Möglichkeiten zum Engagement und zur Partizipation in Fragen der Raumordnung und Raumplanung und anderer gesellschaftlicher Frage von Bürgern und Bürgerinnen erörtern.

# 1 Raumordnung und Raumplanung

> *Die Ansprüche an unseren Lebensraum haben sich in den vergangenen Jahr-*
> *zehnten vehement gesteigert. Dabei sind Siedlungs- und Verkehrsflächenwachs-*
> *tum ebenso konfliktträchtig wie Entscheidungen, die zur Aufrechterhaltung der*
> *wirtschaftlichen Wettbewerbsfähigkeit oder zur Erhaltung des Naturraumes ge-*
> *troffen werden müssen. Grund und Boden sind aber nicht beliebig vermehrbar.*
> *So übernehmen Raumordnung und Raumplanung die Aufgabe, unter Einbezie-*
> *hung der Betroffenen die Ansprüche an den Raum möglichst zufriedenstellend*
> *zu regeln. Dabei gilt es immer dringlicher die Frage nach der Nachhaltigkeit*
> *unserer Handlungen zu stellen.*

## 1.1 Die Notwendigkeit von Raumordnung und Raumplanung

Zwar gab es in Großstädten wie Wien bereits im 19. Jahrhundert entsprechende Regulierungen, doch dauerte es bis in die späten 1970er-Jahre, in denen Raumordnungs- und Raumplanungsgesetze in den Bundesländern beschlossen wurden, die die Siedlungsentwicklung insbesondere im ländlichen Raum in geordnete Bahnen lenken sollten.

■ Schreiben Sie die Nummern in die Kreise auf dem Luftbild.

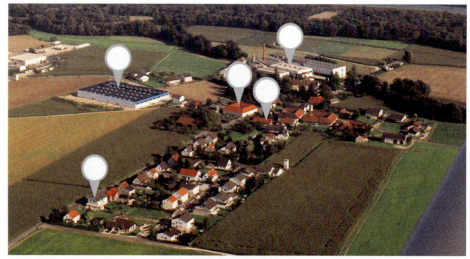

Das Bild zeigt die Folgen einer ungenügend geordneten Siedlungsentwicklung. In der Nähe der ursprünglich aus Vierkantern (1) bestehenden bäuerlichen Siedlung sind Auszugshöfe (2) (nach der Hofübergabe wohnen darin die Altbauern) zu erkennen. Das alte Fabriksgebäude (3) stammt aus der Gründerzeit (vor dem Ersten Weltkrieg), es liegt an einem vom Hauptfluss abgeleiteten künstlich angelegten Bachlauf (erkennbar an den ihn säumenden Bäumen). Eine Feldfläche wurde in den 1960er-Jahren mit Ein- und Zweifamilienhäusern (4) verbaut. Die große Fabrikshalle (5) ist in den 1990er-Jahren entstanden.

Ergänzen wir nun das oben zitierte Beispiel einer ungeregelten Siedlungsentwicklung noch um ein paar weitere Nutzungen, wie etwa ein Freizeitzentrum oder ein Einkaufszentrum, dann werden die Konflikte offensichtlich. Die Bewohner/innen der Einfamilienhaus-Siedlung suchen am Wochenende Ruhe, die sie aber nicht genießen können, weil zur gleichen Zeit Bewohner/innen anderer Wohngebiete zur Freizeitgestaltung das Zentrum mit Tennisplätzen, Skaterbahn oder Schwimmbad aufsuchen möchten. Dadurch entstehen Verkehrslärm, Parkplatzknappheit und Belästigung durch den Lärm der Freizeitanlage. Die An- und Abfahrt zu und von den Gewerbegebieten und Einkaufszentren sorgen ebenso für eine Belästigung des Wohngebietes.

**Organisation und Vollziehung der Raumordnung und Raumplanung**

Die Kompetenz der Raumordnung und Raumplanung liegt nach Art. 15 Abs. 1 Bundesverfassungsgesetz (B-VG) grundsätzlich bei den Bundesländern. Diese erlassen Verordnungen, die von den Behörden nach öffentlichem Recht vollzogen werden. In alle Planungen sind EU-Planungen, Bundesressortplanungen und jene der Österreichischen Raumplanungskonferenz (ÖROK) einzuarbeiten.

Dazu kann unter Beteiligung der betroffenen Bevölkerung ein örtliches Entwicklungskonzept erstellt werden, dessen Inhalt in den Flächenwidmungsplan übernommen wird. Für Flächen, die als Bauland gewidmet sind, werden detaillierte Bebauungspläne erstellt.

Raumordnung und Raumplanung versuchen nun, diese Konflikte zu reduzieren, indem sie unter anderem Gebiete mit vorrangigen Nutzungen definieren.

## Nutzungskonflikte im Raum

Ständige Konflikte bei der Nutzung des Bodens sind sofort verständlich, wenn man sein eigenes Verhalten im Hinblick auf die Nutzung betrachtet.

**Wir nehmen am Verkehr teil,**

**wir wohnen,**

**wir arbeiten/gehen zur Schule,**

**wir versorgen uns,**

**wir leben unsere Freizeit und**

**wir wollen bestimmte Flächen für die Nachwelt unversehrt erhalten.**

Das alles kann nicht reibungslos abgehen.

 **Arbeitsaufgaben**

1. Ordnen Sie folgende Bauvorhaben bzw. Projekte den Nutzungskategorien zu. Machen Sie ein Kreuz in der entsprechenden Spalte.

| Projekte | Verkehr | Wohnen | Arbeit/ Schule | Versor- gung | Freizeit | Natur |
|---|---|---|---|---|---|---|
| Bahnverbindungen werden auch in entlegene Orte geführt | | | | | | |
| Ein Kinocenter am Stadtrand auf alten Industrie- gründen errichten | | | | | | |
| Ausbau der höheren Schule auf dem Nachbargrund- stück mit Sportplatz | | | | | | |
| Neue Wohngebäude am Stadtrand mit Blick ins Grüne errichten | | | | | | |
| Schutzgebiet für das städtische Naherholungsgebiet am Flussufer schaffen | | | | | | |
| Aufstockung und Ausbau der innerstädtischen Altbauten | | | | | | |
| Errichtung von breiten, kreuzungsfreien Straßen | | | | | | |
| Ansiedlung von Unternehmen in der Wohngemeinde | | | | | | |
| Erhalt der Parklandschaft um die örtliche Kirche | | | | | | |
| Errichtung weiterer Supermärkte | | | | | | |
| Verbesserung der Erreichbarkeit für das nächste Kran- kenhaus | | | | | | |
| Errichtung einer Halle zum Inlineskaten | | | | | | |

2. Besprechen Sie in Gruppen jeweils eine Baumaßnahme und erörtern Sie die Vor- und Nachteile.

## 1.2 Raumordnen und Bauen

Angenommen, Sie wollen einen Baugrund erwerben, um darauf ein Haus zu errichten. Sie haben bereits zahlreiche Grundstücke besichtigt. Vor der Kaufentscheidung sollten Sie noch folgende Erkundigungen einholen: Aus dem Grundbuch, das auf dem Bezirksgericht aufliegt, erhalten Sie Informationen über die Besitzverhältnisse und die Schuldenbelastungen. Auf dem Gemeindeamt erfahren Sie, ob die Parzelle als Bauland gewidmet ist (ersichtlich im **Flächenwidmungsplan**) und welche Bebauung ermöglicht wird (ersichtlich im **Bebauungsplan**).

Der **Katasterplan,** ist die grafische, genau maßstäbliche Darstellung der Grundstücke des Katasters. Im Kataster werden alle Grundstücke nach ihrer Lage, Nutzung, Größe usw. verzeichnet und dargestellt. Er wird vom jeweiligen Vermessungsamt erstellt und ist Basis des Grundbuches.

Katasterplan von Hallein – Ausschnitt des Josef-Schöndorfer-Platzes mit Parzellennummern

## Der Flächenwidmungsplan

Er wird nach den Festlegungen des örtlichen Entwicklungskonzeptes erstellt und legt die künftige Nutzung für jedes Grundstück in der Gemeinde fest. Er wird vom Gemeinderat als Verordnung beschlossen und ist damit das wichtigste Steuerungsinstrument der Bodennutzung im Gemeindegebiet. Viele Gemeindebürger/innen lernen erst durch ihn die Zielsetzungen der örtlichen Raumplanung kennen.

Im Flächenwidmungsplan werden die möglichen Nutzungen in folgenden Widmungskategorien festgelegt.

- Bauland: Wohngebiet, reines Wohngebiet, Dorfgebiet, Kurgebiet, Kerngebiet, gemischtes Baugebiet (umfasst die Funktionen Wohnen, Arbeiten und Dienstleistungen mit wenig Emissionen, z. B. eine Tankstelle, aber keine Reparaturwerkstätte), Betriebsbaugebiet, Industriegebiet
- Sonderwidmungen im Bauland erstrecken sich auf öffentliche oder private Flächen, z. B. Zweitwohnungsgebiete, Gebiete für Geschäftsbauten, Sondergebiete wie Krankenhäuser, Schulen, Kirchen, Sportstätten, Tourismusunternehmen
- Verkehrsflächen der Gemeinde für fließenden (Straßen) und ruhenden (Parkflächen für Kfz) Verkehr, Fußwege
- Grünland: landwirtschaftlich genutzte Flächen, Erholungsflächen, Dauerkleingärten, Erwerbsgärtnereien
- Gewässer
- Planungen des Bundes und des Landes, Versorgungsunternehmen ...
- Grenzen

Die Flächenwidmungspläne haben grundsätzlich fünf Jahre Gültigkeit, können aber jederzeit vom Gemeinderat abgeändert werden und müssen dann im Hinblick auf die Ziele des örtlichen Entwicklungskonzepts überprüft werden.

Grünland

Bauland

💡 Auf dem Flächenwidmungsplan basierend, haben Österreichs Gemeinden Bebauungspläne als Verordnung zu erlassen. In diesen wird festgelegt, wie jedes Grundstück im Bauland bebaut werden darf. Dabei werden die zulässigen Bauweisen, Bauhöhen und Baulinien sowie Verlauf und Breite der Verkehrsflächen festgeschrieben.

### Arbeitsaufgabe

- Begründen Sie die Notwendigkeit eines Flächenwidmungsplanes.

## Bei der Erstellung eines Flächenwidmungsplans werden folgende Kriterien berücksichtigt

- Eine nachhaltige Entwicklung der Gemeinde in bevölkerungspolitischer, wirtschaftlicher, sozialer und kultureller Hinsicht
- Erhaltung wertvoller Ortsbilder und Ortsränder, Sanierung baulicher Fehlentwicklungen
- Bereitstellung von Bauland, Sicherung unverbauter Flächen für die Allgemeinheit
- Schutz der Umwelt und des Naturraumes
- Verhindern von Zersiedelung, die Landschaften zerstört und hohe Kosten für die Infrastruktur verursacht
- Problemzonen, Vermeidung von Interessenkonflikten, Emissionen, Immissionen

> **Zersiedelung** ist die ungeregelte Bebauung einer Fläche, bei der keine klaren Nutzungen mehr erkennbar sind.

Die Praxis zeigt, dass Änderungswünsche im Flächenwidmungsplan vorwiegend aus privatem Interesse eingebracht werden, die bei der Erstellung zu wenig abgestimmt werden konnten. Häufig geht es bei den Umwidmungen um eine Änderung von Grünland in Bauland, was bedeutet, dass damit auch das Grundstück um ein Vielfaches an Wert gewinnt. Im Konfliktfall entscheidet der Bürgermeister bzw. die Bürgermeisterin als oberste Instanz.

Der Flächenwidmungsplan soll die Zersiedelung der Landschaft – hier am Beispiel Feldkirch/Vlbg. – verhindern helfen

### Verkehrsvorbehaltsflächen

Für künftige Verkehrsprojekte muss langfristig Vorsorge getroffen werden. So auch im Tiroler Raumordnungsgesetz:

> Im Flächenwidmungsplan wird der Verlauf von künftigen Straßen, die aus bestimmten Gründen wichtig für die Verkehrserschließung der Gemeinde sind, festgelegt. Diese Festlegung kann unabhängig von der dort vergebenen Widmung erfolgen. Flächen, die von solchen Festlegungen betroffen sind, dürfen innerhalb der nächsten 10 Jahre nicht bebaut werden.
>
> *http://www.tirol.gv.at*

## Arbeitsaufgaben

Fassen Sie die vorangehenden Texte zusammen:

1. Wer beschließt einen Flächenwidmungsplan?
2. Welche Nutzungen sind im Grünland möglich? In welcher Widmungskategorie wird eine Schule, ein Krankenhaus im FWPL eingetragen?

**3.** Warum soll Zersiedelung verhindert werden?

**4.** Sie haben die beiden mit Strichen umrahmten Parzellen geerbt. Auf welcher der Parzellen können Sie ein Einfamilienhaus bauen? Begründen Sie Ihre Antwort.

**5.** Suchen Sie im Plan Flächen, die sich zur Erweiterung des Wohngebiets eignen würden.

**6.** An welchen Widmungsgrenzen sind Konflikte zu erwarten? Welche Lösung gibt es? Diskutieren Sie diese Fragen.

## Flächenwidmungsplan der Marktgemeinde Andorf/OÖ. M 1 : 5 000 (Ausschnitt verkleinert)

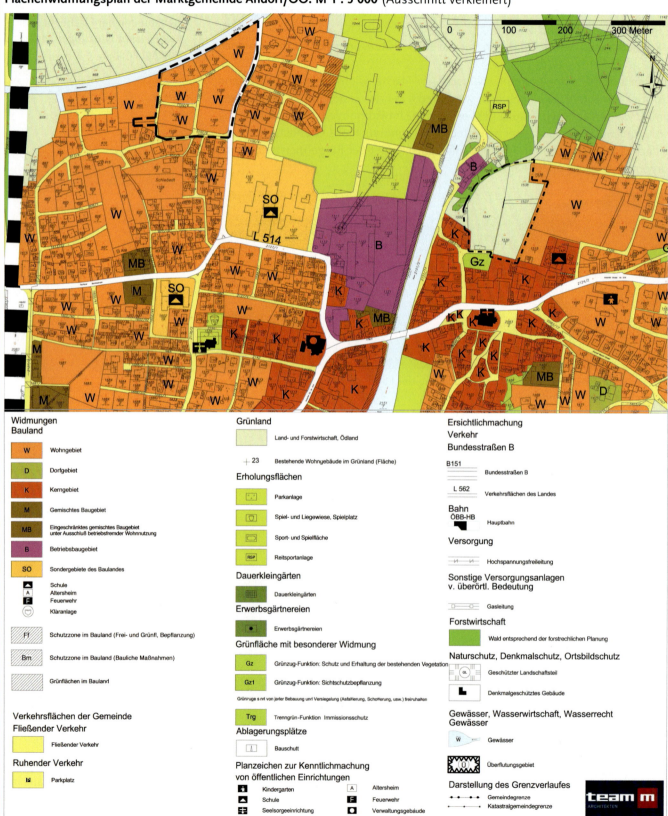

**7.** Ordnen Sie den einzelnen Fragen die richtigen Antworten zu.

| | |
|---|---|
| Wie kommt es zur Festlegung der Nutzung einer Parzelle? | Sie wird vom Gemeinderat beschlossen und beinhaltet alle Nutzungsvorgaben. |
| Welche Vorgaben fließen bei der Erstellung eines Flächenwidmungsplans ein? | Die Grundstücksdatenbank ist online oder bei Maklern, Notaren bzw. Zivilgeometern einsehbar. |
| In welcher Form stellen die Menschen Ansprüche an den Raum? (Grunddaseinsfunktionen) | Erholungsflächen gehören zu Grünland, Sportstätten sind Sonderwidmungen, Parkplätze gehören zu Verkehrsflächen und Betriebsbaugebiete zu Bauland. |
| Wie heißt das Verzeichnis der Grundstücke und wer erstellt es? | Sie dürfen zehn Jahre lang nicht bebaut werden. |
| Wie bzw. wo ist die Grundstücksdatenbank einsehbar? | Sie nehmen am Verkehr teil, sie arbeiten/gehen zur Schule, sie wohnen, sie versorgen sich, sie gestalten ihre Freizeit, sie schützen bestimmte Räume. |
| Zu welcher Widmungskategorie gehören: Erholungsflächen, Sportstätten, Parkplätze, Betriebsbaugebiet? | Grundstücksverzeichnis und Kataster. Erstellt wird es vom Vermessungsamt. |
| Was ist der Hauptgrund für Änderungswünsche am Flächenwidmungsplan und wer trifft die Letztentscheidung? | Hauptgrund für Änderungen ist die Umwidmung von Grünland in Bauland. Letztentscheidung trifft der Bürgermeister/die Bürgermeisterin. |
| Was ist mit Flächen, die in einem Flächenwidmungsplan für eine spätere Verkehrsnutzung gesondert ausgewiesen sind? | EU Planungen, Bundesressortplanungen, Landesentwicklungspläne, Regionalentwicklungspläne und örtliches Entwicklungskonzept gehen dem Flächenwidmungsplan voraus. |

# 2 Raumordnung und Tourismus

*Die Raumordnung hat die Aufgabe die Ordnung der Teilräume mit dem Gesamtraum abzustimmen und die dafür entsprechenden Maßnahmen und Richtlinien zu verordnen. Dem Tourismus liegt immer ein Maximum an Freiheit für den Gast zugrunde. Dadurch kommt es in einigen Bereichen leicht zu Konflikten. Die Wünsche nach großzügiger Nutzung von Räumen, freier Begehbarkeit und Befahrbarkeit von Wegen und Naturflächen, der freie Seezugang, die Zufahrt zu touristischen Einrichtungen und der Bau/Ausbau von Beherbergungsbetrieben nach den jeweiligen Bedürfnissen sowie der Ausbau von Liftanlagen sind nur einige der potenziellen Konfliktpunkte.*

## 2.1 Raumordnungsgesetz und Tourismus

Die Raumordnung hat insbesondere folgende Ziele:

Bauen in den Alpen

Zersiedelung soll verhindert werden

1. den umfassenden Schutz der Umwelt vor schädlichen Einwirkungen sowie die Sicherung oder Wiederherstellung eines ausgewogenen Naturhaushaltes;
2. die Sicherung oder Verbesserung der räumlichen Voraussetzungen für sozial gerechte Lebensverhältnisse und die kulturelle Entfaltung;
2a. die Vermeidung und Verminderung des Risikos von Naturgefahren für bestehende und künftige Siedlungsräume;
3. die Sicherung oder Verbesserung einer Siedlungsstruktur, die mit der Bevölkerungsdichte eines Gebietes und seiner ökologischen und wirtschaftlichen Tragfähigkeit im Einklang steht, auch unter Bedachtnahme auf die infrastrukturellen Rahmenbedingungen sowie die Stärkung des ländlichen Raumes durch die Sicherung entsprechender räumlicher Entwicklungsmöglichkeiten, insbesondere unter Berücksichtigung der Bevölkerungsentwicklung;
4. die Sicherung oder Verbesserung der räumlichen Voraussetzungen für eine leistungsfähige Wirtschaft einschließlich der Sicherung der natürlichen Ressourcen sowie die Sicherung der Versorgung der Bevölkerung und der Wirtschaft mit notwendigen Gütern und Dienstleistungen, insbesondere in Krisenzeiten;
5. die Sicherung oder Verbesserung der räumlichen Voraussetzung für eine existenz- und leistungsfähige Land- und Forstwirtschaft, insbesondere die Verbesserung der Agrarstruktur;
6. die sparsame Grundinanspruchnahme bei Nutzungen jeder Art sowie die bestmögliche Abstimmung der jeweiligen Widmungen;
7. die Vermeidung von Zersiedelung;
8. die Sicherung und Verbesserung einer funktionsfähigen Infrastruktur;
9. die Schaffung und Erhaltung von Freiflächen für Erholung und Tourismus;
10. die Erhaltung und Gestaltung des Orts- und Landschaftsbildes sowie eine umfassende Dorf- und Stadtentwicklung unter besonderer Berücksichtigung der Stärkung der Stadt- und Ortskerne; unvermeidbare Eingriffe in die Landschaft sind durch entsprechende landschaftspflegerische Maßnahmen bestmöglich auszugleichen.

*https://www.ris.bka.gv.at*

## Arbeitsaufgabe

- Finden Sie einzelne Passagen des Raumordnungsgesetzes, die Auswirkungen auf den Tourismus haben. Listen Sie mögliche Konflikte auf.

## 2.2 Alpine Raumordnung

Die Alpen sind das am stärksten erschlossene Hochgebirge der Welt. Die verbliebenen, technisch unerschlossenen Natur- und Kulturlandschaftsräume müssen deshalb als wertvolles Zukunftskapital auch für einen naturnahen Tourismus gesehen und erhalten werden. In bereits erschlossenen Gebieten sind strenge Ansprüche an die Genehmigungsverfahren zu stellen.
2002 traten die Alpenkonventions-Protokolle in Kraft.

**Positionen aus dem Grundsatzprogramm der alpinen Raumordnung**
- Unerschlossene Räume und Wildnisgebiete raumplanerisch sichern
- Siedlungsentwicklung lenken und Zersiedelung der Landschaft verhindern
- Naturnahe Gewässer erhalten und aufwerten
- Bergwald und alpine Lebensräume erhalten

**Verbote in den Bergen?**
Gegen das Problem der steigenden Zahl von Mountainbikern in den Alpen und auf Bergwegen wollen Umweltpolitiker nicht mit Verboten vorgehen, sondern mit Werben für eine alpine Partnerschaft. Denn das Problem ist, dass die Verbote kaum vollzogen werden können.

- Zu umweltschonenden Tourismusformen übergehen
- Technische Erschließung beenden und unerschlossene Räume bewahren
- Skibetrieb umweltverträglich organisieren

Der Klimawandel wird durch Auftauen von Permafrost, Eisfreiwerden und frühere Ausaperung von alpinistisch genutzten Routen einen Einfluss auf das räumliche Nutzungsverhalten im Alpinismus zeigen, Schutzhüttenstandorte in Frage stellen, Weg-, Steig- und Tourenverlegungen notwendig machen oder diese völlig in Frage stellen. Die Betreiber von Liftanlagen werden in schneesichere Höhen ausweichen wollen, Bergsteiger verlangen nach immer mehr und extremeren Klettersteigen, und immer neue Sportgeräte (wie E-Bike etc.) werden zu neuen Konflikten im Rahmen der Alpenkonvention führen.

Im alpinen Gelände können nur Warnungen vor Betretung oder Befahren ausgesprochen werden. Die freie Begehung der Natur ist in der Verfassung garantiert.

Die Alpen werden immer mehr zum Sportgerät. Nur eine präzise Nutzungsregelung und Klärung von Verantwortlichkeit helfen, den touristischen Wert dieser Sportarten im alpinen Bereich zu sichern.

### Maßnahmen für die Zukunft

Die Betonung des Nachhaltigkeitsprinzips im Wege einer Balance zwischen der sozialen, ökonomischen und ökologischen Dimension hat einen ganz hohen Stellenwert. Die Raumordnung muss Gunstlagen für den Tourismus ausweisen und zugleich eine regionale Zuordnung und weitere Profilierung von „Leitwirtschaftszweigen" für alpine Regionen treffen. Von hohem Nachhaltigkeitsdenken zeigt es, die Umgebungsqualität in touristischen Gunstlagen zu erhalten und zu verbessern. Dies beinhaltet insbesondere Maßnahmen zur Verkehrsentlastung in Tourismusorten.

**Arbeitsaufgabe**

- Halten Sie eine Rede zur besonderen Bedeutung der alpinen Raumordnung für die geordnete touristische Nutzung des alpinen Raums.

## 2.3 Der alpine Raum – Entsiedlung oder Tourismus

*Der Tourismus im alpinen Raum stagniert europaweit auf hohem Niveau und konzentriert sich auf große inneralpine Tourismuszentren in verkehrsgünstiger Lage. Nur regionsspezifische Strategien für den alpinen Tourismus garantieren weiterhin dezentrale Arbeitsplätze und Wertschöpfungsprozesse. Der peripher alpine Raum ist hingegen massiv von Entsiedlung betroffen.*

Über 6 Millionen Gästebetten weisen den alpinen Raum Europas als touristische Aktivzone aus. Allerdings weisen 40 % der Gemeinden keinerlei Tourismus auf und

Rabou – verlassenes Dorf in den französischen Alpen

8 % gelten als hochtouristisch. In den Städten Grenoble*, Annecy*, Innsbruck, Salzburg, Bozen, Lugano* stehen alleine ca. 50 % aller Gästebetten.

Ohne reine Auspendlergemeinden, Kleinstgemeinden und Städte bleiben im Alpenraum etwa 600 Tourismusgemeinden, die sich häufig zu Wander- oder Skigebieten zusammengeschlossen haben. Nur im Bereich der westlichen Ostalpen (Bayern, Vorarlberg, Tirol, Salzburg, Kärnten, Südtirol) sind fast alle Neben- oder Seitentäler stärker oder schwächer touristisch geprägt, während die Haupttäler (mit der großen Mehrheit der Bevölkerung und der Arbeitsplätze) sukzessive verstädtern.

Größere Konzentrationen von punktförmigen Tourismusorten gibt es im Berner Oberland, im Wallis, in Graubünden*, in Savoyen* und Hoch-Savoyen*, in den Dolomiten, in der Region Aosta*, im Susa-Tal*/Piemont und auf der Nordseite der Ligurischen Alpen. Damit ist der Tourismus nicht - wie immer wieder behauptet wird – der dominante oder gar der stärkste Wirtschaftszweig in den Alpen, denn nur maximal 10 – 12 % aller Arbeitsplätze dürften touristische Arbeitsplätze sein. Er ist auch räumlich hochkonzentriert in 10 % aller Alpengemeinden und in wenigen Alpenregionen. In den italienischen und französischen Alpen finden sich bereits zahlreiche „Geisterdörfer".

| Grundsätzlich gibt es in den Alpen zwei verschiedene Formen von Tourismusorten | |
| --- | --- |
| **natürlich gewachsene** | **künstlich gestaltete** |
|  |  |
| Tourismusorte, die aus bäuerlich geprägten Dauersiedlungen heraus entstanden sind und die deshalb vergleichsweise tief liegen. Die Raumentwicklung war hier meist aus der Gemeinde heraus gesteuert, hoher Druck herrscht am Immobilienmarkt, die soziale Struktur ist einer starken Veränderung unterworfen. | Tourismusorte, die in oft hochalpinen Regionen von einer oder mehreren Gemeinden auf unbesiedelten Flächen angelegt wurden (v. a. in Frankreich, aber auch im Wallis und in Italien). Die Investitionen kamen dabei von außerhalb der Alpen, auch der räumliche Entwicklungsprozess war fremdgesteuert. Es gibt kaum Dauerwohnsitze und keine landwirtschaftliche Nutzung. |
| **Beispiel:** Rauris – eine nachhaltig gewachsene Wintersportgemeinde mit dörflichem Charakter | **Beispiel:** Das französische „Retorten-Skidorf" Courchevel* besitzt sogar einen eigenen Flughafen |

## Arbeitsaufgaben

1. Suchen Sie die mit * gekennzeichneten Orte bzw. Regionen im Atlas.

2. Stellen Sie Vor- und Nachteile von traditionellen Orten und Retortendörfern im Bezug auf Nachhaltigkeit in der Tourismusentwicklung einander gegenüber.

## 2.4 Touristische Entwicklung im „Anforderungskorsett" der Rahmenbedingungen

> *Tourismusbetriebe stehen in einem enormen Spannungsfeld von Erwartungen. Teils sind es verbindlich vorgegebene Richtlinien, andererseits eigene, gesellschaftliche bzw. Gästeerwartungen oder politische Zielsetzungen. In diesem Feld müssen Entscheidungen getroffen werden, die langfristig den Bestand sichern.*

**Raumordnung und Flächenwidmung**
Veränderungen tourist. Objekte (Hotelausbau, Golfplatz, Liftanlage)
Ergänzungen (Tennisplatz, Campingplatz, Strand ...)
Hinweise (Schilder, Werbetafeln, Wegmarkierungen..)

**Recht**
Grundverkehrsrecht
Naturschutzrecht
Wasserrecht
Forstrecht
Gewerberecht

**Touristische Einrichtung (Hotel, Sportanlage etc.)**

**Nachhaltigkeit**
Einkauf
Einrichtung
Wasser- u Energieverbrauch
Reinigung
Erreichbarkeit
Personaleinsatz

**Betriebliche Notwendigkeiten**
Ausbau/Erweiterung
Sanierung
Attraktivierung
Konkurrenzdenken
Gewinnstreben

**Politik und Gesellschaft**
Zielsetzung für Ortsentwicklung
Arbeitsplätze
Schutz vor Overtourism
Aufträge für die heimische Wirtschaft
Prestigedenken

**Gäste**
Entspannung
Abenteuer
Erholung
Wohlfühlen
Vielfalt
Sauberkeit
Unterhaltung
Beratung

Regionsspezifische Strategien können von den politischen Verantwortlichen zur geordneten touristischen Entwicklung ländlicher Gemeinden erlassen werden.
- Raumplanerische Maßnahmen
- Maßnahmen der Flächenwidmung
- Verkehrs-Infrastrukturmaßnahmen

### Arbeitsaufgaben

1. Ordnen Sie die einzelnen Maßnahmen den regionsspezifischen Strategien richtig zu:
   - Schaffung von Naturparks, Nationalparks, Schutzzonen;
   - Regionen für naturverträgliche Erweiterungen, wie verkehrsberuhigte Zonen, Radwege, Wanderwegekonzept;
   - strenge Maßstäbe bei Umwidmungen, Schaffung von Parkraum, beste Erschließung durch öffentlichen Verkehr;
   - Erhaltung des Dorfkerns, Vermeidung von Durchzugsverkehr, geordnete Erweiterung mit entsprechender Infrastruktur.

2. Konkretisieren Sie in einzelnen Arbeitsgruppen die Anforderungen an touristische Einrichtungen und präsentieren Sie diese im Anschluss vor den anderen Gruppen.

## 2.5 Nachhaltiges Reisen – eine Chance für das Weltklima

*Nachhaltigkeit sollte den Menschen als Grundprinzip ihres Handelns dienen. Dabei gilt als nachhaltig jenes Handeln, das Soziales mit Wirtschaft und Umwelt zur Deckung bringt. (siehe untenstehendes Modell). Dies gilt auch für den Tourismus, wo nachhaltiges Reiseverhalten immer noch schwerfällt.*

### Was versteht man unter Nachhaltigkeit?

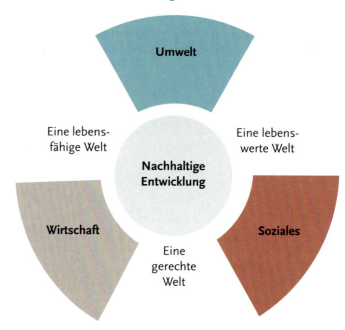

Boutiquehotel Stadthalle in Wien: Das erste Stadthotel mit Null-Energie-Bilanz.

| Arten von Nachhaltigkeit | | |
|---|---|---|
| **Ökologische Nachhaltigkeit** | **Ökonomische Nachhaltigkeit** | **Soziale Nachhaltigkeit** |
| orientiert sich daran, keinen Raubbau an der Natur zu betreiben. Ökologisch nachhaltig ist eine Lebensweise, die die natürlichen Lebensgrundlagen nur in dem Maße beansprucht, wie diese sich regenerieren. | Eine Gesellschaft sollte wirtschaftlich nicht über ihre Verhältnisse leben, da dies zwangsläufig zu Einbußen der nachkommenden Generationen führen würde. | Ein Staat oder eine Gesellschaft sollte so organisiert sein, dass sich die sozialen Spannungen in Grenzen halten und Konflikte auf friedlichem und zivilem Wege ausgetragen werden können. |

### Nachhaltiges Reisen in der Praxis

Nachhaltig zu reisen heißt für Touristiker/innen und für Touristen/Touristinnen nicht, gänzlich auf das Reisen zu verzichten, sondern Wege zu finden, das eigene Reisen, das Urlaubsverhalten so abzustimmen, dass einerseits Kundenwünsche befriedigt werden, dass andererseits die Wirtschaft an der Reise fair verdient und dabei die Umwelt möglichst wenig Schaden nimmt. Die Herausforderung für beide Partner ist in folgenden Punkten ersichtlich:

- Flugreisen vermeiden, begrenzen oder nur ab einer gewissen Urlaubsdauer und Entfernung zum Urlaubsort durchführen (Belastungen siehe nebenstehende Grafik)
- Autoreisen vermeiden, keinen „Roadtrip" durchführen, Auto nur als Anreise zum Urlaubsort oder Ausgangsflughafen/-bahnhof
- Bei der Auswahl von Kreuzfahrtschiffen auf deren Ökobilanz achten
- Fahrradreisen bewusst vom Heimatort aus planen
- Wanderreisen statt Busrundreisen
- Biohotels oder Nullenergiehotels nutzen und darauf achten, dass diese in die Architektur des Ortes integriert sind. (siehe Bild Boutiquehotel Stadthalle)
- Verstärkt Camping als Alternative einplanen.
- Kulturelle Besonderheiten des Reiselandes akzeptieren
- Bei Urlaubsaktivitäten (Wandern, Radtouren, Paddeln etc.) Unternehmungen mit einheimischen Guides vorziehen
- Dienstleistungen am Urlaubsort nutzen und die regionale Wirtschaft stärken (Taxis, Cafes, Friseur...)
- All-inclusive-Angebote meiden, da das meiste Geld hier nicht dem Urlaubsland zugute kommt
- Abwägen: Gibt es für mein Fernreiseziel eine nähere, attraktive Variante, die mir ähnlichen Nutzen bringt?
- Nachhaltige Reiseanbieter nutzen.
- Ferienregionen mit autofreier Mobilität aufsuchen.

*Nach: http://www.reisemeisterei.de/nachhaltigkeit-auf-reisen-eine-to-do-liste/*

## Nachhaltig reisen – auch organisiert möglich?

Die Verantwortung für nachhaltiges Reisen bleibt immer bei der reisenden Person. Individualreisen können oft sehr unökologisch und wenig sozial verträglich sein. Meist weist Reiseliteratur (egal, ob Buch/Internet) den Weg zu den Reisezielen. Der Blick „hinter die Kulissen" ist oft nur schwer möglich, da oft die entsprechenden Kontakte fehlen.

Da können Pauschalreisen sozial verträglicher, günstiger und jedenfalls genussvoller als Individualreisen sein. Aus einer riesigen Angebotspalette am Markt kann man zudem den für sich am besten passenden Veranstalter, das gewünschte Komfortniveau und die bevorzugte Reiseart herauspicken. Man macht dann nur eine Buchung und nicht dutzende, hat durch eine professionelle Organisation im Vorfeld und dann auch unterwegs viel weniger Stress und auch viel weniger Risiko! Im Falle von Qualitäts- oder Organisationsmängeln oder gar bei Flugproblemen ist man sehr gut durch das Pauschalreiserecht abgesichert und hat bei allen möglichen Problemfällen immer einen Ansprechpartner in Österreich. Mit einem guten, lokal verwurzelten Guide sieht man vor Ort einfach viel mehr – auch hinter die Kulissen. Die besten Tipps und Hintergrundinfos werden persönlich geliefert und viele wertvolle Begegnungen mit Einheimischen ermöglicht, dabei auch Sprachprobleme überwunden.

*Nach: Christian Hlade, Geschäftsführer der Agentur „Weltweitwandern"*

**Nachhaltiges Reisen sieht anders aus**

Screenshot der App „Flight Radar24" am 8. 9. 2020 um 10:52

Die Wege auf der französischen Mittelmeerinsel Porquerolle sind autofrei

---

## Arbeitsaufgaben

- Nehmen Sie eine Reise aus dem Afrikaangebot von „Weltweit wandern" und überlegen Sie, wieviele Einzelbuchungen Sie als Tourist/Touristin vornehmen müssten und wobei Sie die größten Probleme haben könnten. Vorschlag: http://www.weltweitwandern.at/afrika/marokko/marokko-vom-atlas-zur-wueste/#leistungen

- Diskutieren Sie, wo für sie als Klasse die größten Herausforderungen für nachhaltiges Handeln im touristischen Reisen liegen.

## 2.6 Gibt es nachhaltigen Wintertourismus?

Die Nachhaltigkeitsbereiche Umwelt, Soziales und Wirtschaft befinden sich in einem labilen Gleichgewicht, das auch bei kleinen Störungen große negative Folgen haben kann.

Das gängige Entwicklungsmodell des Wintertourismus stellt immer noch kostspielige Investitionen in Lifte und Seilbahnen in den Mittelpunkt. Oftmals konkurrieren dabei Nachbarorte und führen einen Wettlauf im Bereich der Infrastrukturen. Dadurch wird der Druck auf den Naturraum immer intensiver. Der weitere Verbrauch natürlicher Ressourcen wie Wasser, Land und Energie kann so nur schwer in Grenzen gehalten werden.

Zahlreiche Skiorte bemühen sich bereits mit unterschiedlichen Maßnahmen um Nachhaltigkeit:
- Manche Skiorte, in Frankreich zum Beispiel Montgenèvre, Meribel oder Avoriaz, interessieren sich dafür, ihre Schigebiete mit Hilfe von Qualitätszertifizierungen zu verwalten.
- Mitgliedergemeinden von „Perlen der Alpen", wie Les Gets/F, Werfenweng/A, Arosa/CH und die Orte in der Region Rosengarten-Latemar/I versuchen, die Folgen der Touristenströme auf die Umwelt einzudämmen.
- Bestimmte Gemeinden, wie die in der Region von St. Moritz/CH oder Crans Montana/CH ergreifen Maßnahmen, um den starken Druck auf den Immobilienmarkt und das Ungleichgewicht zwischen Zweit- und Hauptwohnsitzen zu reduzieren.
- Die Departements Isère und Haute-Savoie verpflichten ihre Skiorte, Verträge für die Entwicklung von touristischen Aktivitäten als Alternativen zum reinen Skifahren zu unterzeichnen und mitzufinanzieren.

### Alternativen zum Skitourismus
Zahlreiche Wintersportorte, die bisher nahezu ausschließlich auf das alpine Skifahren gesetzt haben, verbreitern ihre Angebotspalette aus Gründen der Nachhaltigkeit, andere aber auch aus ökonomischen Gründen, letztendlich auch, um langfristig ein Ganzjahresangebot zu schaffen.
- **Schneeaffine Alternativen:** Skitouren gehen, Schneeschuhwandern, Langlaufen oder Skaten, Eislaufen, Rodeln, Eisklettern
- **Sportliche Alternativen:** Schwimmen, Reiten, Wandern, Indoorklettern
- **Erholungsalternativen:** Konzerte, Theater, Führungen, Festivals, Kinderanimation, Degustationen, Animationen, Shopping

### Arbeitsaufgaben

1. Erklären Sie, warum durch den Skitourismus in bestimmten Orten ein hoher Druck auf den Immobilienmarkt entsteht.

2. Gestalten Sie mit den Begriffen: Klimawandel, Ressourcenverbrauch, nachhaltiges Handeln, reduzieren, vermeiden, Alternativen finden ein grafisches Schema, das logisch die Ursachen und Folgen darstellt.

3. Finden Sie weitere nachhaltige Alternativen zum alpinen Skilauf, die ergänzend im Rahmen des Winterurlaubs angeboten werden können.

■ Erkunden Sie die zur Vereinigung „Perle der Alpen" gehörenden Gemeinden und präsentieren Sie dann von einigen Gemeinden die speziellen Nachhaltigkeitsmaßnahmen, die Ihnen besonders gefallen haben.

Die Tourismusregion Weißensee setzt sehr erfolgreich auf Eislaufen als nachhaltigen Wintersport

# 3 Nationalparks zwischen Schutz und touristischem Erleben

> *Bereits bei der Gründung des ersten Nationalparks in Yellowstone 1872 entstand die Idee der Mehrfachaufgabenstellung von Nationalparks. Im Vordergrund standen der Schutz und die dauerhafte Erhaltung einer einzigartigen Landschaft in ihrer Ursprünglichkeit an erster Stelle. Aber auch die Schönheit einer Landschaft, die erst dadurch erfahren werden kann, dass Menschen sie erleben können, machte die Nationalparklandschaft so populär. Diese oft als gegensätzlich empfundene Aufgabenstellung von Nationalparks hat sich bis heute erhalten.*

💡 Insgesamt gibt es auf der Welt knapp 4 000 von der IUCN offiziell anerkannte Nationalparks der Kategorie II. Demnach gibt es auf der Erde 4 413 142 km² terrestrischer und mariner Fläche, die als Nationalpark geschützt sind, insgesamt sind dies 23,5 % der gesamten Schutzgebietsfläche. (Dies ist die gesamte Fläche der EU!)

## 3.1 Dualität der Nationalparkidee

Nationalparks erlauben uns einen Einblick in die „Werkstatt" der Natur und geben vor allem der Wissenschaft die seltene Möglichkeit, von den Naturprozessen zu lernen. Zum anderen sollen Nationalparks im Rahmen dieses Naturschutzzwecks ihren Besucherinnen und Besuchern das Erleben einer einzigartigen, vom Menschen nicht gesteuerten und gelenkten Natur ermöglichen. Parkverwaltungen unterstützen durch spezielle Angebote dieses Erleben. Sanfter Tourismus schafft einen ökologisch verantwortlichen Zutritt und macht so Nationalparks zu Motoren einer regionalen Wirtschafts- und Strukturentwicklung.

Natur in einem unberührten Zustand zu belassen, stellt gerade in dicht besiedelten Regionen, wie Mitteleuropa und natürlich auch Österreich eine ist, eine Herausforderung dar. Widerstand kam und kommt vor allem von Forstbesitzern/-besitzerinnen, von der Landwirtschaft, der Jagd, aber auch vom Tourismus, der sich in seinen Entwicklungsmöglichkeiten eingeschränkt fühlt.
Eventuell die Bilder aus der RS hier her?

💡 **IUCN:** The International Union for Conservation of Nature. 1948 gegründet mit Mitgliedsorganisationen in 160 Staaten der Welt.

**Nationalpark zwischen Natur ...**

**und Tourismus ...**

## 3.2 Nationalparkkriterien

Die IUCN (International Union for Conservation of Nature and Natural Resources) – die weltweite Dachorganisation aller Staaten und international agierenden Naturschutzorganisationen – empfiehlt den Regierungen, den Ausdruck „Nationalpark" für Gebiete zu reservieren, die folgenden Kriterien entsprechen:

| | |
|---|---|
| **Größe** | Als Richtwert gilt eine Fläche von mindestens 10 000 ha (100 km²), die der Kategorie der geschützten Naturlandschaften zurechenbar sein muss. |
| **Naturbelassenheit** | Vom Menschen nicht bzw. nur unwesentlich veränderte, interessante Ökosysteme. |
| **Nutzung** | Die Ausbeutung der natürlichen Quellen ist grundsätzlich zu verbieten (Abbau von Bodenschätzen, Entnahme von Holz und Pflanzen, Bau von Dämmen und anderen Konstruktionen zur Bewässerung und Gewinnung hydroelektrischer Energie). |

| Kontrollierte Zulassung des Tourismus | Naturnaher (sanfter) Tourismus. Das Konzept des naturnahen Tourismus will die Bewahrung der Natur mit deren Nutzung durch Gäste in Einklang bringen. Die Natur soll dabei immer Vorrang haben. Begehbar und ersteigbar ist fast alles, aber nicht befahrbar. Wanderungen sind möglich, aber keine Ausflugsfahrten mit dem Privatauto. Das Gelände soll für Skitouren, nicht aber für Pistenfahrer, die für jede Steigung einen Lift benötigen, genutzt werden. Unterkünfte sind bei Einheimischen vorhanden, riesige Hotelkomplexe soll es nicht geben. |
| --- | --- |
| Rechtlicher Schutz | Der Schutz des Nationalparkgebietes muss gesetzlich verankert und auf Dauer ausgerichtet sein. |
| Faktischer Schutz | Um als Nationalpark gelten zu können, muss neben dem gesetzlichen Schutz auch ein faktischer Schutz durch ausreichend vorhandene finanzielle Mittel und entsprechendes Personal zur Überwachung gesichert sein. |

## 3.3 Nationalparks in den USA

1872 wurde als erstes der Yellowstone Nationalpark unter Naturschutz und staatliche Aufsicht gestellt wurde. 2019 haben 59 Parks in den USA diesen Status und jede typische amerikanische Landschaftsform ist in einem Nationalpark wiederzufinden. Die Größe der einzelnen Nationalparks ist recht unterschiedlich, für europäische Besucher/innen allerdings meist beachtlich. Der überwiegende Teil der Parks ist „wilderness area", nur etwa 5 % des gesamten Terrains von 210 000 km² sind durch Straßen, Übernachtungsmöglichkeiten usw. touristisch erschlossen.

**Die10 beliebtesten Nationalparks der USA**
- Hawaii Volcanoes Nationalpark, Hawaii
- Yellowstone Nationalpark, Wyoming
- Acadia Nationalpark, Maine
- Yosemite Nationalpark, Kalifornien
- Channel Islands Nationalpark, Kalifornien
- Denali Nationalpark, Alaska
- Olympic Nationalpark, Washington
- Grand Canyon Nationalpark, Arizona
- Redwood Nationalpark, Kalifornien
- Grand Teton Nationalpark, Wyoming

*Quelle: https://www.geo.de*

Nationalparks, Monuments, Historic Sites, Recreation Areas und National Wildlife Refuges können mit einem Annual Pass („America the Beautiful – the National Parks and Federal Recreational Lands Pass"), den es derzeit um 80 US-Dollar pro Jahr gibt, besucht werden.

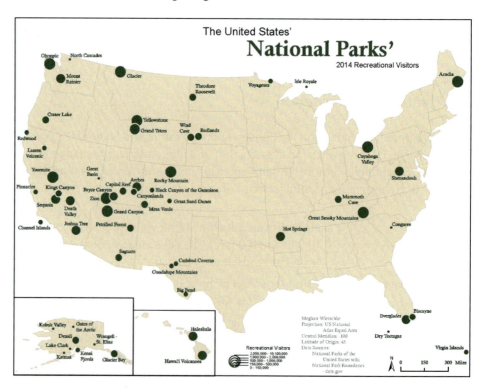

## 3.4 Nationalparks in Europa

Die Verteilung der Nationalparks auf der Erde ist recht uneinheitlich. Während es in Australien und Neuseeland 640 Nationalparks mit insgesamt 294 937 km² gibt, hat Europa (ohne Türkei, Russland, Moldawien, dem Baltikum und der Ukraine) eine vergleichsweise geringe Anzahl von 273 Nationalparks, die eine Fläche von 98 165 km² bedecken – immerhin 110 % der Fläche Österreichs. Europas größter Nationalpark ist der 1928 gegründete Vatnajökull-Nationalpark in Island mit einer Gesamtfläche von 1 240 700 ha.

### Arbeitsaufgaben

1. Ordnen Sie die Texte den Bildern zu:

   **❶** Der Vatnajökull Nationalpark umfasst den größten Gletscher Europas. Der Gletscher selbst ist schon so enorm groß, dass er ganze 8 % des ganzen Landes einnimmt, der Park beansprucht etwa 14 % der Fläche. Insgesamt erstreckt sich der namensgebende Vatnajökull über eine Fläche von über 8 000 Quadratkilometer.

   **❷** An der ligurischen Küste liegt der Cinque Terre Nationalpark mit seinen weltberühmten bunten Dörfern Riomaggiore, Manarola, Corniglia, Vernazza und Monterosso.

   **❸** Wilde Berge werden von der Tara durchflossen. Die Tara-Schlucht ist die tiefste in ganz Europa. Wölfe und Bären durchstreifen den Durmitor Nationalpark in Montenegro.

   **❹** Das „Heim der Riesen", wie der Name dieses Nationalparks „Jotunheimen" übersetzt bedeutet, beheimatet die 29 höchsten Gipfel Norwegens, darunter auch den 2469 Meter hohen Galdhøpiggen. Das Jedermannsrecht, das überall in Norwegen gilt, gestattet Besuchern das freie Betreten und sogar Übernachten.

   **❺** Auf 300 000 Hektar erstrecken sich diese 16 Karstseen des Plitvicer Nationalparks. Bis zu 13 000 Besucher/innen bewundern täglich diesen Nationalpark in Kroatien.

   **❻** Südlich von Dresden und beiderseits der Elbe liegt der NP „Sächsische Schweiz". Er bildet einen Teil des Elbsandsteingebirges und ist durch bizarre Felsnadeln charakterisiert.

2. Diskutieren Sie die Dualität der Nationalparkidee, die einerseits die Nationalparks als sich selbst überlassene Rückzugsgebiete der Natur sieht, andererseits den Tourismus als willkommenen Geldbringer und als Möglichkeit, die Natur besser verstehen zu lernen.

Die Umbalfälle im Osttiroler Virgental sollten in einem großen Stausee verschwinden. Die in den 1970er-Jahren noch nicht allseits akzeptierte Idee eines Nationalparks verhinderte dies aber.

## 3.5 Bewahrung der Natur – Nationalparks in Österreich

Unberührte Natur ist in einem so dicht besiedelten und seit Jahrhunderten land- und forstwirtschaftlich genutzten Land wie Österreich selten geworden. Die Bemühungen, besonders naturnahe und schützenswerte Regionen zu Nationalparks zu erklären, stießen auf großen Widerstand bei Forstbesitzern, Bauern, Jägern und Tourismusmanagern. Hat die Verwirklichung des Nationalparks Hohe Tauern noch zwanzig Jahre gedauert, so sind in den letzten Jahren fünf weitere Nationalparks entstanden. Doch immer noch ist die für Straßen, Parkplätze oder Häuser zubetonierte Fläche in Österreich mit 2 388 km2 größer als alle Nationalparks zusammen.

### Nationalpark ein touristisches USP

Eine große Bedeutung für die regionale Wirtschaft hat die touristische Nutzung des Nationalparks, mit welcher weitreichende Beschäftigungs- und Wertschöpfungseffekte verbunden sind. Die Positionierung als Nationalparkregion stellt im touristischen Sinne ein Alleinstellungsmerkmal dar und sollte nicht zuletzt aufgrund der regionalwirtschaftlichen Chancen weiter forciert werden. Eine im Einklang mit der Natur stehende sanfte touristische Weiterentwicklung muss dabei im Zentrum stehen.

 **Arbeitsaufgaben**

**1.** Ordnen Sie die Nationalparks Hohe Tauern (1), Kalkalpen (2), Thayatal (3), Gesäuse (4), Neusiedler See-Seewinkel (5) und Donau-Auen (6) zu.

**Die sechs österreichischen Nationalparks mit einer Fläche von 2 350 km²**

**2.** Beziehen Sie kritisch Stellung zum Konflikt Schutz der Natur kontra touristische Nutzung des Nationalparks.

# Die sechs österreichischen Nationalparks

## Der Nationalpark Hohe Tauern

Um den 1971 von den Landeshauptleuten von Kärnten, Salzburg und Tirol vereinbarten Nationalpark zu realisieren und jagdrechtliche, bergbauliche, energiewirtschaftliche und touristische Nutzungen zu vereinbaren dauerte es 20 Jahre. Um das angestrebte Ziel dennoch erreichen zu können, wurde eine Zonengliederung erarbeitet. Dazu wurde das alpine Urland als Kernzone, die Bereiche der Almen und forstlich genutzten Wirtschaftswälder als Außenzone des Nationalparks deklariert. Da die Kernzone weit über 50 000 ha umfasst, gestaltet sich die angestrebte Reduktion der Nutzungen bis heute sehr schwierig. Nach all den Jahren kann von einer breiten Akzeptanz gesprochen werden. Im Besonderen hat die Region zwischen Großvenediger und Ankogel hohe touristische Akzeptanz erhalten und auch Osttirol seinen sanften Tourismus bedeutend ausbauen können.

**USP – Unique selling preposition (point)** = herausragendes Leistungsmerkmal oder Alleinstellungsmerkmal.

## Nationalpark Kalkalpen

Der 20 850 ha große Nationalpark Kalkalpen bildet mit dem Sengsengebirge und dem Reichraminger Hintergebirge den zentralen Teil der Nördlichen Kalkalpen. Er ist eine der größten unberührten Gebirgslandschaften Europas. Der Reichramingbach misst mit seinen Seitenarmen 180 km – und das zur Gänze in Trinkwasserqualität, ein europäisches Unikat. Eine Fülle von bedrohten Pflanzengesellschaften hat im unwegsamen Gelände des Hintergebirges ein geschütztes Rückzugsgebiet gefunden.

Schneeschuhwanderungen im Nationalpark Kalkalpen

Die Große Klause – sie ist heute eine besondere Attraktion des Nationalparks Kalkalpen, durch die ein Klettersteig führt – war einst eine Sperre, bei der Wasser zum Holzschwemmen aufgestaut wurde. Die Holzstämme wurden dann zu Flößen zusammengebunden und auf der Enns stromabwärts gebracht.

## Nationalpark Donau-Auen

Erst seit 1996 ist dieser 9 300 ha große Nationalpark Realität. Zwölf Jahre nach Österreichs bisher einzigem „Ökokrieg" zwischen Kraftwerkserrichtern und Aubesetzern konnte dieses – neben der Wachau letzte nicht aufgestaute – Stück Donau gerettet werden. Die Aulandschaft beherbergt in den Kies- und Sandbänken, den Neben- und Altarmen, den Stillwässern, Verlandungsgebieten und Feuchtwiesen eine Biotopvielfalt von in Mitteleuropa konkurrenzlosem Artenreichtum. Die Aulandschaft ist auch ein bedeutender Wasserspeicher, der als Rückhaltebecken bei Hochwasser dient. Für das von Versteppungsgefahr bedrohte Marchfeld stellen die Donauauen einen wertvollen Wasserspeicher dar.

Ein idyllisches Altarmgewässer in den Donau-Auen unterhalb von Wien.

## Nationalpark Neusiedler See – Seewinkel

Eine besondere Rolle in der Bandbreite der europäischen Naturräume spielt der Neusiedler See. An der Nahtstelle zwischen dem atlantischen Mitteleuropa und dem kontinentalen Südosteuropa gelegen, weist dieser flache Steppensee nicht

Traditionelle Hutweide an der Langen Lacke

nur eine außergewöhnliche Vielfalt an Tier- und Pflanzenarten, sondern auch ein einzigartiges Ökosystem auf. Deshalb ist es besonders wichtig, ihn als bilateralen Nationalpark zu schützen.

Von der Kernzone des Sandeck aus erstreckt sich der Nationalpark auf österreichischer Seite über mehr als 90 km². Landschaftsschutzgebiete schließen an die Bewahrungszonen an und bewirken eine Nutzungsänderung bei Beweidung, Jagd und Fischerei. 1994 hat auch Ungarn einen Nationalpark am Südostufer des Sees verordnet, der direkt an den österreichischen Teil grenzt und 65 km² bedeckt. Mit den Schutzgebieten beträgt die Fläche 235 km².

## Nationalpark Thayatal

Das Thayatal zählt zu den schönsten Durchbruchstälern Österreichs und weist andererseits romantische Flussmäander auf, die von Urwäldern gesäumt sind. Den Höhepunkt jeder Wanderung im NP stellt der Umlaufberg dar. Dieser wird fast zur Gänze von der Thaya umflossen, an seiner engsten Stelle trennt nur ein schmales Felsband die Windungen des Flusses. Der erst im Jahr 2000 gegründete Nationalpark setzt sich auf tschechischem Staatsgebiet als „Podyji" fort. Die Flussmitte der Thaya bildet die Staatsgrenze. In der Zeit des Kalten Krieges trennte der Eiserne Vorhang die beiden Länder Österreich und Tschechien. Das Gebiet zwischen dem Eisernen Vorhang und der Staatsgrenze war Niemandsland, die Natur blieb hier nahezu ungestört. Seit dem Fall des Eisernen Vorhangs ist die Grenze wieder offen. Wege, die früher der Grenzpolizei vorbehalten waren, sind nun Teil eines grenzüberschreitenden Wanderwegenetzes.

Thayamäander im kleinsten Nationalpark Österreichs

## Nationalpark Gesäuse

Der Nationalpark Gesäuse (der Name kommt vom „Sausen" der Enns) wurde 2002 gegründet und ist derzeit Österreichs jüngster Nationalpark. Die Gemeinden Admont, Hieflau, Johnsbach, Landl, St. Gallen und Weng bilden die Nationalparkregion, deren Geschichte untrennbar mit der Erzgewinnung, der Holztrift und der Köhlerei verbunden ist. Das Landschaftsbild der Region ist vor allem durch die drei Elemente Wasser, Wald und Fels geprägt.

Gewaltige Felswände und ruhig gelegene Enns-Auen, erlebnisreiche Wanderpfade und über 100 bestens sanierte Klettertouren verbinden sich hier mit jahrhundertelanger Kulturtradition. Im jüngsten Nationalpark Österreichs befinden sich mit überwiegend natürlichen und naturnahen Wäldern, Urwäldern sowie Feuchtgebieten und Auwäldern einzigartige Waldbiotope, deren Erhaltung garantiert werden soll.

Die eindrucksvollen Gebirgsmassive des Gesäuses (Hochtor aus stark verkarstetem Dachsteinkalk) gehören zu den Nördlichen Kalkalpen.

## Nutzungskonflikte in Nationalparks

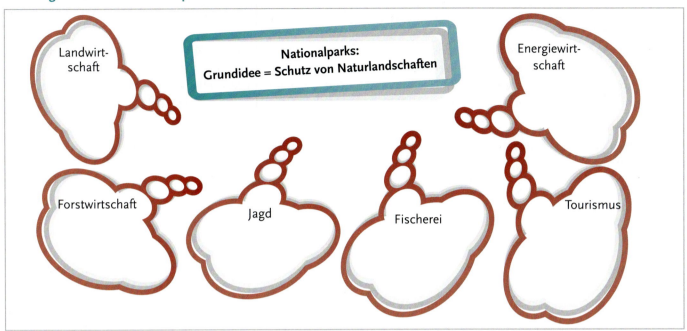

 **Arbeitsaufgaben**

1. Recherchieren Sie in Gruppen auf den Websites der einzelnen Nationalparks und gestalten Sie jeweils eine Schautafel, wobei Sie besonders die Aktivitätsmöglichkeiten in den Vordergrund stellen.

   Führen Sie eine Debatte in der Klasse, wobei Sie in zwei Gruppen das Pro und Kontra von Nationalparks diskutieren.

2. Diskutieren Sie in der Klasse: Teilen Sie die Klasse in zwei Gruppen, wobei eine Gruppe für Nationalparks eintritt und die zweite die Gegenposition einnimmt.

3. Erklären Sie mögliche Nutzungskonflikte in österreichischen Nationalparks, indem Sie obenstehendes Schema ergänzen. Schreiben Sie in jedes Kästchen mögliche wirtschaftliche Nutzungen, die in einem Nationalparkgebiet aufgrund der natürlichen Gegebenheiten möglich wären und nennen Sie zumindest ein konkretes Beispiel eines Nationalparks.

## Ziele erreicht? – „Ordnung in das Chaos – Raumordnung, Raumplanung, ... "

Raumordnung hat die zentrale Aufgabe, unseren Lebensraum zu gestalten, so dass alle Interessen wahrgenommen und unser Lebensraum auch für kommende Generationen erhalten und lebenswert bleibt. Tourismus hat – wie andere Gruppen – besonderes Interesse, den Raum für ihre Interessen umzugestalten. Im Wesentlichen muss es den im Tourismus Verantwortlichen ein Anliegen sein, die Natur als ihr wichtigstes Kapital nachhaltig zu behandeln.

1. Bewerten Sie die Aussagen mit Schulnoten und überlegen Sie ein Schlagwort als Begründung dazu. Diskutieren Sie die Ergebnisse.

**Eine Blitzumfrage**

„Ohne Flächenwidmung würden unsere Städte chaotisch aussehen."

„Raumplanung greift in die Eigentumsrechte von Bürgern/Bürgerinnen ein."

„Die Alpen stehen allen offen, sie für ihre sportlichen Interessen zu nutzen."

„Der alpine Raum wird schon bald in einigen Regionen entsiedelt sein."

„Touristische Einrichtungen unterliegen zu vielen gesetzlichen Regeln."

„Wir fordern immer nur von anderen, nachhaltig zu reisen, selbst lassen wir uns nicht gerne Vorschriften machen."

2. Treffen Sie zu den folgenden Spotlights Aussagen. Diskutieren Sie die Ergebnisse.

**Spotlights zum Beruf**

Als Touristiker/in und Jurist/in bin ich in Zukunft bestens geeignet eine führende Aufgabe im Tourismus wahr zu nehmen.

Zielvorstellungen der Nachhaltigkeit sollten in jedes touristische Firmenleitbild.

**Aus diesem Kapitel habe ich die nachstehend angeführten Erkenntnisse und/oder Einsichten gewonnen:**

_____

_____

# Topografischer Überblick –
# Europa und Österreich

## Meine Ziele

Nach der Bearbeitung dieses Kapitels kann ich
- Bundesländer, Regionen, Städte, Gebirge und Gewässer zuordnen.

## Österreich West

**Arbeitsaufgaben**

**1.** Tragen Sie die in der Karte angeführten Bundesländer, Städte und Gewässer in die Tabelle ein.

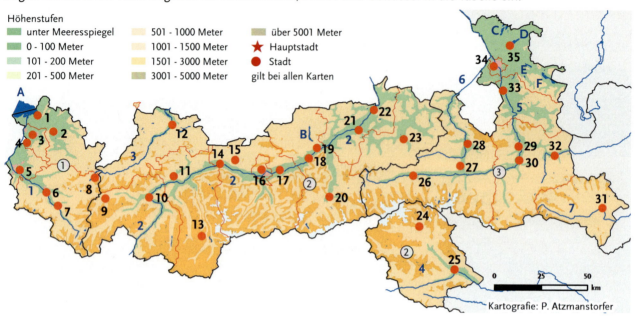

Kartografie: P. Atzmanstorfer

| Bundesländer | | 13 *S* | | 32 *R* | |
|---|---|---|---|---|---|
| ① | | 14 *T* | | 33 *H* | |
| ② | | 15 *S* | | 34 *S* | |
| ③ | | 16 *I* | | 35 *S* | |
| **Städte und Orte** | | 17 *H* | | **Gewässer** | |
| 1 *B* | | 18 *S* | | 1 | |
| 2 *B* | | 19 *J* | | 2 | |
| 3 *D* | | 20 *M* | | 3 | |
| 4 *H* | | 21 *W* | | 4 | |
| 5 *F* | | 22 *K* | | 5 | |
| 6 *B* | | 23 *K* | | 6 | |
| 7 *S* | | 24 *M* | | 7 | |
| 8 *L* | | 25 *L* | | A | |
| 9 *St* | | 26 *M* | | B | |
| 10 *L* | | 27 *Z* | | C *M* | |
| 11 *I* | | 28 *S* | | D *W* | |
| 12 *R* | | 29 *B* | | E *F* | |
| | | 30 *St* | | F *W* | |
| | | 31 *T* | | | |

**2.** Ordnen Sie die Texte den richtigen Fotos zu, indem Sie die Nummer des Textes in das Foto schreiben.

**❶** Festspielland Österreich: Seit 1952 stehen den **Bregenzer Festspielen** eine heute 7 000 Zuseher/innen fassende Seebühne zur Verfügung. Auf ihr werden im Juli und August zahlreiche Vorstellungen am Bodensee gespielt. Die Palette reicht von Konzerten bis zur Oper.

**❷** In Wattens in Tirol, am Stammsitz der **Firma Swarovski,** einem der weltweit erfolgreichsten Hersteller von Kristallerzeugnissen, wurde 1995 vom österreichischen Künstler Andre Heller ein Freizeitpark gestaltet. Die Swarovski Kristallwelten sind mittlerweile mit etwa 700 000 Besucher/innen im Jahr zur zweitwichtigsten Tourismusattraktion Österreichs geworden. Sie inszenieren im Tourismusland Tirol eindrucksvoll eines der Produkte des oft unterschätzten Industriebundeslandes Tirol.

**❸** Aus dem ehemaligen Bergbauerndorf hat sich **Ischgl** zum Zentrum des „Alpen-Ballermanns" entwickelt. Rund 200 Pistenkilometer stehen zur Verfügung, Livekonzerte von Weltstars werden angeboten. Intensivster harter Tourismus – auf 1 500 Einwohner kommen fast 11 000 Gästebetten – führen Sportbegeisterte und Menschen, die feiern wollen, in die Region.

**❹** Im **Lungau** gibt es kaum Arbeitsplätze für junge, qualifizierte Menschen. Viele pendeln in den Salzburger Zentralraum aus oder ziehen überhaupt weg. Die Landwirtschaft und der Tourismus bieten einige wenige Arbeitsplätze. Von großer Bedeutung sind die Almen, wo naturgerecht Lebensmittel erzeugt werden und die auch touristisch beworben werden.

**❺** **Sony DADC** in Thalgau und Anif bei Salzburg ist die Europazentrale des japanischen Elektronikkonzerns. Etwa 1 400 Mitarbeiter/innen produzieren u. A. die zukunftsträchtigen Blu Ray Discs. Bei der Gründung in den 1990er-Jahren konnte sich dieser Standort gegen härteste internationale Konkurrenz durchsetzen. Neben den bestens ausgebildeten Arbeitskräften punktete Salzburg auch mit weichen Standortfaktoren. Insbesondere das kulturelle Angebot der nahen Stadt Salzburg beeindruckte die Entscheidungsträger.

## Österreich Mitte

### Arbeitsaufgaben

**1.** Tragen Sie die in der Karte angeführten Bundesländer, Städte und Gewässer in die Tabelle ein.

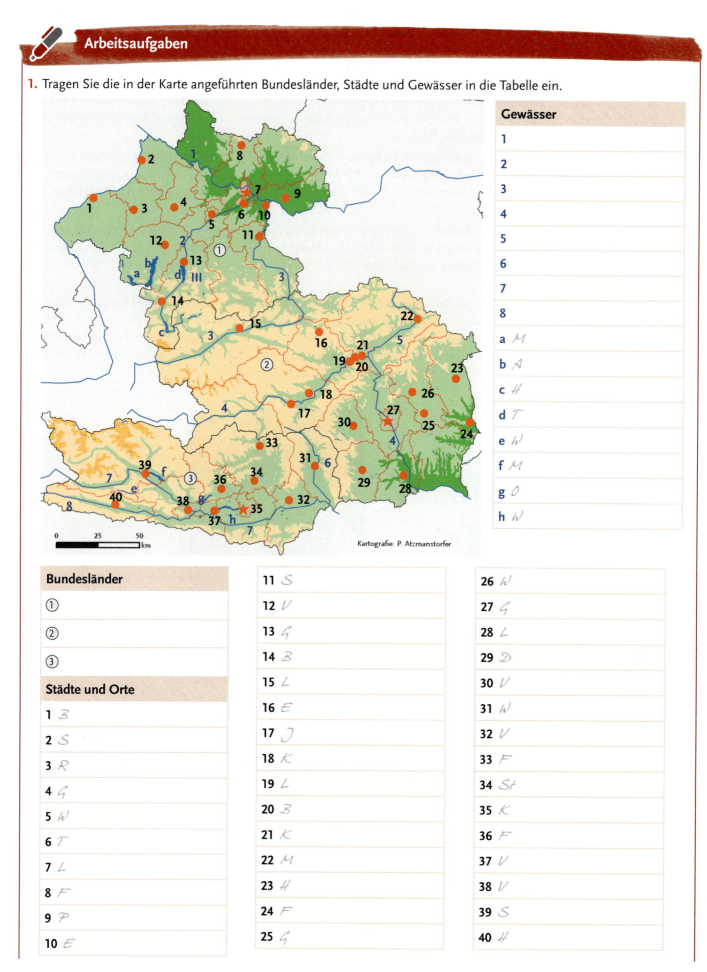

Kartografie: P. Atzmanstorfer

| Gewässer | |
|---|---|
| 1 | |
| 2 | |
| 3 | |
| 4 | |
| 5 | |
| 6 | |
| 7 | |
| 8 | |
| a | M |
| b | A |
| c | H |
| d | T |
| e | W |
| f | M |
| g | O |
| h | W |

| Bundesländer | | | | | |
|---|---|---|---|---|---|
| ① | | 11 | S | 26 | W |
| ② | | 12 | V | 27 | G |
| ③ | | 13 | G | 28 | L |
| **Städte und Orte** | | 14 | B | 29 | D |
| 1 | B | 15 | L | 30 | V |
| 2 | S | 16 | E | 31 | W |
| 3 | R | 17 | J | 32 | V |
| 4 | G | 18 | K | 33 | F |
| 5 | W | 19 | L | 34 | St |
| 6 | T | 20 | B | 35 | K |
| 7 | L | 21 | K | 36 | F |
| 8 | F | 22 | M | 37 | V |
| 9 | P | 23 | H | 38 | V |
| 10 | E | 24 | F | 39 | S |
| | | 25 | G | 40 | H |

**2.** Ordnen Sie die Texte den richtigen Fotos zu, indem Sie die Nummer des Textes in das Foto schreiben.

**❶ Graz,** die zweitgrößte Stadt Österreichs, hat durch die Öffnung der Grenzen nach Südosteuropa einen Teil seiner historischen Bedeutung zurückgewonnen. Viele Kontakte wirtschaftlicher Natur werden von Graz aus gesteuert. Überdies hat sich Graz zum hochinnovativen Zentrum des steirischen Autoclusters entwickelt.

**❷ BMW Werk in Steyr:** Nach dem Zweiten Weltkrieg wurde Oberösterreich zu einem der führenden Industriestandorte Österreichs. So auch die alte Eisenstadt Steyr, wo sich hochmoderne und profitable Produktionsbetriebe internationaler Konzerne angesiedelt haben. Von diesen industriellen Leitbetrieben profitieren viele kleinere und mittlere Zulieferbetriebe.

**❸** Die **Maltakraftwerke** in Kärnten bestehen aus einer Reihe von Speichern zur Stromerzeugung aus Wasserkraft. Der Speicher Kölnbrein ist der größte seiner Art in Österreich. Das Kraftwerk wird als Speicherkraftwerk betrieben, wobei nur in Spitzenbedarfszeiten Strom erzeugt wird. Es kann Wasser aus der Möll in die Speicher gepumpt werden, wenn Stromüberschüsse bestehen.

**❹** Die **Obersteiermark** gehört zu den alten Industrieregionen. Die Basis für den Aufbau der Schwerindustrie im 19. Jahrhundert war der Erzberg bei Eisenerz mit seinen hochqualitativen Erzen. Heute wird der Erzberg für touristische Zwecke genutzt.

**❺ Friesach,** die älteste Stadt Kärntens, beeindruckt durch sein mittelalterliches Stadtbild und seine Burg oberhalb der Stadt. Im Mittelalter war sie eine Handelsstadt von überregionaler Bedeutung. Heute hat sie diese Bedeutung verloren.

## Österreich Ost

**Arbeitsaufgaben**

**1.** Tragen Sie die in der Karte angeführten Bundesländer, Städte und Gewässer in die Tabelle ein.

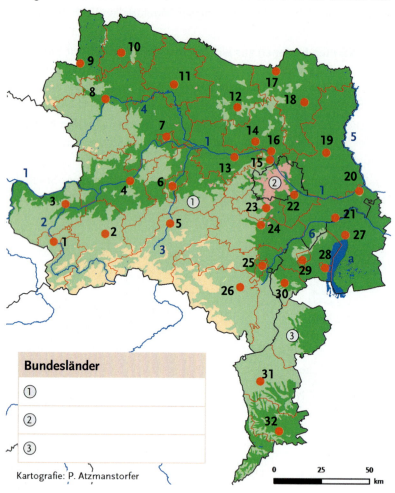

Kartografie: P. Atzmanstorfer

**Bundesländer**

| ① |
|---|
| ② |
| ③ |

| Städte und Orte | | | | | |
|---|---|---|---|---|---|
| 1 *W* | 14 *S* | 28 *R* |
| 2 *Sch* | 15 *K* | 29 *E* |
| 3 *A* | 16 *K* | 30 *M* |
| 4 *M* | 17 *L* | 31 *O* |
| 5 *L* | 18 *M* | 32 *G* |
| 6 *St* | 19 *G* | **Gewässer** |
| 7 *K* | 20 *H* | 1 *D* |
| 8 *Z* | 21 *B* | 2 *Y* |
| 9 *G* | 22 *S* | 3 *T* |
| 10 *W* | 23 *M* | 4 *K* |
| 11 *H* | 24 *B* | 5 *M* |
| 12 *H* | 25 *W* | 6 *L* |
| 13 *T* | 26 *N* | a *N* |
| | 27 *N* | |

**2.** Ordnen Sie die Texte den richtigen Fotos zu, indem Sie die Nummer des Textes in das Foto schreiben.

**❶** **Dürnstein** am Ausgang der **Wachau** ist eines der bekanntesten touristischen Ziele Niederösterreichs. Die Wachau ist seit 2000 UNESCO Weltkultur- und Naturerbe und beeindruckt mit ihren natürlichen Schönheiten. Bereits seit der Frühgeschichte besiedelt, sind heute v. a. der Wein und die Wachauer Marille bekannt.

**❷** In den letzten Jahren nahm **Heiligenkreuz** im Burgenland einen wirtschaftlichen Aufschwung. Die Förderung von Firmenansiedlungen in diesem Grenzbundesland durch die EU und durch innerstaatliche Mittel führte dazu, dass der in Oberösterreich beheimatete Konzern Lenzing AG in Heiligenkreuz im südlichen Burgenland ein Produktionswerk errichtete.

**❸** **Wien** ist die einzige Weltstadt Österreichs. Sie ist nicht nur Anziehungspunkt für Touristen aus aller Welt, die die historischen Denkmäler aus der Zeit der Monarchie bewundern wollen, sie ist auch ein Magnet für Zuwanderer vor allem aus dem Südosten Europas und der Türkei. Am Wiener Naschmarkt bieten Wiener/innen mit Migrationshintergrund Waren und gastronomische Spezialitäten aus ihren Herkunftsländern an.

**❹** Die **Donauachse,** die Verbindung München – Budapest, ist ein zentraler Verkehrskorridor Europas. Seit einigen Jahren wird nun auch die Westbahn über weite Strecken zur Hochleistungsbahn neu ausgebaut. So wurden auch große Teile des Wienerwaldes untertunnelt, um zeitgemäßen Bahnbetrieb für die nächsten Generationen zu gewährleisten.

**❺** Jahrzehntelang lag das **Waldviertel** an der beinahe unüberwindlichen Grenze zur kommunistischen Tschechoslowakei. Es galt als eine der großen wirtschaftlichen Problemregionen Österreichs. Erst der politische Wandel im Nachbarland und dessen Beitritt zur EU brachte das nördliche Niederösterreich, hier Horn, zurück in die Mitte Europas. Die neuen Chancen wirken sich langsam auch wirtschaftlich positiv aus.

## Österreich Regionen

### Arbeitsaufgabe

■ Tragen Sie die in der Karte angeführten Regionen in die Tabelle ein.

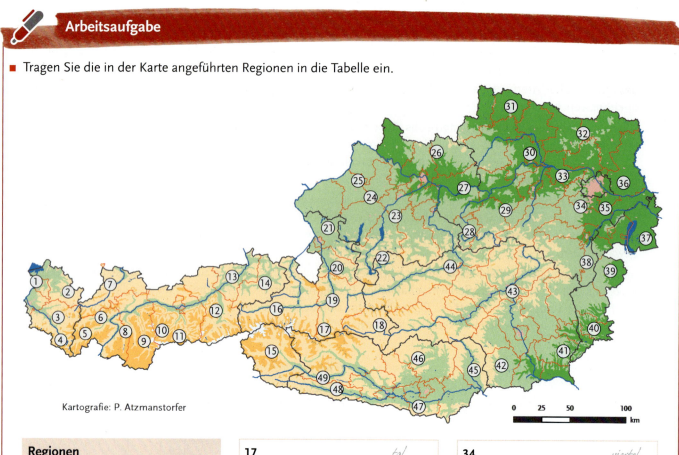

Kartografie: P. Atzmanstorfer

0   25   50   100 km

| Regionen | | | |
|---|---|---|---|
| 1 Rhein | 17 | *tal* | 34 | *viertel* |
| 2 | *Wald* | 18 | *gau* | 35 | *Becken* |
| 3 Großes W | 19 | *gau* | 36 | *feld* |
| 4 Mon | 20 | *gau* | 37 | *winkel* |
| 5 Paß | 21 | *gau* | 38 | *Welt* |
| 6 Tiroler O | 22 Salz | 39 Mittel |
| 7 Außer | 23 | *viertel* | 40 Süd |
| 8 | *tal* | 24 | *viertel* | 41 Südost |
| 9 | *tal* | 25 | *viertel* | 42 Südwest |
| 10 | *tal* | 26 | *viertel* | 43 Ober |
| 11 | *tal* | 27 Struden | 44 Oberes | *tal* |
| 12 | *tal* | 28 | *wurzen* | 45 | *tal* |
| 13 Tiroler U | 29 | *viertel* | 46 | *tal* |
| 14 | *tal* | 30 | *au* | 47 | *tal* |
| 15 | *tirol* | 31 | *viertel* | 48 | *tal* |
| 16 | *gau* | 32 | *viertel* | 49 | *tal* |
| | 33 | *Feld* | |

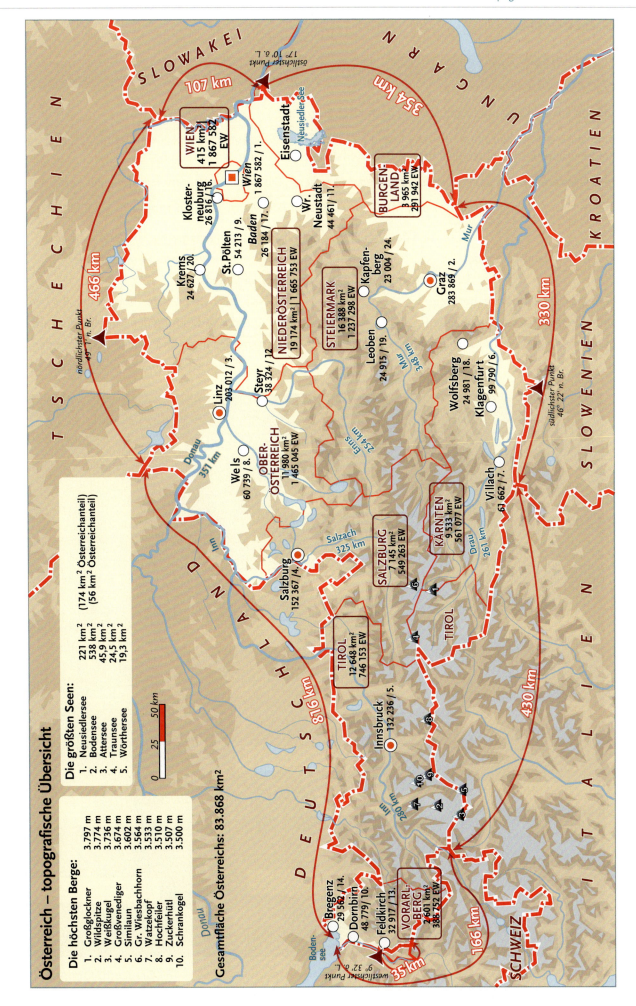

# Europa – ein Überblick

## Arbeitsaufgaben

**1.** Beschriften Sie die Karte mit folgenden topografischen Begriffen:

> Skandinavien ■ Mitteleuropa ■ Britische Inseln ■ Naher Osten ■ Iberische Halbinsel ■ Osteuropa ■ Maghreb ■ Mittelmeerraum ■ Apenninen-Halbinsel ■ Balkan-Halbinsel ■ Baltikum ■ Westeuropa

**2.** Europas Grenzen werden unterschiedlich gezogen. Lokalisieren Sie mögliche Varianten mithilfe der Karte:

> Kaukasus ■ Ural-Gebirge ■ Mittelmeer ■ Mt. Blanc ■ Bosporus ■ Manytsch-Niederung ■ Türkei ■ Elbrus

Das _____ und der Ural-Fluss trennen Europa von Asien. Anschließend wird am häufigsten der Hauptkamm des _____ als Trennline genannt. Somit wäre der _____ der höchste Berg Europas. Eine zweite Variante ist die _____ in Südrussland. Hier wäre dann der _____ der höchste Berg des Kontinents. Bei beiden Varianten verläuft die Grenze über den _____, die Verbindung des Mittelmeers zum Schwarzen Meer. Selten wird die europäische Grenze an der Nordgrenze des Irans und an der Ostgrenze der _____ gezogen. Das _____ ist abschließend die Grenze zu Afrika.

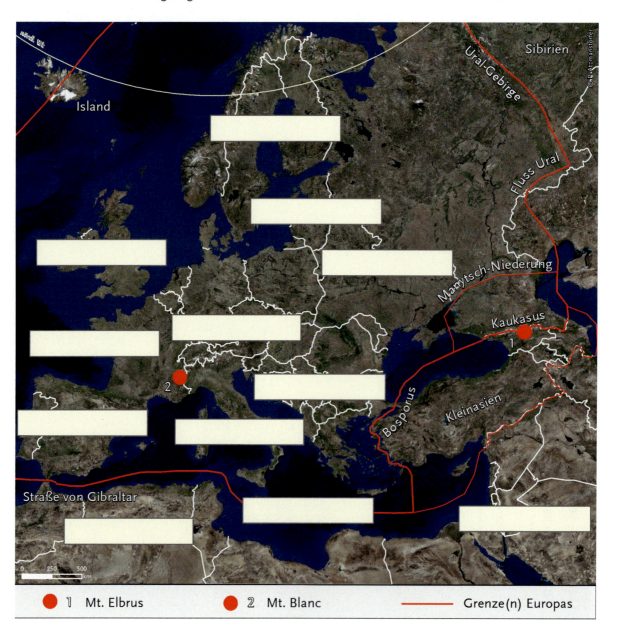

**3.** Ergänzen Sie die folgenden Texte, indem Sie die angegebenen Begriffe verwenden. Beziehen Sie sich dabei auf die nebenstehenden Karten des entsprechenden Themas.

**a) Naturraum**

> Gebirge ■ aktive Vulkane ■ natürliche Vegetation ■ subtropischer Hartlaubvegetation ■ verändert ■ Tundra ■ boreale Nadelwälder ■ gemäßigten Zone ■ Kontinentalität ■ vielgestaltig ■ kontinentale Steppe ■ Tiefebenen

Europas Naturraum ist _____.

_____ wie die Alpen, Karpaten, Pyrenäen oder Apenninen stehen

_____ wie dem Norddeutschen Tiefland oder der Russischen Tafel gegenüber.

In Süditalien gibt es _____.

Die _____ bildet die Klimazonen ab. Sie ist aber durch intensive menschliche Nutzung weitgehend _____.

Im Norden Skandinaviens und Russlands zeigt die _____ die polare Zone an. Es folgen

ausgedehnte _____.

Der Großteil Europas liegt in der

_____. Durch die zunehmende

_____ von West nach Ost gehen die ozeanischen und dann kontinentalen Laub- und Mischwälder in _____ über. Der Mittelmeerraum wird schließlich von _____ geprägt.

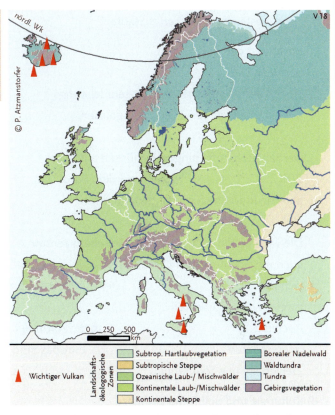

© P. Atzmanstorfer

V 18

nördl. Wk

0  250  500 km

| Landschafts-ökologische Zonen | | |
|---|---|---|
| Wichtiger Vulkan | Subtrop. Hartlaubvegetation | Borealer Nadelwald |
| | Subtropische Steppe | Waldtundra |
| | Ozeanische Laub-/ Mischwälder | Tundra |
| | Kontinentale Laub-/Mischwälder | Gebirgsvegetation |
| | Kontinentale Steppe | |

**b) Bevölkerung**

> Nordafrika ■ Millionenstädte ■ Mitteleuropa ■ nördlichen Randbereiche ■ attraktives Zielgebiet ■ am dichtesten ■ innerhalb Europas ■ Türkei ■ fünf Millionen

Europa ist der _____ besiedelte

Kontinent. Nur die _____ und die Gebirge sind dünner besiedelt. Insbesondere

_____ weist eine hohe Bevölkerungsdichte auf. In ganz Europa gibt es zahlreiche

_____. Diese Ballungsräume weisen eine höhere Einwohnerzahl auf als die eigentliche

Stadt. Mehr als _____ Einwohner

haben London, Paris, Istanbul, Moskau, St. Petersburg und Madrid. Wanderungsbewegungen finden

nicht nur _____ statt, sondern der

Kontinent ist insgesamt ein _____

_____ der Migration. Insbesondere

aus _____, aber auch aus der

_____ sind Millionen Menschen zugewandert.

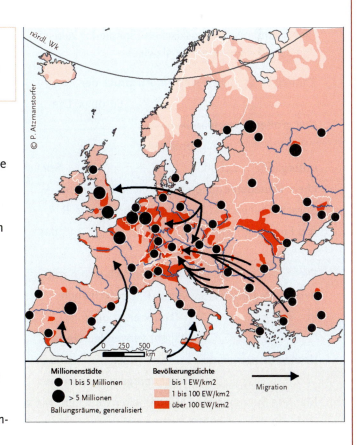

© P. Atzmanstorfer

nördl. Wk

0  250  500 km

| Millionenstädte | Bevölkerungsdichte | |
|---|---|---|
| ● 1 bis 5 Millionen | bis 1 EW/km2 | Migration |
| ⬤ > 5 Millionen | 1 bis 100 EW/km2 | |
| Ballungsräume, generalisiert | über 100 EW/km2 | |

## c) Integration in die Weltwirtschaft

> Tourismusdestinationen ■ Überschüsse ■ exportiert ■ hoch mechanisierte ■ wichtigste Wirtschaftsraum ■ importiert ■ weltweit exportiert ■ Mittel- und westeuropa ■ Alpen ■ Städte

Europa ist der _____

_____ der Welt. Die _____

europäische Landwirtschaft ist sehr leistungsfähig und erzielt bei vielen Erzeugnissen

_____ , die _____ ,

werden. Rohstoffe hingegen müssen aus aller

Welt _____ werden. Europäische Industriegüter werden hingegen

_____ .

Die wichtigsten Industrie- und Wirtschaftszentren – auch mit hochwertigen Dienstleistungen – befinden

sich in _____ . Der Mittelmeerraum

ist einer der wichtigsten _____ .

Auch die _____ und die kulturell

interessanten _____ Europas sind

Zielgebiete des Tourismus.

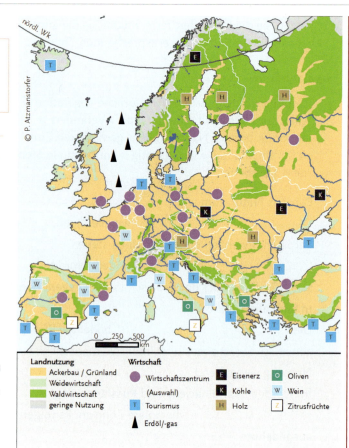

**Landnutzung**
- Ackerbau / Grünland
- Weidewirtschaft
- Waldwirtschaft
- geringe Nutzung

**Wirtschaft**
- Wirtschaftszentrum (Auswahl)
- T Tourismus
- ▲ Erdöl/-gas
- E Eisenerz
- K Kohle
- H Holz
- O Oliven
- W Wein
- Z Zitrusfrüchte

## d) Kulturelle und politische Einflüsse

> Südost- und Ostmitteleuropa ■ Elsass-Lothringen ■ germanisch ■ Rumänien ■ eigenständige ■ Finnische ■ Estnische ■ Ungarische ■ kulturellen Vielfältigkeit ■ Sprachgrenzen ■ Südtirol ■ Slowakei ■ romanisch ■ Baskische ■ Spanien ■ keltische Sprachen ■ Frankreich ■ slawisch

Zahlreiche Sprachen sind ein Ausdruck der

_____ Europas. Die

drei großen Sprachfamilien _____ ,

_____ und

untergliedern sich in _____ Sprachen. Daneben existieren zahlreichere kleinere Sprachfamilien und Sprachen. So umfasst z. B. das Finno-ugrische das _____ , das

_____ und das _____ .

Die _____ decken sich selten mit

den Staatsgrenzen. So wird z. B. Deutsch auch

in _____ (Frankreich) oder in

_____ (Italien) verwendet. Ungarisch wird auch in der _____ und in

_____ (Siebenbürgen) gesprochen.

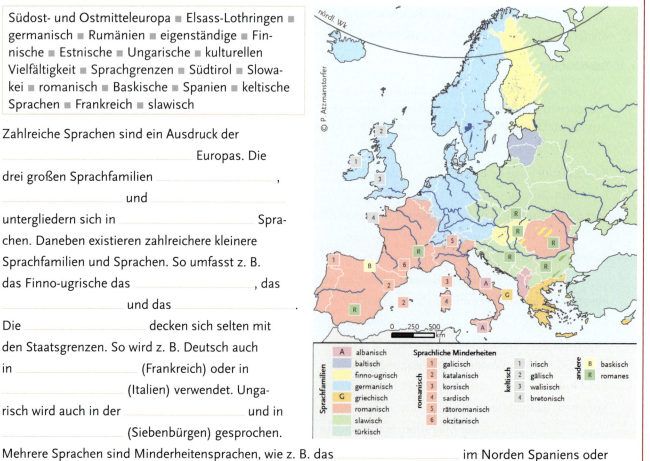

**Sprachfamilien**
- A albanisch
- baltisch
- finno-ugrisch
- germanisch
- G griechisch
- romanisch
- slawisch
- türkisch

**Sprachliche Minderheiten**

romanisch
- 1 galicisch
- 2 katalanisch
- 3 korsisch
- 4 sardisch
- 5 rätoromanisch
- 6 okzitanisch

keltisch
- 1 irisch
- 2 gälisch
- 3 walisisch
- 4 bretonisch

andere
- B baskisch
- R romanes

Mehrere Sprachen sind Minderheitensprachen, wie z. B. das _____ im Norden Spaniens oder

mehrere _____ auf den Britischen Inseln. Romanes, die Sprache der Roma, ist in

_____ , aber auch in _____ und _____ weit verbreitet.

# Iberische Halbinsel

## Arbeitsaufgabe

- Tragen Sie die in der Karte angeführten Städte, Gewässer usw. in die Tabelle bzw. Kästchen ein.

Kartografie: P. Atzmanstorfer

| Städte | | Regionen/Inseln | | I | |
|---|---|---|---|---|---|
| 1 | | A | | II | |
| 2 | | B | | III | *Straße von* |
| 3 | *S* | C | | a | |
| 4 | *B* | D | | b | |
| 5 | *S* | E | | c | |
| 6 | | F | | d | |
| 7 | | G | | e | |
| 8 | | H | | **Gebirge** | |
| 9 | | **Gewässer** | | 1 | |
| 10 | | 1 | | 2 | *Kant* |
| 11 | | 2 | | 3 | *Kast* |
| 12 | *G* | *(brit.)* | 3 | | 4 | |

# Westeuropa

## Arbeitsaufgabe

■ Tragen Sie die in der Karte angeführten Städte, Gewässer usw. in die Tabelle bzw. Kästchen ein.

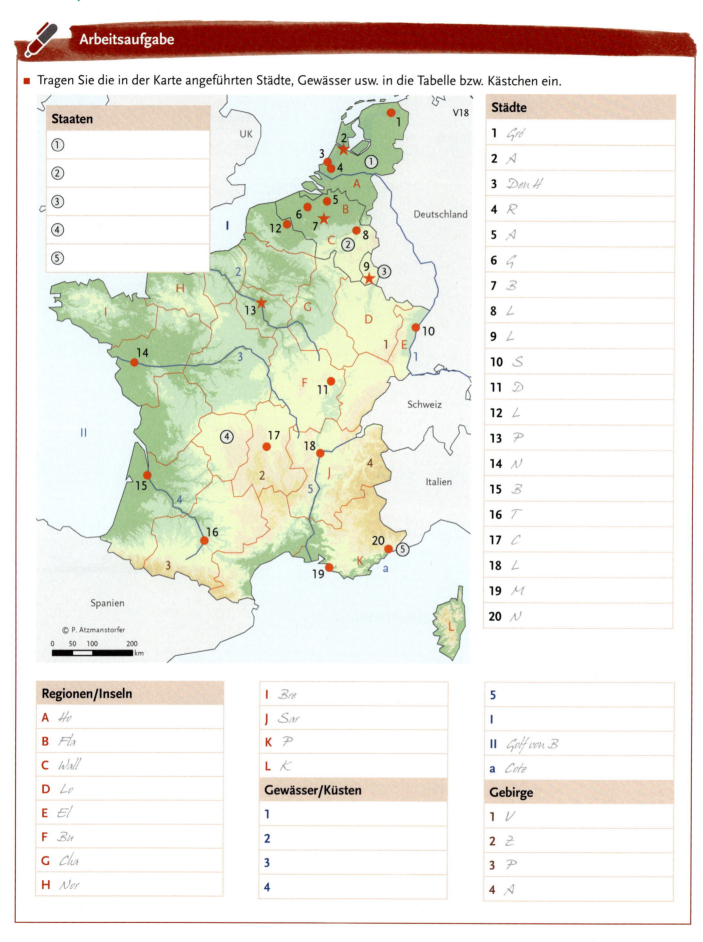

**Staaten**

| ① | |
| ② | |
| ③ | |
| ④ | |
| ⑤ | |

**Städte**

| | |
|---|---|
| 1 | Grö |
| 2 | A |
| 3 | Den H |
| 4 | R |
| 5 | A |
| 6 | G |
| 7 | B |
| 8 | L |
| 9 | L |
| 10 | S |
| 11 | D |
| 12 | L |
| 13 | P |
| 14 | N |
| 15 | B |
| 16 | T |
| 17 | C |
| 18 | L |
| 19 | M |
| 20 | N |

**Regionen/Inseln**

| | |
|---|---|
| A | Ho |
| B | Fla |
| C | Wall |
| D | Lo |
| E | El |
| F | Bu |
| G | Cha |
| H | Nor |
| I | Bre |
| J | Sar |
| K | P |
| L | K |

**Gewässer/Küsten**

| | |
|---|---|
| 1 | |
| 2 | |
| 3 | |
| 4 | |
| 5 | |
| I | |
| II | Golf von B |
| a | Cote |

**Gebirge**

| | |
|---|---|
| 1 | V |
| 2 | Z |
| 3 | P |
| 4 | A |

# Britische Inseln

## Arbeitsaufgabe

- Tragen Sie die in der Karte angeführten Städte, Gewässer usw. in die Tabelle bzw. Kästchen ein.

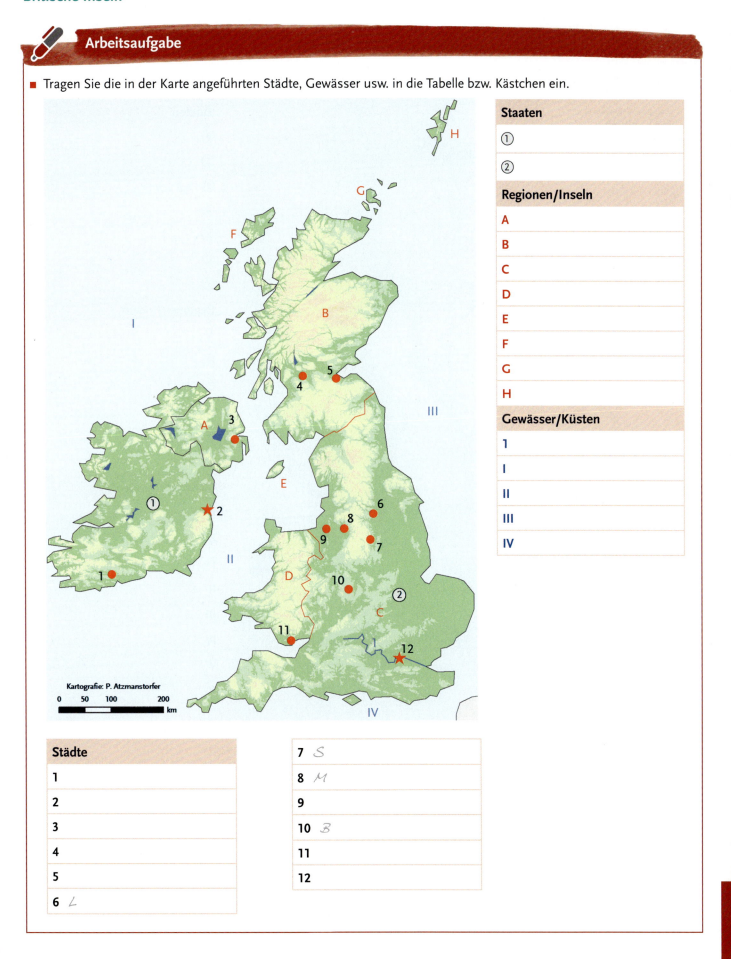

Kartografie: P. Atzmanstorfer

0   50   100        200
km

| Staaten | |
|---|---|
| ① | |
| ② | |
| **Regionen/Inseln** | |
| A | |
| B | |
| C | |
| D | |
| E | |
| F | |
| G | |
| H | |
| **Gewässer/Küsten** | |
| 1 | |
| I | |
| II | |
| III | |
| IV | |

| Städte | | | |
|---|---|---|---|
| 1 | | 7 | S |
| 2 | | 8 | M |
| 3 | | 9 | |
| 4 | | 10 | B |
| 5 | | 11 | |
| 6 | L | 12 | |

# Skandinavien und Baltische Staaten

## Arbeitsaufgabe

■ Tragen Sie die in der Karte angeführten Staaten, Städte, Gewässer usw. in die Tabelle bzw. Kästchen ein.

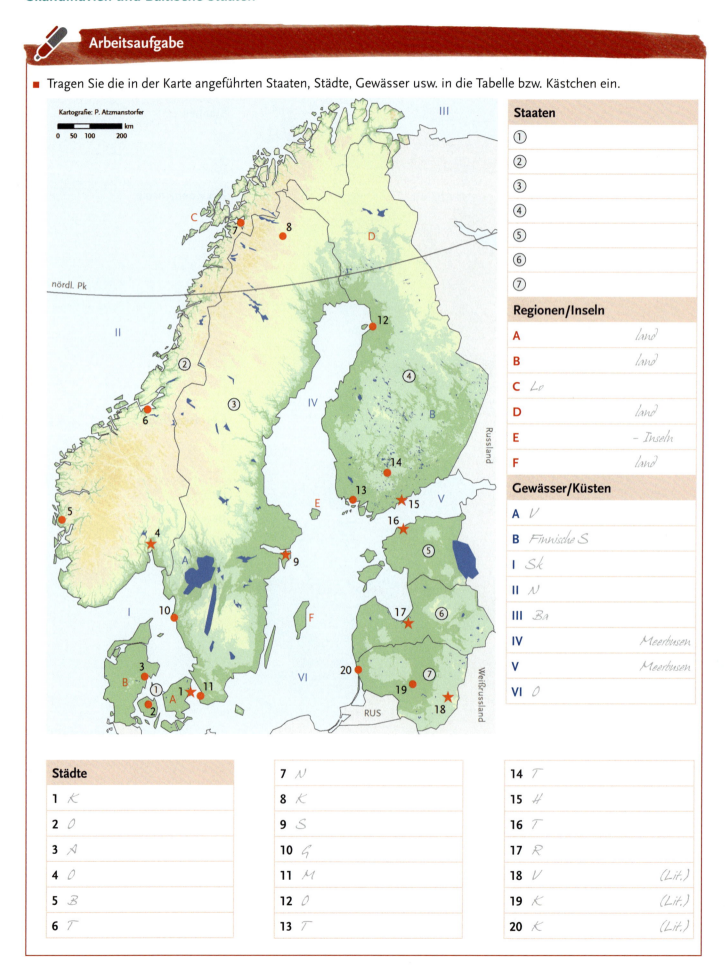

**Staaten**

① 
② 
③ 
④ 
⑤ 
⑥ 
⑦ 

**Regionen/Inseln**

| A | *land* |
| B | *land* |
| C | *Lo* |
| D | *land* |
| E | *- Inseln* |
| F | *land* |

**Gewässer/Küsten**

| A | *V* |
| B | *Finnische S* |
| I | *Sk* |
| II | *N* |
| III | *Ba* |
| IV | *Meerbusen* |
| V | *Meerbusen* |
| VI | *O* |

| **Städte** | | | | | |
|---|---|---|---|---|---|
| 1 *K* | 7 *N* | 14 *T* |
| 2 *O* | 8 *K* | 15 *H* |
| 3 *A* | 9 *S* | 16 *T* |
| 4 *O* | 10 *G* | 17 *R* |
| 5 *B* | 11 *M* | 18 *V* (Lit.) |
| 6 *T* | 12 *O* | 19 *K* (Lit.) |
| | 13 *T* | 20 *K* (Lit.) |

# Deutschland

## Arbeitsaufgabe

■ Tragen Sie die in der Karte angeführten Städte, Gewässer usw. in die Tabelle bzw. Kästchen ein.

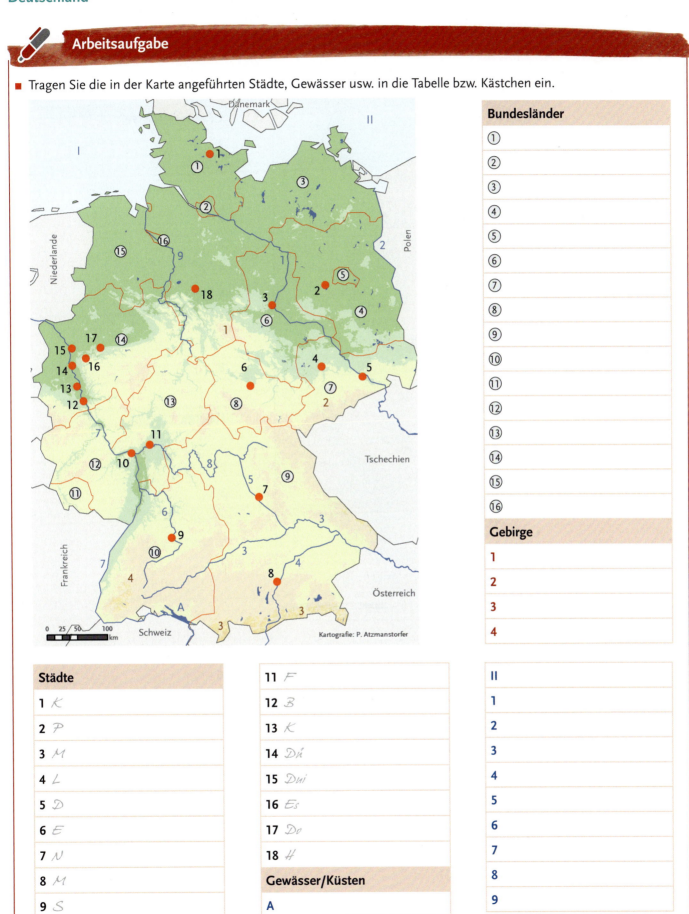

Kartografie: P. Atzmanstorfer

| Bundesländer |
|---|
| ① |
| ② |
| ③ |
| ④ |
| ⑤ |
| ⑥ |
| ⑦ |
| ⑧ |
| ⑨ |
| ⑩ |
| ⑪ |
| ⑫ |
| ⑬ |
| ⑭ |
| ⑮ |
| ⑯ |

| Gebirge |
|---|
| 1 |
| 2 |
| 3 |
| 4 |

| Städte | |
|---|---|
| 1 K | 11 F |
| 2 P | 12 B |
| 3 M | 13 K |
| 4 L | 14 Dü |
| 5 D | 15 Dui |
| 6 E | 16 Es |
| 7 N | 17 Do |
| 8 M | 18 H |
| 9 S | **Gewässer/Küsten** |
| 10 M | A |
| | I |

| II |
|---|
| 1 |
| 2 |
| 3 |
| 4 |
| 5 |
| 6 |
| 7 |
| 8 |
| 9 |

# Ostmitteleuropa

## Arbeitsaufgabe

■ Tragen Sie die in der Karte angeführten Städte, Gewässer usw. in die Tabelle bzw. Kästchen ein.

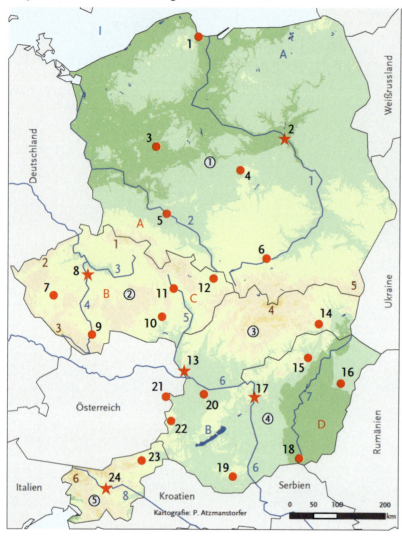

Kartografie: P. Atzmanstorfer

| Gewässer/Küsten | |
|---|---|
| A | Seenplatte |
| B | |
| 1 | |
| 2 | |
| 3 | |
| 4 | |
| 5 | |
| 6 | |
| 7 | |
| 8 | |
| I | |
| **Gebirge** | |
| 1 | |
| 2 | |
| 3 | |
| 4 | Hohe |
| 5 | Wald |
| 6 | |

| Staaten | |
|---|---|
| ① | |
| ② | |
| ③ | |
| ④ | |
| ⑤ | |
| **Regionen** | |
| A | Sch |
| B | B |
| C | M |
| D | Tiefebene |
| **Städte** | |
| 1 | |

| | | | |
|---|---|---|---|
| 2 | | 15 | |
| 3 | P | 16 | |
| 4 | L | 17 | |
| 5 | W | 18 | |
| 6 | K | 19 | |
| 7 | | 20 | |
| 8 | | 21 | |
| 9 | | 22 | |
| 10 | | 23 | |
| 11 | | 24 | |
| 12 | | | |
| 13 | | | |
| 14 | | | |

## Osteuropa

### Arbeitsaufgabe

- Tragen Sie die in der Karte angeführten Staaten, Städte, Gewässer usw. in die Tabelle bzw. Kästchen ein.

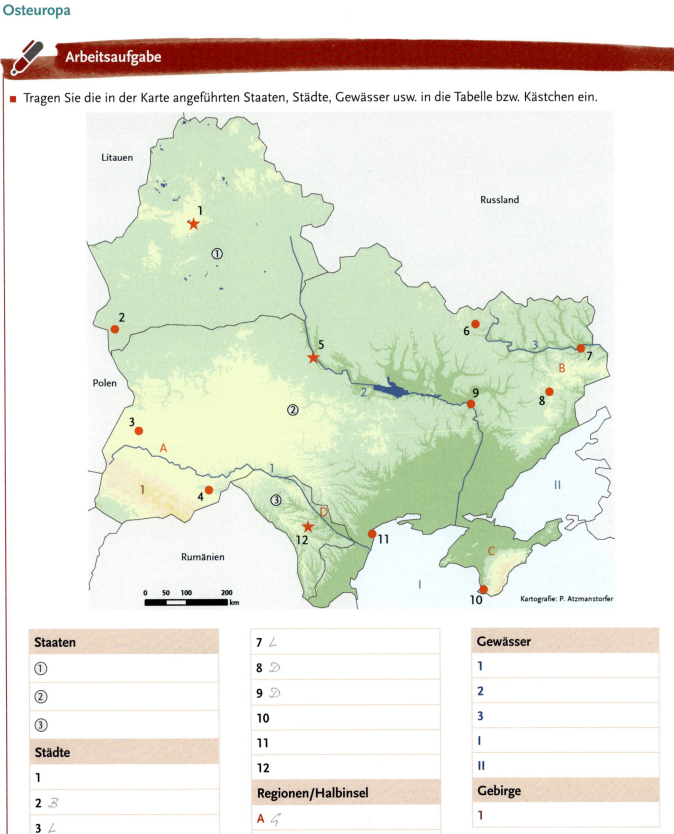

Kartografie: P. Atzmanstorfer

| Staaten | | 7 L | | Gewässer | |
|---|---|---|---|---|---|
| ① | | 8 D | | 1 | |
| ② | | 9 D | | 2 | |
| ③ | | 10 | | 3 | |
| **Städte** | | 11 | | I | |
| 1 | | 12 | | II | |
| 2 B | | **Regionen/Halbinsel** | | **Gebirge** | |
| 3 L | | A G | | 1 | |
| 4 C | | B D | | | |
| 5 | | C | | | |
| 6 C | | D T | | | |

## Südosteuropa

**Arbeitsaufgabe**

■ Tragen Sie die in der Karte angeführten Städte, Gewässer usw. in die Tabelle bzw. Kästchen ein.

Kartografie: P. Atzmanstorfer

| Staaten |
|---|
| ① |
| ② |
| ③ |
| ④ |
| ⑤ |
| ⑥ |
| ⑦ |
| ⑧ |
| ⑨ |
| ⑩ |

| Regionen/Inseln |
|---|
| A   *I* |
| B   *D* |
| C   *W* |
| D   *Ch* |
| E   *P* |
| F |
| G |
| H   *Sieben* |
| I |

| Gewässer/Küsten |
|---|
| I |
| II |
| III |
| 1 |
| 2 |

| Gebirge |
|---|
| 1 |
| 2 |

| Städte | | | |
|---|---|---|---|
| 1 | | 14 | |
| 2 | | 15 | |
| 3 | | 16 | |
| 4 | | 17 | |
| 5 | *M* | 18 | |
| 6 | | 19 | *P* |
| 7 | *N* | 20 | *V* |
| 8 | | 21 | *K* |
| 9 | | 22 | |
| 10 | | 23 | *I* |
| 11 | | 24 | *B* |
| 12 | | 25 | *S* |
| 13 | | 26 | *C* |
| | | 27 | *T* |

## Apenninenhalbinsel und Schweiz

**Arbeitsaufgabe**

■ Tragen Sie die in der Karte angeführten Städte, Gewässer usw. in die Tabelle bzw. Kästchen ein.

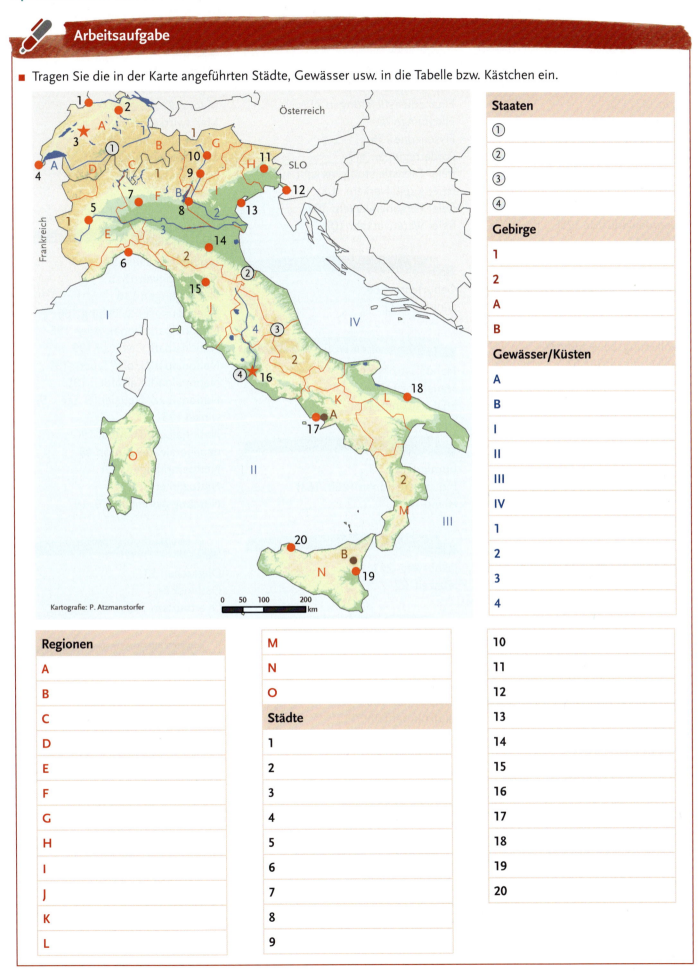

Kartografie: P. Atzmanstorfer

| Staaten | |
|---|---|
| ① | |
| ② | |
| ③ | |
| ④ | |
| **Gebirge** | |
| 1 | |
| 2 | |
| A | |
| B | |
| **Gewässer/Küsten** | |
| A | |
| B | |
| I | |
| II | |
| III | |
| IV | |
| 1 | |
| 2 | |
| 3 | |
| 4 | |

| Regionen | | | | |
|---|---|---|---|---|
| A | | M | 10 | |
| B | | N | 11 | |
| C | | O | 12 | |
| D | | **Städte** | 13 | |
| E | | 1 | 14 | |
| F | | 2 | 15 | |
| G | | 3 | 16 | |
| H | | 4 | 17 | |
| I | | 5 | 18 | |
| J | | 6 | 19 | |
| K | | 7 | 20 | |
| L | | 8 | | |
| | | 9 | | |

# Stichwortverzeichnis

# Bildnachweis

S. 23 Atomazul / Shutterstock.com
S. 26 RS: Rak, Peter
S. 27: https://commons.wikimedia.org
S. 29 unten: http://www.davidmacd.com
S. 30 unten: Tutschek, Wilhelm
S. 32: http://theapostolicreport.files.wordpress.com
S. 39 oben: L'organisation de l'espace mondial, Nouvelle
  Édition 1993, Magnard
S. 39 unten: http://commons.wikimedia.org
S. 42 Erdbeben Japan Fly_and_Dive / Shutterstock.com
S. 47 unten: http://www.spiegel.de
S. 48: http://www.kia-ora-weinhandel.de
S. 52: Cornelsen aktuelle Landkarte 4/99
S. 54 links unten: http://knowledge.allianz.de
S. 66 unten: www.brot-fuer-die-welt.de
S. 71 oben: http://upload.wikimedia.org
S. 71 unten: http://www.unhcr.at
S. 72: Flüchtlingsboot: Ververidis Vasilis / Shutterstock.com
S. 72: Krieg Syrien: Christiaan Triebert / Shutterstock.com
S. 72: Tsunami: Frans Delian / Shutterstock.com
S. 72: Überbevölkerung: AsiaTravel / Shutterstock.com
S. 72: Kind: mustafa olgun / Shutterstock.com
S 74: (Lesbos Flüchtlinge) Nicolas Economou /
  Shutterstock.com
S. 93: https://www.tripadvisor.at
S. 93: https://japan-magazine.jnto.go.jp
S. 93: https://www.tripadvisor.at
S. 93: https://joe.tyberis.com
S. 95: https://www.russlandjournal.de
S. 95: https://www.tripadvisor.at
S. 95: https://reisefroh.de
S. 96: https://reisefroh.de
S. 96: https://reisefroh.de
S. 96: https://media5.picsearch.com
S. 96: https://de.rbth.com
S. 98: http://www.aviator.at
S. 98: http://wallpapers-diq.net
S. 98: http://img.fotocommunity.com
S. 98: http://inyaka.net
S. 99: http://www.washington-la.org
S. 99: http://www.visitingdc.com
S. 99: http://de.flash-screen.com
S. 100: http://reine-weine.de
S. 100: http://www.theodora.com
S. 100: http://www.citypictures.org
S. 100: http://kenmccarthy.com
S. 100: http://static.twoday.net
S. 105: unbekannt
S. 107: www.redbull.at
S. 111 links: https://encrypted-tbn1.gstatic.com
S. 113: oben Mitte: http://www.siemens.com/
S. 113 links oben: http://www.spi-it.com/
S. 113 links unten: http://images.fanpop.com/
S. 113 unten Mitte: http://upload.wikimedia.org/

S. 117: https://encrypted-tbn1.gstatic.com
S. 123: http://de.wikipedia.org
S. 124 HS: http://newsimg.bbc.co.uk (Airbus)
S. 124 RS: Iverne, M (Hrsg.): Histoire-Géographie 3e,
  Paris 1999
S. 125 rechts: http://skodaps.wz.cz/firma/objekty/skoda_
  MladaBoleslav.jpg
S. 127: München, Goran Jakus / Shutterstock.com
S. 133: Derflinger, Manfred
S. 138: Guggenheim Museum, ©jon_chica -
  stock.adobe.com
S. 140 unten https://media1.picsearch.com
S. 141: Tourismus Igor Salnikov / Shutterstock.com
S. 144 oben:https://www.bergfex.it
S. 144: https://www.viaferrata-leukerbad.ch
S. 144: https://www.lucky-bike.de/blog/transalp-die-alpen-
  mit-dem-mountainbike/
S. 145 HS rechts:ANDRIY B / Shutterstock.com
S. 146: www.worldaccomodation.com
S. 147 oben: https://www.ferien-auf-dem-wasser.de
S. 147 unten: https://media.insiders.nl.jpeg
S. 147 Karte: https://www.yachtcharterwetterwille.nl
S. 148 : https://www.blacktomato.com
S. 148: https://www.emporiumtravel.de
S. 148 Kempinski St Moritz: https://awscloudfront.kem-
  pinski.com
S. 148 unten: https://www.stuben-arlberg.at
S. 149: https://66.media.tumblr.com
S. 154 Mitte: http://meinbezirk.at
S. 155 oben: http://www.landschaftsfotos.at/
S. 155: Tutschek, Wilhelm
S. 165: unbekannt
S. 168: www.linz.at
S. 169: Romantikhotel im Weißen Rössl, St. Wolfgang
S. 169: The Cube, Nassfeld, Kärnten
S. 171: http://www.schlosshalbturn.com
S. 172 RS: (2)https://upload.wikimedia.org
S. 178: Tutscheck, Wilhelm
S. 181: unbekannt
S. 193 (1): http://www.hartlbau.com
S. 195(1): http://oepg2008.unileoben.ac.at
S. 195 (3): http://cdn.fotocommunity.com
S. 197 (5): http://img.cosmotourist.net
S. 194: Geospace, Salzburg
S. 195 HS: Heitzmann
S. 196 RS oben: http://www.nationalpark-neusiedlerseesee-
  winkel.at
S. 201 (1): http://www.hartlbau.com
S. 203(1): http://oepg2008.unileoben.ac.at
S. 205 (3): http://cdn.fotocommunity.com

Alle weiteren Bilder und Karten sind Eigentum der Trauner
Verlag + Buchservice GmbH bzw. wurden von adobe.stock.
com, shutterstock.com und istockphoto.com zugekauft.

# Literaturverzeichnis

Bätzing, Werner: Die Alpen, C. H. Beck Verlag, 4. Auflage, München 2015

Bohn T und D. Neutatz (Hg.): Studienhandbuch Östliches Europa. Band 2: Geschichte des Russischen Reiches und der Sowjetunion. Böhlau Verlag Köln Weimar Wien 2009. 2. Auflage

Edition Le Monde diplomatique Nr. 20 :Warmzeit. Klima, Mensch und Erde, Berlin 2017

Edition Le Monde diplomatique Nr. 13 : Russland, Berlin 2013

Glawion, Rainer u.a.: Physische Geografie – Klimatologie ( = das geographische Seminar), Westermann Verlag, Braunschweig 2011

Hofmeister, B.: Stadtgeografie (= das geographische Seminar), Westermann Verlag, Braunschweig 2016

Leser, Hartmut (Hg.): Diercke Wörterbuch Allgemeine Geographie, Deutscher Taschenbuchverlag, Heidelberg 2017

Lichtenberger, E.: Österreich (=wissenschaftliche Länderkunden), Wissenschaftliche Buchgesellschaft, Darmstadt 1997

Luger, K; Rest, F. (Hg.): Alpenreisen – Erlebnis, Raumtransformation, Imagination, (= Tourismus: transkulturell & transdisziplinär, Band 11) Studienverlag, Innsbruck 2017

Reuber, Paul (Hg.): Geographie, Physische und Humangeographie, Spektrum Verlag, Heidelberg 2011

http://ec.europa.eu/eurostat/de/home

http://www.ams.at/

http://www.statistik.at/web_de/statistiken/index.html

https://www.wko.at/